Gerald Braunberger

Airbus gegen Boeing

Gerald Braunberger

Airbus gegen Boeing

Wirtschaftskrieg der Giganten

Frankfurter Allgemeine Buch

Bibliografische Informationen Der Deutschen Bibliothek –
Die Deutsche Bibliothek verzeichnet diese Publikation in der
Deutschen Nationalbibliografie; detaillierte bibliografische
Daten sind im Internet über http://dnb.ddb.de abrufbar.

Gerald Braunberger

Airbus gegen Boeing

Wirtschaftskrieg der Giganten

F.A.Z.-Institut für Management-,
Markt- und Medieninformationen,
Frankfurt am Main 2006

ISBN-13:   978-3-89981-116-2
ISBN-10:   3-89981-116-X

𝔉𝔯𝔞𝔫𝔨𝔣𝔲𝔯𝔱𝔢𝔯 𝔄𝔩𝔩𝔤𝔢𝔪𝔢𝔦𝔫𝔢 Buch

Copyright: F.A.Z.-Institut für Management-, Markt-
und Medieninformationen GmbH
Mainzer Landstraße 199
60326 Frankfurt am Main

Bildauswahl/Satz
Umschlag: F.A.Z.-Marketing/Grafik
Satz Innen: Nicole Jäger
Druck: Druckerei Steinmeier, Nördlingen
Bindung: Oldenbourg Buchmanufaktur, Monheim

Printed in Germany

Inhalt

Vorwort   7

1   Duell ohne Gnade   9

2   Ein europäisches Abenteuer   19

3   Der Dominator   37

4   Aufstieg in Turbulenzen   49

5   Runde eins im Handelsstreit   65

6   Die große Airbus-Offensive   73

7   Runde zwei im Handelsstreit   87

8   Die Geburt der Großkonzerne I   107

9   Die Geburt der Großkonzerne II   115

10 Europas Stolz   131

11 Das Comeback von Boeing   153

12 Runde drei im Handelsstreit   175

13 Zwei Visionen der Luftfahrt   187

14 Getriebene der Globalisierung   199

Literatur   217

Abbildungen   220

Der Autor   221

Vorwort

Keine Wirtschaftsbranche kennt einen derart brutalen Wettbewerb zwischen zwei gleichrangigen Unternehmen wie der Flugzeugbau mit Airbus und Boeing. Das überaus spannende Duell wird nicht nur wirtschaftlich mit mindestens gerade noch legalen Mitteln und auf allen Kontinenten ausgetragen, sondern mobilisiert auch die Politik auf beiden Seiten des Atlantiks.

Airbus gegen Boeing beschreibt das Duell seit seinen Anfängen vor mehr als dreißig Jahren, als sich die Europäer anschickten, ihre scheinbar hoffnungslos unterlegene Luftfahrtindustrie zu fördern. Es zeigt, wie Airbus nach einem mühevollen Beginn zu einem mächtigen Konkurrenten heranwuchs und Boeing einholte, als die lange dominierenden Amerikaner in eine schwere, hausgemachte Krise gerieten.

Heute wird das Duell unter anderem mit neuen Modellen ausgetragen, der gewaltigen A380 von Airbus, dem größten Passagierflugzeug aller Zeiten, und dem kleineren, aber vielseitigen Dreamliner von Boeing. Und so bekämpfen sich Airbus und Boeing weiterhin erbittert, während Russen und Chinesen überlegen, in den Wettstreit einzutreten.

Ein solches Buch läßt sich nicht ohne Unterstützung schreiben. Für Gespräche sowie Rat und Tat danke ich Béatrice Bracklo, Philippe Camus, Silke Goedereis, Barbara Kracht, Christian Poppe, Jürgen Schrempp, Dieter Vogt sowie Mitarbeitern der Konzerne EADS/Airbus und Boeing, die namentlich nicht genannt werden möchten.

Frankfurt, im Juli 2006   Gerald Braunberger

1 Duell ohne Gnade

Die alle zwei Jahre im Juni stattfindende Luftfahrtschau von Le Bourget gilt als das Mekka der internationalen Luft- und Raumfahrtindustrie. Die geräumigen Ausstellungshallen im Pariser Norden beheimaten die neuesten Erzeugnisse aus aller Herren Länder, und auf der Rollbahn des kleinen Flughafens starten Kampfjets und Passagierflugzeuge zu ihren Demonstrationsflügen. In den Chalets der Firmen empfangen Topmanager Fachbesucher aus der Branche und Journalisten zu Gesprächen, und wer etwas auf sich hält, lädt abends zu einer festlichen Veranstaltung in eines der Pariser Luxushotels oder gar in den Louvre ein. An den Publikumstagen sturmen Hunderttausende begeisterte Besucher das Ausstellungsgelände, um sich die neuesten Flugzeuge am Boden und in der Luft anzuschauen.

Le Bourget ist auch der Ort, an dem die Konkurrenz zwischen Boeing und Airbus um den Rang des führenden Herstellers großer Passagierflugzeuge in der Welt am unmittelbarsten deutlich wird. Denn die beiden Konzerne wetteifern auf der Luftfahrtschau um die Bekanntgabe möglichst vieler Aufträge durch die Luftfahrtgesellschaften (Airlines). Die Aufträge wurden meist schon Monate vorher diskret ausgehandelt, ihre Veröffentlichung aber für die zweiwöchige Veranstaltung im Pariser Norden medienwirksam aufgeschoben.

Das Duell während der Luftfahrtschau im Juni 2005 ging an Airbus. Boeing konnte zwar mit Aufträgen über 146 neue Flugzeuge im Wert von 15,2 Milliarden Dollar ein respektables Ergebnis vorweisen, blieb aber gegenüber Airbus mit dessen Aufträgen über 319 Flugzeuge im Wert von 35,9 Milliarden Dollar weit im Hintertreffen. Alleine die indische Airline IndiGo bestellte 100 Maschinen auf einmal.

Doch im Verlauf des Jahres holte Boeing gewaltig auf, und kurz nach der Jahreswende schien es, als habe der amerikanische Konzern seinen europäischen Rivalen kurz vor der Ziellinie noch überholt. Rekordbestellungen über 1.002 Flugzeuge meldete Boeing am 5. Januar 2006 für das abgelaufene Geschäftsjahr – eine überraschend hohe Zahl, liegt der langjährige Durchschnitt doch bei nur rund 400 Maschinen. „Ein unglaubliches Jahr für unsere Kunden und für Boeing", freute sich denn auch der Vorstandschef der Sparte Passagierflugzeuge, Alan Mulally.

Wenige Tage später hatte Airbus-Chef Gustav Humbert eine kalte Dusche für seinen amerikanischen Kollegen parat. Airbus meldete auf einer Pressekonferenz in Paris für das Jahr 2006 den Eingang von Aufträgen über 1.055 Flugzeuge. Ein Weltrekord. „Wir sind in den letzten Dezembertagen sehr fleißig gewesen", erklärte Humbert lächelnd. Später entstanden Gerüchte, Airbus habe Bestellungen aus China in seine Statistik aufgenommen, die noch gar nicht verbindlich eingegangen seien, doch wies der Konzern aus dem südwestfranzösischen Toulouse dies zurück. Dafür konnte sich Boeing in einer anderen Rangliste freuen, denn der Wert der von den Amerikanern vereinnahmten Aufträge (ausgedrückt in Dollar oder Euro) übertraf das Auftragsvolumen von Airbus. Die Erklärung: Boeing verkaufte mehr große und damit teure Flugzeuge, während Airbus bei den kleineren und billigeren Jets vorne lag.

Der Bau großer Passagierflugzeuge ist die wohl einzige Branche auf der Welt, die so sichtbar von zwei erbittert gegeneinander kämpfenden und tief verfeindeten Unternehmen dominiert wird. Auch den Markt für koffeinhaltige Brause beherrschen mit Coca und Pepsi zwei große Konzerne, aber sie tragen ihren Wettbewerb zumindest nach außen nicht so hart aus wie die Flugzeugbauer aus Seattle und Toulouse.

Das unerbittliche Duell zwischen Airbus und Boeing dauert schon Jahrzehnte. Boeing hat den Markt für große Passagierjets rund vierzig Jahre lang mit Anteilen von bis zu 70 Prozent nach Belieben beherrscht und seine Dominanz irgendwann als Normalzustand betrachtet. Das ist nicht erstaunlich, denn unbestrittene Marktführer tendieren im Laufe der Zeit zu Selbstzufriedenheit und Überheblichkeit. Umgekehrt hat sich Airbus über Jahrzehnte wie ein ehrgeiziger und wilder Nachzügler geriert, der nur mühsam an Boden gewann und deshalb gelegentlich zu etwas eigenartigen Geschäftspraktiken griff.

Heute müssen sich die beiden Kontrahenten in ihre neue Rolle als ebenbürtige Wettbewerber finden. Boeing hat eine Phase der Ernüchterung hinter sich, in der die wenig geliebten Europäer sogar vorbeizuziehen drohten, und bereitet eine neue Offensive vor. Airbus freut sich über seinen Platz an der Sonne, doch spüren die Europäer, daß Boeing sich mit der Koexistenz zweier Giganten nicht abfinden will, sondern hofft, seine alte Dominanz wiederzugewinnen. Daher bleibt die Konkurrenz so hart.

Zunächst gilt es, das Spielfeld abzugrenzen, auf dem Airbus und Boeing gegeneinander antreten. Die beiden Unternehmen bauen Passagierflugzuge mit mehr als 100 Sitzen (sowie Frachter und Militärflugzeuge). Die sogenannten Regionaljets, also Passagierflugzeuge mit weniger als 100 Sitzen, bilden einen eigenen Markt mit Herstellern wie der brasilianischen Embraer oder der kanadischen Bombardier, in dem Airbus und Boing nicht vertreten sind.

Den Markt für Passagierflugzeuge mit mehr als 100 Sitzen dominieren Airbus und Boeing praktisch alleine. Die russische Flugzeugindustrie hat zwar über Jahrzehnte eigene Modelle produziert, aber bis zum Ende des Kalten Krieges war der Ostblock abgeschottet und alle Hoffnungen russischer Hersteller wie Iljuschin oder Tupolew, sich nach dem Zusammenbruch des Warschauer Pakts als Konkurrenten von Airbus und Boeing auf dem Weltmarkt zu profilieren, haben getrogen. Im Gegenzug kaufen russische Airlines zunehmend in Europa oder Amerika ein. Die russischen Firmen existieren allerdings weiter und arbeiten an der Entwicklung neuer Modelle. Eine bislang nicht allzu ernste Konkurrenz für Airbus und Boeing ist am unteren Ende ihres Marktsegments zu beobachten, wo Hersteller von Regionalflugzeugen beginnen, Modelle mit etwa mehr als 100 Sitzen zu bauen. Bisher hält sich ihr Erfolg in überschaubaren Grenzen.

Einer genaueren Betrachtung bedürfen auch die Unternehmen Airbus und Boeing, denn im strengen Sinne lassen sie sich nur eingeschränkt vergleichen. Airbus ist ein reiner Hersteller von Flugzeugen mit einem Umsatz von 22 Milliarden Euro (2005), Boeing dagegen ein sehr viel größerer Technologiekonzern mit einem Umsatz von umgerechnet 45 Milliarden Euro, der neben Passagierflugzeugen auch über ein bedeutendes Militär- und Weltraumgeschäft verfügt. Mit Airbus direkt vergleichbar ist somit nur der Geschäftsbereich kommerzielle Flugzeuge (Commercial Airplanes) von Boeing, der im Jahre 2005 einen Umsatz von 19 Milliarden Euro erzielte und damit in etwa die Größe seines europäischen Rivalen erreichte. Dem Geschäftsmodell des Boeing-Konzerns folgt der Mehrheitseigentümer von Airbus, der große europäische Luftfahrt- und Militärkonzern EADS, der mit Airbus sowie Militär- und Weltraumgeschäften auf einen Umsatz von 34 Milliarden Euro kommt.

Eine Eigenart des Marktes für Passagierflugzeuge besteht in seiner politischen Bedeutung. Das Duell zwischen Airbus und Boeing wurde und wird in Amerika, aber hin und wieder auch in Europa, als ein höchst unfairer Wettbewerb zwischen einem rein marktwirtschaftlich denkenden Privatunternehmen (Boeing) und einem durch exorbitante Staatsgelder künstlich aufgepäppelten, bis heute von der Politik beeinflußten Airbus-Konzern wahrgenommen. Insofern sind die beiden Konzerne zu Symbolen für zwei unterschiedliche, in der Globalisierung in Konkurrenz zueinanderstehende Wirtschaftsmodelle geworden: Weitgehend freie Marktwirtschaft in Amerika contra Mischwirtschaft aus Markt und Staat in Westeuropa.

Derart einfache Bilder entsprechen jedoch nicht der Realität. Weder befindet sich Boeing in einer rein marktwirtschaftlichen Oase, noch erklärt sich der Aufstieg von Airbus alleine durch die fraglos bedeutende Subventionierung des europäischen Projekts. Die Politik spielte und spielt auf beiden Seiten des Atlantiks eine erhebliche Rolle.

Ein politisches Geschäft

Kein Spitzenpolitiker käme wohl auf die Idee, sich nebenher als Marketingmann für Coca oder Pepsi zu betätigen. Bei Flugzeugen ist das anders. Hier zeigt sich der Einfluß der Politik auf verschiedenen Ebenen: Kaum eine andere Branche wird so hoch subventioniert wie die Luftfahrt; außerdem haben sich in den vergangenen Jahrzehnten Staats- und Regierungslenker auf beiden Seiten des Nordatlantiks auf Auslandsreisen als Flugzeugverkäufer betätigt, und zu allem Überfluß waren die Politiker in der Vergangenheit mehrfach bereit, wegen Boeing und Airbus einen internationalen Handelskonflikt anzudrohen.

Die Politisierung und Mediatisierung dieses Duells überzeichnet auf den ersten Blick dessen ökonomische Bedeutung, denn der Blick auf die Geschäftszahlen rechtfertigt die Aufregung eigentlich nicht. Airbus und die Sparte kommerzielle Passagierflugzeuge (Commercial Airplanes) von Boeing erzielen einen Umsatz von jeweils rund 20 Milliarden Euro im Jahr. Damit handelt es sich fraglos um bedeutende Firmen, aber diese Umsätze reichen in den Ranglisten der größten Unternehmen weder in den Vereinigten Staaten noch in Europa für einen Platz unter den ersten zehn. Industriekonzerne wie Siemens, Daimler-Chrysler oder General Electric sind ein Mehrfaches größer, von den führenden Ölkonzernen Exxon, Royal Dutch/Shell oder BP ganz zu schweigen.

Dennoch gilt die Luftfahrtbranche in Amerika und in Europa seit Jahrzehnten als strategisch wichtig und damit als schützenswert und förderwürdig. Das erklärt sich zum einen aus der engen Verzahnung zwischen dem Militär- und dem Zivilgeschäft. Boeing und seine früheren amerikanischen Widersacher McDonnell Douglas und Lockheed reüssierten unmittelbar nach dem Zweiten Weltkrieg zunächst als Hersteller von Militärflugzeugen, ehe sie sich dem Geschäft mit Passagierflugzeugen zuwandten. In Europa waren die Verteidigungsbudgets stets deutlich kleiner als in den Vereinigten Staaten, aber die Unternehmen, die vor gut 35 Jahren Airbus gründeten, betätigten sich ebenso im Militärgeschäft wie der heutige Hauptaktionär von Airbus, der europäische Luft- und Raumfahrtkonzern EADS. Das gilt auch für viele Zulieferbetriebe. „Es ist kein Zufall, daß jene Länder, die die größten Flugzeughersteller beheimaten, auch die größten Waffenexporteure unter den Demokratien sind", schreibt die amerikanische Ökonomin Laura D'Andrea Tyson.

Die wirtschaftlichen Verbindungen zwischen dem militärischen und dem zivilen Flugzeugbau sind vielschichtig. Die größte Rolle spielt der Technologietransfer. „Der größte Einzelbeitrag, mit dem die amerikanische Regierungspolitik die zivile Luftfahrtindustrie beeinflußt hat, besteht in der Auftragsvergabe für militärische Flugzeuge und der Finanzierung damit verbundener Forschungs- und Entwicklungsausgaben", heißt es in einer Studie des amerikanischen Kongresses. „In einigen Fällen wurden ganze für das Militär konzipierte Systeme in der kommerziellen Luftfahrt verwendet, womit sich die Entwicklungskosten und Geschäftsrisiken in der kommerziellen Luftfahrt reduzierten."

Der umgekehrte Fall einer Befruchtung des Militärgeschäfts durch den zivilen Flugzeugbau ist seltener, kommt aber hin und wieder vor. So bildet der erste erfolgreiche Interkontinentaljet, die aus den fünfziger Jahren stammende B707 von Boeing, die Basis für die noch heute in Dienst befindlichen militärischen Aufklärungsflugzeuge des Typs AWACS. Moderne Tankflugzeuge der großen Luftwaffen beruhen ebenfalls auf zivilen Modellen.

Der zweite Vorteil einer Verbindung von Militär- und Zivilgeschäft besteht in der Stabilisierung eines Luftfahrtunternehmens durch die beiden Zweige unter einem Dach. Der Verkauf von Passagierflugzeugen ist abhängig von der allgemeinen Wirtschaftslage und unterliegt starken Zyklen. Ein besonders einprägsames Beispiel bildet die Krise des Jahres 1993. Damals stornierten die Airlines so viele in früheren Jahren bestellte Flugzeuge, daß der Netto-Auftragseingang (das ist die Differenz zwischen den 1993 erhaltenen Neuaufträgen und den Stornierungen älterer Aufträge) aller drei Hersteller Boeing, McDonnell Douglas und Airbus zusammen lediglich einem einzigen Flugzeug entsprach! In solchen Krisenjahren verringert eine Militärsparte, die sich auf langfristige Bestellungen von Regierungen stützen kann, die

Abhängigkeit einer Firma vom Auf und Ab des Geschäfts mit Passagierflugzeugen.

Ihr Charakter als Hochtechnologiebranche erklärt die außerordentliche Aufmerksamkeit, die der zivile Flugzeugbau für die Politik genießt, aber nur zum Teil. Vor allem Frankreich verstand die Gründung von Airbus in den siebziger Jahren als ein Symbol europäischen Selbstbehauptungswillens gegenüber der amerikanischen Supermacht und als Musterbeispiel für eine gedeihliche Kooperation europäischer Nationen. Seitdem ist die Flugzeugindustrie auf beiden Seiten des Atlantiks zu einem gewaltigen Prestigeobjekt geworden. Der Bau großer Flugzeuge überschreitet damit die Grenzen der Wirtschaft. Aber auch aus wirtschaftlicher Sicht bleibt er ungewöhnlich.

Die Vorteile eines Großen

Die erhebliche politische Bedeutung des zivilen Flugzeugbaus stellt nur eine der Eigentümlichkeiten dieser Branche dar. Hinzu kommen betriebswirtschaftliche Faktoren, die sie zu einem ziemlich einzigartigen Geschäft machen. Denn während es aus wirtschaftlicher Sicht nicht gottgegeben erscheint, daß der Markt für Cola nur von zwei Unternehmen dominiert wird, lassen handfeste ökonomische Gründe den Auftritt neuer Konkurrenten im Bau großer Passagierflugzeuge kaum zu. Die Branche erscheint geradezu prädestiniert für ein Duell zweier Riesen. Denn potentielle Neueinsteiger in den Markt stoßen auf nahezu unüberwindliche Markteintrittsbarrieren.

Die erste Barriere bilden die außerordentlich hohen Entwicklungsausgaben für neue Flugzeuge, verbunden mit dem erheblichen Risiko eines Scheiterns und dem langen Warten auf Erlöse selbst für erfolgreiche Modelle. Die Entwicklung eines neuen Flugzeugs verschlingt Unsummen. Die rund 10 Milliarden Euro, die der neue Riesenflieger von Airbus, die A380 bisher gekostet hat, stellen wegen der ungeheuren Größe dieses Projekts zwar einen Ausreißer dar. Aber auch für kleinere Modelle fallen Entwicklungskosten zwischen drei und sechs Milliarden Euro an. Ob sich ein solches Projekt rentiert, weiß ein Hersteller meist erst nach rund zehn Jahren.

Denn die horrenden Entwicklungsausgaben fallen in den ersten drei bis fünf Jahren eines Projekts an, und wenn der Flieger danach auf den Markt gelangt, muß er sich wiederum einige Jahre gut verkaufen, ehe er sich zu lohnen beginnt. Die Gewinnschwelle erreichen Kurz- und Mittelstreckenflugzeuge meist erst nach dem Verkauf von etwa 600 Exemplaren, beim Giganten der A380 liegt sie wegen des sehr hohen Ver-

Im Formationsflug: Die kleine A318 für Kurzstrecken, das bisherige europäische Topmodell A340 für die Langstrecke und die majestätische A380, das größte Passagierflugzeug der Welt.

kaufspreises bei 250 bis 300 Exemplaren. Dafür ist dessen Produktion schwerfälliger: Airbus kann auch bei Vollauslastung seiner Kapazitäten nur rund fünfzig Exemplare seines Topmodells im Jahr bauen.

Es fiele einem Neueinsteiger außerordentlich schwer, private Finanziers für ein solch langfristiges und gleichzeitig äußerst riskantes Unterfangen zu gewinnen. Der frühere Airbus-Präsident Jean Pierson räsonierte einmal: „Man überlege sich, ich wäre im Jahre 1970 zu Banken gegangen und hätte ihnen gesagt: ‚Ich habe ein europäisches Team zusammengestellt, um mit einem neuen Flugzeug Boeing Konkurrenz zu machen. Dafür brauche ich eine Milliarde Dollar. Es kann sein, daß Sie dieses Geld nie wiedersehen. Es kann auch sein, daß Sie mehr als zwanzig Jahre lang warten müssen, bis Sie Ihr Geld zurückerhalten.‘ Glaubt jemand ernsthaft, ich hätte damals von Banken diesen Betrag erhalten? Niemals.“ Ohne Staatshilfen hätte es Airbus niemals gegeben.

Wenn ein Modell am Markt vorbeigebaut wurde, was sich angesichts des langen Zeitraums zwischen dem Beginn der Entwicklung und der Marktreife nicht ausschließen läßt, ist der Fehler nicht mehr korrigierbar – mit möglicherweise existentiellen Risiken selbst für bedeutende Hersteller. So führte die sehr viel teurer als erwartete Entwicklung des legendären Jumbo-Jets (B747) Boeing um das Jahr 1970 beinahe in den Abgrund, ehe sich der Flieger später als wahre Goldgrube für die Amerikaner erwies. Der amerikanische Militärkonzern Lockheed mußte Anfang der achtziger Jahre seinen einzigen Passagierjet mit einem Defizit von 2,5 Milliarden Dollar einstellen, woran der Konzern jahrelang schwer zu tragen hatte. Das Phänomen, mit einem einzigen neuen Modell die Existenz eines ganzen Unternehmens zu riskieren, wird in der Luftfahrtindustrie als „Wette auf die eigene Firma“ bezeichnet. Erfolg ist in dieser Branche selbst für erfahrene Marktteilnehmer nicht planbar – neben Können zählen auch Zufall und Glück.

Die zweite Markteintrittsbarriere für einen neuen Wettbewerber lautet: Im Flugzeugbau zählt vor allem Größe. Das gilt für viele, wahrscheinlich sogar für die meisten Industriebranchen, aber im Automobilbau gelingt es zum Beispiel Porsche, mit erheblichem Erfolg eine kleine Nische zu besetzen. Im Bau großer Passagierflugzeuge verspricht eine Nischenstrategie dagegen keinerlei Erfolg. So erfordern die außerordentlich hohen Entwicklungskosten eines Modells Verkäufe zu fast jedem Preis: Je mehr Flugzeuge ein Hersteller verkauft, um so schneller hat er die Milliardenkosten die Entwicklung hereingeholt. Haben sich die Entwicklungskosten aber erst einmal amortisiert, kann der Hersteller günstig nur noch zu seinen laufenden Kosten produzieren, während ein Neueinsteiger erst einmal die Entwicklungskosten hereinholen und daher höhere Verkaufspreise verlangen müßte als ein etablierter Hersteller für ein vergleichbares Produkt.

Aus diesem Grund haben Airbus und Boeing in ihrer Geschichte immer wieder Aufträge für lahmende Modelle akzeptiert, die für sich betrachtet nicht profitabel waren. Diese Bestellungen sicherten jedoch die Weiterführung der Produktion in der Hoffnung, später wieder rentable Aufträge zu erhalten. Denn die vorübergehende Einstellung der Fertigung wäre wegen der außerordentlichen Kosten, sie später wieder in Betrieb zu nehmen, keine Alternative.

In der Flugzeugbranche gilt der Satz: Die Einstellung der Produktion eines Flugzeugs ist gleichbedeutend mit seinem Tod. Airbus und Boeing haben daher auch Modelle, die sich längst nicht mehr gut absetzten, oft noch jahrelang weitergeführt. So kündigte Airbus erst im Frühjahr 2006 die Einstellung seines aus den frühen siebziger Jahren stammenden Ursprungsmodells A300 an, obgleich sich der Flieger seit langem nur noch in geringen Stückzahlen verkaufte.

Größe zählt im Flugzeugbau auch wegen der Lerneffekte, die eine erhebliche Verbilligung der Produktion im Zeitablauf gestatten. Großraumjets wie die B747 von Boeing (Jumbo-Jet) oder die A380 von Airbus sind hochkomplizierte Produkte, die aus mehreren Millionen Einzelteilen bestehen, und auch für erfahrene Hersteller und ihre Zulieferer bedeutet die Herstellung eines neuen Modells trotz minutiöser Planung daher immer wieder ein Abenteuer. So erforderte die Produktion der deutschen Teile des ersten Airbus in den siebziger Jahren 280.000 Arbeitsstunden, für das hundertste Exemplar wurden dagegen nur noch 100.000 Arbeitsstunden benötigt. Damit sanken die Produktionskosten ganz erheblich. Diese Lerneffekte stellen sich nach aller Erfahrung über Jahre hinweg ein; ausgeschöpft sind sie meist erst nach der Produktion von 500 bis 600 Einheiten. Sie begünstigen damit große Hersteller gegenüber Konkurrenten, die nur kleinere Stückzahlen produzieren.

Eine wesentliche Rolle spielt auch der sogenannte Flotteneffekt: Ein Hersteller mit einer breiten Produktpalette kann Innovationen, die bei einem neuen Projekt anfallen, für die anderen Modelle in seinem Angebot nutzen und damit die Kosten der Innovation auf eine große Zahl von Flugzeugen verteilen. Überdies bauen große Konzerne immer mehr identische Teile in ihre Modelle ein, was wegen der größeren Bezugsmengen die Stückkosten im Einkauf bei Zulieferern verbilligt und überdies die Flugzeugproduktion vereinfacht. Ein spezialisierter Hersteller kann das nicht, und so ist es nicht erstaunlich, daß Airbus erst dann profitabel wurde, nachdem die Europäer sich entschlossen hatten, wie Boeing eine Flotte aus mehreren Modellen zu bauen.

Eine spannende, oft diskutierte Frage bleibt, ob Boeing ohne die staatliche Förderung von Airbus ein Monopol, also eine Alleinstellung, hätte erreichen können. Denn die erheblichen Größenvorteile in der Flugzeugproduktion könnten es einem lange dominierenden Hersteller wie Boeing ermöglichen, alle nicht staatlich geförderten Konkurrenten aus dem Markt zu vertreiben und ein Monopol zu bilden.

Die Antwort lautet: Im Prinzip ja, aber sicher ist das nicht. Denn die meisten großen Airlines haben kein Interesse, ihre Flugzeuge bei einem Monopolisten einkaufen zu müssen, der ihnen aufgrund seiner Marktmacht Preise vorschreiben kann. Sie finden es weitaus attraktiver, unter mindestens zwei Herstellern auszuwählen und sie gegeneinander auszuspielen. So erscheint es denkbar, daß sich ohne den Markteintritt von Airbus viele Fluggesellschaften bereitgefunden hätten, McDonnell Douglas als Rivalen von Boeing am Leben zu erhalten.

Darüber läßt sich jedoch nur spekulieren, denn Airbus ist Realität, und das keineswegs zufällig. Die Gründung von Airbus war kein historischer Betriebsunfall, sondern eine logische Folge des Luftfahrtbooms in den sechziger Jahren verbunden mit der reichen Tradition der Luftfahrtindustrie in Europa. Allerdings verliefen die ersten Jahre des Projekts mindestens ebenso chaotisch wie die Vorbereitungen.

2 Ein europäisches Abenteuer

„Es war ein Sieg über die Amerikaner.“
Airbus-Testpilot Max Fischl
nach dem Erstflug der A300 am 28. Oktober 1972

Von der Comet zum Hansa Jet

Die offizielle Gründung von Airbus fand im Jahre 1969 in Paris statt, als Politiker aus Deutschland und Frankreich ihre Unterschriften unter ein Dokument setzten, in dem sie sich verpflichteten, gemeinsam ein Passagierflugzeug mit der Bezeichnung A300 zu bauen und zu vermarkten. Dieses Dokument ist die Geburtsurkunde eines der ungewöhnlichsten, faszinierendsten und spannendsten industriellen Projekte der vergangenen Jahrzehnte.

Doch die offizielle Gründung von Airbus war nicht der wirkliche Beginn des Projekts. Ihm waren jahrelange Diskussionen, Verhandlungen und Streitigkeiten vorausgegangen. Der Bau eines großen europäischen Passagierflugzeugs lag in den sechziger Jahren, als der zivile Flugverkehr deutlich zunahm und das Fliegen vom Luxusgut zum Massengut wurde, im wahrsten Sinne des Wortes in der Luft. Die großen amerikanischen Hersteller mit Boeing an der Spitze hatten sich längst angeschickt, den Markt für große Passagierflugzeuge zu dominieren. Nun wollten auch die Europäer einen Teil dieses Kuchens für sich reservieren. Die Aussichten waren nicht schlecht. Zwar begann Airbus im Vergleich zu Boeing als ein vernachlässigbares, fast schon lächerlich kleines Projekt. Aber unerfahren waren die Europäer nicht, denn Airbus trug die Traditionen der europäischen Luftfahrtindustrie in sich. Und die waren alles andere als unbedeutend.

So hatte die kleine und mutige britische Firma De Havilland in den frühen fünfziger Jahren als erstes Unternehmen auf der Welt ein Passagierflugzeug mit Düsentriebwerken, auch Jet genannt, anstelle der herkömmlichen Propellermotoren produziert. Erfunden wurde dieser Antrieb während des Zweiten Weltkriegs etwa gleichzeitig von den Deutschen und den Briten, aber in den ersten Nachkriegsjahren dachte außer De Havilland niemand ernsthaft an eine Verwendung in der zivilen Luftfahrt. Es war eine Strategie, auf die das in der Branche geflügelte Wort von der „Wette auf die eigene Firma“ perfekt zutraf: Kam das Comet getaufte Flugzeug an, öffnete sich direkt vor der Firmenzentrale von De Havilland eine Goldgrube; ging es dagegen schief, war De Havilland sehr wahrscheinlich am Ende.

Die bis dahin gebräuchlichen Propellerflugzeuge waren langsam, unbequem und hatten keine bedeutende Reichweite. Im Vergleich dazu bot die viermotorige Comet geradezu Revolutionäres: Mit ihrer Reisegeschwindigkeit von mehr als 700 Stundenkilometern und ihrem Radius von 2.400 Kilometern eröffnete sie der zivilen Luftfahrt völlig neue Perspektiven: Das Jetzeitalter hatte begonnen.

Die Dramatik der Veränderung mag ein Vergleich belegen. Für die Strecke London–Sydney benötigte ein traditionelles Propellerflugzeug zehn Tage mit 31 Zwischenstopps. Die ersten Jets legten in den fünfziger Jahren die gleiche Strecke in nur noch zweieinhalb Tagen mit sechs Zwischenlandungen zurück, und im Jahre 2005 flog eine Boeing London–Sydney mit 240 Passagieren ohne Zwischenstopp in 19,5 Stunden.

Die frühen Jets transportierten deutlich weniger Passagiere als heute. Da das Fliegen damals noch als ein den Reichen vorbehaltener Luxus galt, bot die Comet anfangs auch nur Platz für 36 Passagiere. Die Comet ging im Jahre 1952 in Dienst – und war zwei Jahre später schon so gut wie am Ende, als innerhalb weniger Monate drei Maschinen aus anfangs ungeklärter Ursache verlorengingen. Erst lange Recherchen ergaben, daß die Flugzeughülle der Belastung durch die ungewöhnlich hohe Geschwindigkeit und das Fliegen in großen Höhen mit seinen starken Druckunterschieden zwischen der dünnen Atmosphäre und dem Luftdruck im Inneren der Kabine nicht standgehalten hatte. Die Unglücksmaschinen waren in großer Höhe ohne Vorwarnung regelrecht zerplatzt; die Insassen besaßen keinerlei Überlebenschancen.

De Havilland hatte die Wette auf die eigene Firma verloren und konnte nur mit Staatsgeldern überleben. Kurz danach wurde die Firma von einem Konkurrenten übernommen. Einige Jahre später ging eine neue und größere Comet an den Start und kurz danach der erste Jet mit drei Motoren, die Trident. Doch beiden Modellen blieb der große Erfolg versagt, da sie auf dem mit Abstand verkehrsreichsten nordamerikanischen Markt, den mittlerweile die heimischen Hersteller mit eigenen Jets belieferten, nicht ankamen. Die Comet blieb eine technische Pionierleistung, aber ein kommerzieller Mißerfolg.

Etwas günstiger fällt das Urteil über die französische Caravelle aus, einem Ende der fünfziger Jahre in Dienst gegangenen Jet, der seinem Hersteller einen Gewinn einflog. Sie wurde in verschiedenen Versionen bis 1973 gebaut und kann als ein Vorgänger des Airbus verstanden werden. Von der Caravelle wurden 282 Exemplare ausgeliefert; sie war ein gutes, zuverlässiges Flugzeug auf Kurzstrecken. Sie konnte aber mit der amerikanischen Konkurrenz nicht mithalten, die mittlerweile Flugzeuge baute, mit denen sich der Atlantik überqueren ließ. Ende der sechziger Jahre besaßen die Amerikaner auf dem westlichen Markt für zivile Jets – der abgeschottete Ostblock, der russische Maschinen flog, bleibt außer Betracht – einen Anteil von 82 Prozent gegenüber lediglich 18 Prozent für die europäischen Hersteller.

Und die Deutschen? Die ausnahmslos von kleinen Unternehmen geprägte deutsche Luftfahrtindustrie begann gerade, sich von ihrem Flug in die Hölle zu erholen, in die sie der Zweite Weltkrieg geführt hatte. Die deutsche Industrie, bis 1945 eine der führenden in der Welt, hatte den Krieg nur in einem bedauerlichen Zustand überstanden. Viele Werke waren zerbombt, die Alliierten hatten nach Kriegsende deutsche Fachleute und wertvolle Baupläne in ihre Heimatländer mitgenommen und der verbliebenen deutschen Industrie überdies verboten, bis zum Jahre 1955 Flugzeuge zu bauen.

Doch der Beginn des Jetzeitalters mobilisierte auch die kleine und zersplitterte deutsche Industrie, zumal sich die Regierung an der neuen Technologie interessiert zeigte. 1957 schrieb Bundeswirtschaftsminister Ludwig Erhard einen Wettbewerb für ein modernes Verkehrsflugzeug aus, für den die Hamburger Flugzeugbau GmbH das Modell eines zweimotorigen Flugzeugs mit etwas 80 Sitzen präsentierte. Obgleich die Deutsche Lufthansa sich von dem Projekt begeistert zeigte, verschwand es 1960 für immer in der Schublade. Die Regierung wollte aus prinzipiellen Gründen keine Anschubfinanzierung leisten, und alleine vermochten die Hamburger die Entwicklung des Flugzeugs nicht bezahlen.

Der angesehene deutsche Luftfahrtjournalist Karl Morgenstern hat diese Verweigerung der Bundesregierung als eine „verfehlte Entscheidung" bezeichnet, weil die Lufthansa schließlich Boeing davon überzeugen konnte, ein ähnliches Flugzeug zu bauen. Daraus entstand mit der Boeing B737 das mit Abstand erfolgreichste Verkehrsflugzeug aller Zeiten: Bis heute wurden 5.000 Exemplare dieses Modells gebaut, und der Auftragsbestand reicht für mehr als 1.000 weitere Exemplare.

Statt dessen entwickelte die Hamburger Flugzeugbau GmbH den deutlich kleineren Hansa Jet, der zwischen sieben und zwölf Passagiere transportierte und als Flugzeug für Geschäftsreisende konzipiert war. Ein durchschlagender Erfolg war dem Hansa Jet, von dem nur knapp fünfzig Exemplare gebaut wurden, freilich nicht beschieden. Dafür bildete er ein frühes Beispiel für internationale Kooperation im Flugzeugbau: Der Rumpf und die Flügel wurden in Deutschland produziert, das Leitwerk in Spanien, während die Motoren und das Fahrwerk aus den Vereinigten Staaten stammten. Die Hamburger Flugzeugwerke bildeten später den Nukleus der deutschen Airbus-Produktion.

Von diesen kleineren Projekten abgesehen, betätigte sich die deutsche Luftfahrtindustrie im Militärgeschäft. Mit französischen Partnern fertigte sie den Transporter Transall, und außerdem besaß die deutsche Industrie eine Lizenz zum Nachbau des amerikanischen Kampfflugzeugs Starfighter. Das war nicht sehr bedeutend. Die Idee eines europäischen Großprojekts im zivilen Flugzeugbau sollte nicht zuletzt die Abhängigkeit der deutschen Unternehmen vom militärischen Flugzeugbau verringern.

Aus den mehrheitlich trüben Erfahrungen der Europäer drängte sich ein offensichtlicher Schluß auf: Die Industrie in Europa befand sich technisch in der Lage, moderne und ansprechende Flugzeuge zu bauen. Aber die einzelnen Hersteller waren zu klein, um die für die Entwicklung großer, mit den amerikanischen Jets konkurrenzfähiger Maschinen zu finanzieren. In einer Branche, in der Größe mehr zählte als in vielen anderen, erreichte man nur selten die notwendigen Stückzahlen, um die Entwicklungskosten hereinzuholen und die mit einer langjährigen Produktion verbundenen Lerneffekte auszuschöpfen.

Vielen nationalen Flugzeugbauern fehlte eine nachvollziehbare Strategie; zudem wußte der Staat meist nicht, wie er mit dieser Industrie umgehen sollte. So kam Mitte der sechziger Jahre ein Londoner Gutachten zu dem Schluß: „Viele Fiaskos in der britischen Luftfahrt können der Unentschlossenheit und der Konfusion von Regierungen sowie der Desorganisation einer Industrie mit zu vielen kleinen Firmen angelastet werden. ... Die schiere Verschwendung der britischen Ressourcen war außerordentlich."

Die einzige Lösung bestand in einer grenzüberschreitenden Zusammenarbeit. Eine solche hatten Deutsche und Franzosen bereits Ende der fünfziger Jahre mit der Entwicklung des gemeinsamen Militärtransporters Transall erprobt. Leider gelangte ein betrüblicheres Beispiel einer europäischen Kooperation zu weitaus größerer Berühmtheit.

Ein Debakel

Für viele Luftfahrtbegeisterte war und bleibt die Concorde das mit weitem Abstand schönste Flugzeug aller Zeiten. Und niemand wird der Concorde Schönheit und Eleganz absprechen, aber als Beispiel industrieller Kooperation erwies sie sich ebenso als Pleite wie aus kommerzieller Hinsicht.

Die Concorde war als Überschallflugzeug ein technisches Wagnis sondergleichen und ihrer Zeit weit voraus. Obgleich seitdem vier Jahrzehnte vergangen sind und unzählige Milliarden in die Entwicklung neuer Flugzeuge investiert wurden, ist es bis heute niemandem in der Welt gelungen, ein wirtschaftlich rentables und ökologisch vertretbares ziviles Überschallflugzeug zu entwerfen. Der traditionelle Jet erreicht seine Höchstgeschwindigkeit auch heute noch unter dem Schall und ist damit deutlich langsamer – ein Nachteil besonders für von der Zeitnot geplagte Manager.

Insofern mag im nachhinein ein milder Schein der Nachsicht auf die Concorde fallen, aber dies entschuldigt nicht die Fehler, die während ihrer Entwicklung begangen wurden. Die Concorde war weniger ein Produkt von Industriellen und Ingenieuren, sondern ein Prestigeprojekt der Regierungen in Paris und in London, die sich über Gebühr sowohl in die Entwicklung wie in den Bau des Flugzeugs einmischten und damit ein außerordentlich schlechtes Beispiel für industriepolitische Kooperation in Europa boten. Nach den ursprünglichen Berechnungen hätten 240 Exemplare des Überschallfliegers verkauft werden müssen, um Geld zu verdienen. Gebaut wurden nicht einmal zwanzig. Dennoch wenden sich erfahrene Luftfahrtjournalisten gegen übliche Verdammung der Concorde durch ihre Kollegen aus den Wirtschaftsredaktionen. Das kommerzielle Fiasko bestreiten sie nicht, geben aber zu bedenken, daß gerade Airbus indirekt von den Erfahrungen mit der Concorde profitiert habe: Viele Fehler, die während der Entwicklung des Überschallfliegers begangen wurden, habe man bei Airbus nicht mehr wiederholt.

Als sich die Europäer in der zweiten Hälfte der sechziger Jahre an das Airbus-Projekt wagten, flog die Concorde noch nicht, aber die außerordentlichen Probleme des Überschallfliegers waren bereits absehbar und lasteten auf der Gründung von Airbus. Das kommerzielle Fiasko der Concorde traf London mehr als Paris, wo sich nationale Grandeur unabhängig von betriebswirtschaftlichen Erfolgskennzahlen definiert und man überdies den ungeliebten Amerikaner die Schuld in die Schuhe schob. Die – aus französischer Sicht vor allem politisch motivierte – Weigerung amerikanischer Airlines, die Concorde zu kaufen, gilt noch heute in Paris als wesentlicher Grund für das Scheitern des Prestigeprojekts auch wenn diese Argumentation einer Überprüfung nicht standhalten dürfte.

London dagegen war von den Verlusten des Überschallfliegers nachhaltig getroffen. Wann immer in späteren Jahrzehnten die britische Flugzeugindustrie bei ihrer Regierung um eine Anschubfinanzierung für ein neues Airbus-Modell nachsuchte, fragte die Politik zunächst mißtrauisch: „Ihr wollt doch wohl keine neue Concorde bauen, oder?" Der Schatten des eleganten Überschallfliegers hing lange über Airbus.

Der Zeugungsakt

Es ist schwierig, ein konkretes Ereignis zu nennen, mit dem die Vorgeschichte von Airbus begann. In der ersten Hälfte der sechziger Jahre wuchs in der britischen, französischen und deutschen Flugzeugindustrie unabhängig voneinander die Vorstellung eines großen Passagierjets, den die Industrie eines Landes kaum in der Lage war, alleine herzustellen. Um das Jahr 1962 traten die Franzosen an die Briten mit der Idee heran, ein zweistrahliges, das heißt zweimotoriges, Kurzstreckenflugzeug mit annähernd 200 Sitzen zu bauen. Die Arbeiten an dem Projekt verliefen vielversprechend, bis die Fluggesellschaft Air France die Industrie ihres Landes davon überzeugte, lieber ein Großraumflugzeug mit rund 300 Sitzen zu bauen. In diesem Segment befände sich eine Marktlücke, versicherte die Strategen von Air France, während ihre Kollegen in London in ihrer Marktanalyse auf dem Bau eines kleineren Jets mit 200 Sitzen beharrten. Die Franzosen setzten daraufhin ihre Studien mit den Briten fort, gleichzeitig nahmen sie aber Kontakt mit ihren Kollegen in Deutschland auf.

Die waren nach der Lancierung des Hansa Jets durch die Hamburger Flugzeugbau GmbH nicht untätig geblieben. Im Juli 1965 fand sich eine Reihe kleiner deutscher Firmen im sogenannten Studienbüro Airbus zusammen, um gemeinsam die Entwicklung eines größeren Flugzeugs zu beraten. (Der Name Airbus war eine schon aus der Vorkriegszeit stammende deutsche Schöpfung.) Wenige Wochen zuvor, am 18. Juni 1965, hatten deutsche und französische Industrielle auf der Luftfahrtschau in der Pariser Vorstadt Le Bourget über ein gemeinsames Projekt gesprochen. Der Luftfahrtjournalist Karl Morgenstern sieht in diesen deutsch-französischen Gesprächen den „Zeugungsakt" von Airbus. Das ist vielleicht etwas zu sehr aus der deutschen Warte betrachtet, denn Gespräche zwischen Franzosen und Briten liefen zu diesem Zeitpunkt schon seit längerem. Aber von nun an, und das sollte sich durchaus als wesentlich herausstellen, waren die Deutschen mit im Spiel.

Was für ein Flugzeug sollte man bauen? Die Industriellen beschlossen, ihre potentiellen Kunden anzuhören, und trafen sich im Herbst 1965 mit Vertretern wichtiger Airlines in London. Die Fluggesellschaften waren sich zwar nicht ganz einig – einige wollten einen Kurzstreckenjet, andere ein Langstreckenflugzeug. Aber sie gaben der Industrie dennoch eine klare Botschaft mit auf den Weg: Prinzipiell bestand ein internationaler Markt für ein in Europa entwickeltes Passagierflugzeug!

Dafür nannten sie vor allem zwei Gründe: Erstens deckten die dominierenden amerikanischen Hersteller seinerzeit bei weitem nicht die gesamte denkbare Produktpalette ab. Es existierte durchaus noch Platz für Neuentwicklungen. Und zweitens waren die von den Amerikanern gebauten Jets nicht nur laut, sondern auch äußerst durstig – nicht erstaunlich, da in einem Land mit traditionell sehr niedrigen Energiepreisen wie Amerika Treibstoffeffizienz lange Zeit nicht wesentlich erschien. Um einen Wettbewerbsvorteil zu erzielen, mußte das Flugzeug der Europäer leiser und verbrauchsfreundlicher sein. Das erschien machbar.

Nach längeren, durchaus kontrovers verlaufenen Gesprächen unterschrieben Regierungsvertreter aus Deutschland, Frankreich und Großbritannien im Juli 1967 im Lancaster House in London eine Absichtserklärung über den gemeinsamen Bau eines Passagierjets mit 200 bis 250 Sitzen, das den Namen Airbus tragen sollte. Frankreich und Großbritannien würden das Projekt mit Anteilen von jeweils 37,5 Prozent dominieren, Deutschland blieb der Rang eines Juniorpartners. Zum Projektleiter wurde der Franzose Roger Béteille ernannt; in Dienst gehen sollte der Airbus im Frühjahr 1973. Stützen konnte sich das Projekt unter anderem auf französische Vorarbeiten zu einem ähnlichen Flugzeug namens Galion, das die Franzosen nicht alleine finanzieren wollten und konnten.

Die Briten steigen aus

Doch schon kurze Zeit später nahm in Großbritannien die Begeisterung für den Airbus ab; zum Teil wegen der ausufernden Kosten für die gleichzeitig in der Entwicklung befindliche Concorde; überdies wurden Teile ihrer Industrie von Herstellern aus Amerika umworben, wo möglicherweise vielversprechendere Projekte lockten als auf dem europäischen Kontinent. Im April 1969 zog sich die britische Politik offiziell aus Airbus zurück.

Diese Entscheidung war damals umstritten und ist es im nachhinein um so mehr. „Obwohl es einige ernste Wettbewerber gibt, war dies zweifellos eine der dümmsten industriepolitischen Entscheidungen, die jemals von einer britischen Regierung getroffen wurde", schrieb der britische Fachjournalist Matthew Lynn später. Als „kleingeistig und schäbig" bezeichnete der Autor Stephen Aris, ebenfalls ein Brite, die Londoner Volte: „Einmal mehr hatten die Briten, vor der Wahl zwischen Europa und den Vereinigten Staaten befindlich, Amerika und Klein-England bevorzugt."

Das ist die eine Seite der Medaille. Zugunsten der britischen Regierung bleibt anzumerken, daß Airbus damals ein Projekt mit höchst ungewissem Ausgang war und die Politiker aus ihrer Sicht vielleicht gar nicht unrecht daran taten, nicht noch weitere Steuergelder aufs Spiel zu setzen, wo gerade die Concorde dabei war, sich als Milliardengrab zu erweisen. Übrigens dachte damals auch die Regierung in Paris wegen der hohen Kosten an ein Begräbnis des Airbus-Projekts. Die Industriellen um Béteille baten ihre Politiker verzweifelt um einen Aufschub ihrer Entscheidung.

Der britische Abschied kam weder für Paris noch für Bonn unerwartet. Die Bundesregierung sah nun die Gelegenheit gekommen, den Ausbau der deutschen Luftfahrtindustrie voranzutreiben und gleichzeitig die Pariser Politik bei der Stange zu halten. Sie bot ihren französischen Kollegen daher an, sich mit 50 Prozent an Airbus zu beteiligen, sofern Paris gleichziehe. Im Klartext bedeutete dies, daß Bonn seinen Staatszuschuß für das Flugzeug von 500 Millionen DM auf eine Milliarde DM verdoppeln würde – ein ziemlich mutiges, vielleicht sogar leichtsinniges Unterfangen, das aber auch nur deshalb durchsetzbar war, weil der größte deutsche Airbus-Fan Franz Josef Strauß damals zufällig auch dem Finanzministerium vorstand.

Frankreich tat sich mit dem deutschen Vorschlag lange schwer, Airbus im Geiste der Gleichberechtigung gemeinsam zu betreiben. Für die Franzosen schien Gleichberechtigung nur schwer akzeptabel, weil ihre Industrie größer und leistungsfähiger war als die deutsche. Außerdem warf der Ausstieg der britischen Regierung nicht nur finanzielle, sondern auch erhebliche industrielle Probleme auf, weil der kompetenteste Hersteller von Flügeln in Europa (und vielleicht sogar in der ganzen Welt) das britische Unternehmen Hawker-Siddeley war. Der Flügel ist aber die technisch anspruchsvollste Komponente eines Flugzeugs, und ein ähnlich leistungsfähiger Ersatzlieferant existierte weder in Frankreich noch in Deutschland. Hawker-Siddeley war auch gerne bereit, als reiner Zulieferer Flügel für Airbus zu bauen, aber das Unternehmen sah sich außerstande, die Entwicklungskosten alleine aufzubringen. Von der britischen Regierung war nach deren Rückzug aus dem Airbus-Projekt allerdings keine finanzielle Hilfe zu erwarten. Was nun?

Airbus schien sich in einer Sackgasse zu befinden. Doch nun nahte ein Retter, und der hieß wieder einmal Franz Josef Strauß. Der Bayer erklärte sich bereit, mit deutschen Staatsgeldern auch die Flügelentwicklung von Hawker-Siddeley zu subventionieren! Aus industrieller Sicht hat diese außerordentliche Großzügigkeit wahrscheinlich ein frühes Ende von Airbus verhindert, aber gleichzeitig den Eindruck verfestigt, die Deutschen seien bereit, für europäische Projekte gerne tief in ihre Staatskasse zu greifen. Hier deutete sich im Kleinen bereits eine Konstante deutscher Europapolitik an.

Die Männer der ersten Stunde

Die ungewöhnliche Geschichte von Airbus prägten an ihrem Beginn besonders eine kleine Gruppe Deutscher und Franzosen, von denen vier kurz porträtiert seien.

Kein deutscher Politiker hat sich so leidenschaftlich für Airbus eingesetzt wie **Franz Josef Strauß** (1915 bis 1988), den dabei industriepolitische Ambitionen ebenso leiteten wie seine private Leidenschaft für die Fliegerei. Strauß war ein begeisterter Hobbypilot, der seine Privatmaschine unter anderem dazu nutzte, um Wahlkampfauftritte zu bestreiten. Geschickt band der langjährige CSU-Vorsitzende und Bayerische Ministerpräsident in der Folge Sozialdemokraten in seine Kampagnen zugunsten von Airbus ein, um dessen Förderung auf eine breitere innenpolitische Basis zu stellen. Strauß' wichtigste Verbündete wurden die späteren Bürgermeister von Hamburg und Bremen, Klaus von Dohnanyi und Hans Koschnick. Das lag nahe, befanden sich die Schwerpunkte der deutschen Luftfahrtindustrie doch in Norddeutschland und in Bayern, wo sich Strauß in seiner Position als Bayerischer Ministerpräsident um deren Weiterentwicklung bemühte. Dennoch gab es in der deutschen Politik immer auch einflußreiche Zweifler an der Subventionierung von Airbus, zu denen die Bundeskanzler Helmut Schmidt (SPD) und Helmut Kohl (CDU) gehörten.

Bis zu seinem Tod im Jahre 1988 gelang es Strauß im Zusammenwirken mit politischen Bundesgenossen und der Industrie, immer wieder Geld für Airbus locker zu machen – mochten Schmidt und Kohl auch darüber bitterlich klagen. Bald nach seinem Tode fiel Strauß' Name im Zusammenhang mit der sogenannten Schreiber-Affäre. Demnach soll der mit Strauß seit langem bekannte und nach Kanada emigrierte Geschäftsmann Schreiber im Jahre 1988 von dem Verkauf von 51 Airbus-Maschinen nach Thailand und Kanada als Vermittler profitiert haben. Schreiber überwies aus diesen Vermittlungsgeldern an Max Strauß, den Sohn des mittlerweile verstorbenen Franz Josef, knapp 2,7 Millionen Euro, die dieser zu versteuern „vergaß". Die Schreiber-Affäre ist bislang nicht vollständig aufgeklärt.

Der erste Präsident von Airbus, **Henri Ziegler** (1906 bis 1998), war ein glühender französischer Patriot und überzeugter Europäer zugleich, ein gallischer Querkopf, der es seinen Vorgesetzten nicht leicht machte, und doch auch ein charakterstarker Mann, der seine Träume wahr zu machen verstand. Der luftfahrtbegeisterte „Le Zig", wie man ihn vor allem in späteren Jahren nannte, studierte in jungen Jahren Ingenieurwissenschaften und Flugzeugbau und begann seine berufliche Laufbahn als Testpilot. Nach der Niederlage Frankreichs gegen Deutschland im Jahre 1940 schloß er sich dem französischen Widerstand um den nach London geflüchteten Charles de Gaulle an, der ihn in seinen Generalstab beorderte. Nach dem Krieg wurde Ziegler Generaldirektor der staatlichen Fluggesellschaft Air France, die er nach acht Jahren im Streit über die Geschäftsstrategie verließ. Danach arbeitete Ziegler einige Jahre in Büros mehrerer Pariser Minister, bis er sich wegen seines kompromißlosen Wesens auch dort unbeliebt machte und in führender Position in die Flugzeugindustrie wechselte. Nebenher gründete Ziegler mit seinem Sohn eine eigene kleine Airline. Während seiner Zeit in der Industrie gelangte der Franzose zu der Überzeugung, daß die Zeit nationaler Alleingänge in Europa unwiderruflich vorüber war.

Ende der sechziger Jahre berief die Regierung Ziegler zum französischen Projektleiter für die Concorde. Aus industrieller Sicht hielt Ziegler die Concorde schon früh für eine Totgeburt, als glühender Franzose und überzeugter Europäer schätzte er den Überschallflieger jedoch als Symbol eines Selbstbehauptungswillens gegenüber den Amerikanern und Russen. Als erster Präsident von Airbus Industrie ab 1970 war Ziegler in seinem Element, da er ein erhebliches Potential für dieses Projekt sah und im Stillen vom Bau einer ganzen Modellflotte träumte, wie sie nach seinem Ausscheiden 1975 auch wahr wurde. Zieglers hauptsächliches Verdienst bestand darin, die Airbus-Maschine ins Laufen zu bringen und als Chef der zentralen Vertriebsorganisation zwischen den oft uneinigen nationalen Partnern zu vermitteln. Als Chefverkäufer von Airbus war der Franzose allerdings weniger erfolgreich. Der Name Ziegler blieb aber auch nach seinem altersbedingten Rückzug bei Airbus in aller Munde: Henri Zieglers Sohn Bernard leitete viele Jahre den Testbetrieb des Flugzeugbauers; beim Erstflug der A300 im Oktober 1972 war er als Co-Pilot an Bord.

Ein Kind kann biologisch nur einen Vater haben, ein Flugzeug aber mehrere. So können sich mehrere Männer mit der Bezeichnung „Vater des Airbus" schmücken, neben Henri Ziegler und Franz Josef Strauß auch **Roger Béteille**. Der 1921 geborene Franzose zählte wie Ziegler zu jenen luftfahrtbegeisterten Pionieren, die nach einer Epoche nationaler Fehlschläge die Zukunft der europäischen Luftfahrt in grenzüberschreitenden Kooperationen sahen, und wie bei Ziegler verbanden sich in Béteille Ambition und Realitätssinn. Der asketisch lebende, etwas rigorose Franzose mit der unvermeidlichen weißen Krawatte hatte Ingenieurwissenschaften und Flugzeugbau studiert und sich seine ersten Sporen als Testpilot verdient. Béteille arbeitete an der Entwicklung der Caravelle und verbrachte zehn Jahre als Manager mit dem Bau von Raketen und Satelliten, ehe er zum Flugzeugbau zurückfand. Der Südfranzose träumte wie Ziegler schon früh vom Bau einer Airbus-Flotte, als sich die nationalen Partner des Projekts noch mit der A300 begnügen wollten, und entwarf in aller Stille auf dem Zeichenbrett elf verschiedene Modelle, von denen in späteren Jahrzehnten mehrere auch gebaut wurden.

Als Generaldirektor von Airbus war der für seine Bescheidenheit bekannte Béteille jedoch vor allem Realist: Er koordinierte die Produktion der nationalen Partner mit eiserner Faust und achtete dabei auf Kosteneinsparungen. Béteille war es auch, der auf Kosten der britischen Rolls-Royce den Bezug amerikanischer Triebwerke für die A300 befürwortete, um die Absatzchancen in den Vereinigten Staaten zu verbessern. Während die Präsidenten von Airbus das Projekt eher nach außen repräsentierten, hielt Béteille in der Rolle des visionären Zuchtmeisters den Laden intern in Ordnung – mit tatkräftiger Unterstützung seines Freundes und Kollegen Felix Kracht. Béteille verließ Airbus Mitte der achtziger Jahre aus Altersgründen.

Felix Kracht (1912 bis 2002) zählt zu jener Spezies Mensch, die in ihrer Jugend vom Flugzeugbazillus infiziert werden und sich ein langes Leben davon nicht kurieren lassen. Der gebürtige Krefelder erwarb schon mit 17 Jahren den Segelflugschein, studierte Flugzeugbau an der Technischen Hochschule in Aachen und tat sich bald als Konstrukteur von Segelflugzeugen hervor. Nach dem Zweiten Weltkrieg ging Kracht nach Frankreich, wo er im Westen von Paris in der Industrie arbeitete; unter anderem war der Deutsche für die Flugerprobung des deutsch-französischen Militärtransporters Transall verantwortlich. In die Pariser Zeit Krachts fällt auch die Geburt seiner Tochter Barbara, die heute die Kommunikation von Airbus in Toulouse leitet. Im Jahre 1967 kehrte Felix Kracht nach Deutschland zurück, zuerst zu den Vereinigten Flugzeugwerken in Bremen und dann als designierter Geschäftsführer der Deutschen Airbus GmbH nach München.

Doch das Schicksal entschied anders: Während eines Aufenthalts in San Francisco traf Kracht auf Pierre Béteille, der den Deutschen beschwor, als für die Flugzeugproduktion verantwortlicher Direktor die Airbus-Zentrale in Toulouse zu verstärken. Kracht nahm das Angebot an und avancierte an der Garonne nebenher als Diplomat und Dolmetscher, der es verstand, die sich oft fremden Deutschen und Franzosen einander näherzubringen. Als Manager wie als Mensch erwarb sich der von Literatur und klassischer Musik begeisterte Deutsche hohes Ansehen. Er trat 1981 in den Ruhestand, den er in einem Ort nahe Bremen verbrachte. Nach seinem Tod gründete seine Witwe Gerda die „Felix-Kracht-Stiftung", die sich der Pflege historischer Segelflugzeuge widmet. Am Stammsitz von Airbus in Toulouse trägt das sogenannte Mock-up-Center, in dem sich Nachbauten von Rümpfen aktueller Modelle für Kundengespräche über die Kabinenausstattung befinden, den Namen Felix Kracht.

Eine undurchsichtige Partnerschaft

Als sich Deutsche und Franzosen Ende der sechziger Jahre zusammenfanden, stellte sich von Beginn an die Frage nach der Organisation des Projekts. Auf französischer Seite würde der Staatskonzern Aérospatiale die französischen Interessen wahrnehmen, auf deutscher Seite die von mehreren kleinen Unternehmen gebildete Deutsche Airbus GmbH. Eine Fusion von Aérospatiale und Deutsche Airbus GmbH wurde zwar kurz erwogen, aber rasch wieder fallengelassen. Europa war politisch noch nicht reif für grenzüberschreitende Zusammenschlüsse in einer solch sensiblen Branche wie dem Flugzeugbau. Die beteiligten Unternehmen wollten aber auch wirtschaftlich unabhängig bleiben, weil Airbus für sie nur ein Projekt unter mehreren war.

Aus heutiger Sicht wird oft vergessen: Am Beginn von Airbus stand lediglich die Absicht, ein einziges Flugzeugmodell, die A300, gemeinsam zu bauen und zu vermarkten, um in dem neuen Wachstumsmarkt für Großraumflugzeuge mit mehr als 200 Plätzen eine Marktlücke zu nutzen. Jedem der Partner stand es ansonsten frei, andere Projekte alleine oder mit anderen Partnern zu betreiben, solange sie nicht in direkter Konkurrenz zur A300 standen. So bauten die Franzosen weiterhin ihre Caravelle, und gleichzeitig arbeiteten sie zusammen mit Unternehmen aus Spanien, Kanada und der Schweiz an dem Kurz- und Mittelstreckenflugzeug Mercure, das etwas kleiner war als der Airbus, sich aber nicht bewährte.

Auch die deutsche Industrie blieb nicht untätig und baute etwa zeitgleich mit dem ersten Airbus die VfW-614, ein Kurzstreckenflugzeug für gut vierzig Passagiere, das besonders auf die oft schwierigen Start- und Landebedingungen in Entwicklungsländern zugeschnitten war. Obgleich das Flugzeug viel Lob in der Branche erhielt, verkauften sich lediglich 13 Exemplare. Als das Projekt Ende der siebziger Jahre eingestellt wurde, hatte der Staat Steuergelder von rund einer Milliarde DM verbraten und der norddeutsche Hersteller Vereinigte Flugzeugwerke (VfW) einen Verlust von 200 Millionen DM erlitten. Auch die britische Industrie erwog seinerzeit, einen eigenen Passagierjet zu bauen, doch scheiterte die Idee an der Weigerung der Regierung, Entwicklungsgelder lockerzumachen.

Den Aufbau einer ganzen Flugzeugfamilie, wie sie später entstand, sahen die ursprünglichen Planungen der Airbus-Partner überhaupt nicht vor. Insofern schien das Projekt auch finanziell überschaubar.

Eine geeignete gesellschaftsrechtliche Konstruktion fanden schließlich die Franzosen in ihrem Groupement d'interêt économique (GIE), einer wirtschaftlichen Interessengemeinschaft oder, anders ausgedrückt, in einem Konsortium selbständiger Partner. Ursprünglich wurde es für selbständige Winzer entwickelt, die eine gemeinsame Vertriebsgesellschaft betreiben wollten, aber das Prinzip ließ sich auch auf den Flugzeugbau anwenden.

So wurde die Airbus Industrie mit Sitz in Toulouse gegründet, die den Auftrag erhielt, die A300 zu verkaufen. Dieser ursprünglich kleinen Einheit angeschlossen waren Designbüros, eine Marketingabteilung, die Koordination der Produktion sowie eine Gruppe von Piloten, die Testflüge vornehmen sollten. Geführt wurde Airbus Industrie von einem Präsidenten, der einem Aufsichtsrat verpflichtet war, in den die nationalen Partner des Konsortiums Vertreter entsenden würden. Nach dem französischen Recht mußte eine GIE weder Bilanzen aufstellen noch Steuern zahlen.

Gebaut würden die Flugzeuge aber in eigener Verantwortung durch die nationalen Partner, die sich über die Verteilung der Arbeit verständigen würden. Airbus war somit dezentral organisiert, denn die Macht über das Projekt sollte nicht die Zentrale in Toulouse erhalten, sondern bei den nationalen Partnern verbleiben, die ihnen zufließende Gewinne aus dem Airbus in ihren jeweiligen Ländern versteuern würden. Dank dieser Organisation erschien auch eine spätere Trennung problemlos: Sollte sich die A300 eines Tages nicht mehr verkaufen, könnten die Partner die kleine Vertriebsabteilung in Toulouse auflösen und ihrer eigenen Wege gehen. Das schien alles nicht sehr kompliziert zu sein.

Doch die Praxis widersprach der Theorie: Tatsächlich erwies sich diese Konstruktion als so undurchsichtig und vertrackt, daß selbst manche Beteiligte später zugaben, sie hätten sie eigentlich nie völlig verstanden.

Das Modell litt an zwei Grundfehlern. Erstens tendieren dezentrale Organisationen im Laufe der Zeit häufig zu einem Zentralismus, und folglich erhielt die eigentlich als machtlos konzipierte Airbus Industrie im Laufe der Zeit einen Einfluß, der so nicht vorgesehen war.

Vor allem aber waren die nationalen Partner zugleich Anteilseigner von Airbus Industrie wie auch Hersteller des Flugzeugs. Das brachte sie in einen Zielkonflikt: Als Anteilseigner von Airbus Industrie besaßen sie ein Interesse daran, das Flugzeug möglichst billig zu produzieren, um hohe Gewinnausschüttungen von ihrer Vertriebsgesellschaft zu erhalten. Als Lieferanten besaßen sie hingegen ein Interesse, von Airbus Industrie möglichst hohe Preise für die von ihnen hergestellten Flugzeugteile zu verlangen. Man kann aber nicht gleichzeitig billig und teuer produzieren. Die Partner entschieden sich für die zweite Lösung und betrachteten sich hauptsächlich als Lieferanten: Sie stellten Airbus Industrie für ihre Zulieferungen möglichst hohe Preise in Rechnung.

Der Club der Lügner

Die Verhandlungen über die Verteilung der Arbeiten und die daraus folgende Verteilung der Erlöse auf die einzelnen Partner fanden im Aufsichtsrat statt, der intern rasch die Bezeichnung „Club der Lügner" erhielt. Kein nationaler Partner besaß ein Interesse daran, seine wahren Produktionskosten zu offenbaren; statt dessen schlug jeder seine Produktionskosten möglichst hoch an, um dann im Gegenzug einen möglichst großen Anteil an den Erlösen zu verlangen. Aus der Differenz zwischen den Erlösen und den „wahren" Produktionskosten errechnete sich dann der Gewinn eines Partners.

Die Verteilungskämpfe waren deshalb so hart, weil zwar jeder Partner für die von ihm gelieferten Leistungen hohe Kosten in Rechung stellen mochte, die gesamten Produktionskosten für ein Modell aber nicht beliebig hoch werden durften: Schließlich mußte man das Flugzeug ja verkaufen. In späteren Jahren dauerten die Streitigkeiten über die Verteilung der Erlöse aus einem Modell manchmal noch mehrere Jahre nach dessen Indienststellung an. Teilnehmer an diesen Runden erzählten später, es sei im Aufsichtsrat zugegangen wie auf einem orientalischen Basar. Vor allem in den ersten Jahren müssen die Sitzungen, an denen neben den Ratsmitgliedern noch eine große Zahl von Spezialisten teilnahmen, außerordentlich chaotisch verlaufen sein, wobei die Sprachbarrieren noch einiges zur Verwirrung beitrugen. Denn neben den Deutschen und den Franzosen war im Jahre 1971 Spanien der Partnerschaft beigetreten, deren Staatskonzern Casa rund 4 Prozent der Anteile übernahm. Im gleichen Jahr wurden die Holländer und Belgier sogenannte assoziierte Mitglieder ohne eigenen Kapitalanteil. Das hieß, sie hatten wenig bis nichts zu melden, saßen aber bei den Beratungen dabei.

Dennoch gelang eine grundsätzliche Aufteilung der Arbeiten: Die Franzosen würden die Nase, das Cockpit und Teile des Rumpfes bauen sowie das Flugzeug in Toulouse montieren, die Deutschen lieferten große Teile des Rumpfs, die Briten (die nicht Mitglied des Konsortiums waren) den größten Teil des Flügels, während für die Holländer die beweglichen Flügelteile und für die Spanier das Leitwerk am Heck blieben. Dabei stand es jedem Partner frei, Unteraufträge an inländische oder ausländische Firmen weiterzugeben.

Ausgespart blieben die Motoren, da diese nicht von Flugzeugherstellern wie Airbus oder Boeing, sondern von wenigen spezialisierten Unter-

nehmen gebaut werden. Anfangs stand für ein Modell nur ein Moto-
renlieferant bereit, in späteren Jahren konnten die Fluggesellschaften
zwischen mehreren Modellen verschiedener Anbieter selbständig
wählen. Die Motoren wurden dann von Airbus lediglich montiert.

Völlige Intransparenz

Airbus blieb mit dieser Konstruktion nach innen wie nach außen
undurchsichtig, und hier setzte schon früh die Kritik vor allem der
Amerikaner ein. Dies um so mehr, als das Projekt über Jahrzehnte auf
staatliche Zuschüsse angewiesen war, die aus den Taschen der Steuerzahler stammten.

Die Frage, ob Airbus wirtschaftlich erfolgreich war oder im Gegenteil
Unsummen verschlang, läßt sich für die Zeit des Konsortiums nicht
auf Heller und Pfennig berechnen, auch wenn Schätzungen existieren,
die der Wahrheit nahekommen mögen und mit denen wir uns in späteren Kapiteln beschäftigen werden. Die Vertriebsorganisation Airbus
Industrie bilanzierte als wirtschaftliche Interessengemeinschaft überhaupt nicht offiziell, aber es ist bekannt, daß sie bis in die frühen
neunziger Jahre defizitär arbeitete, weil die Produktionskosten die
Erlöse übertrafen. Diese Fehlbeträge mußten von den Partnern ausgeglichen werden.

Wie es aber auf der Ebene der Partner aussah, ist im einzelnen nicht
bekannt. Es war durchaus möglich, daß etwa die Deutsche Airbus GmbH
bei einem Modell einen Verlust für ihre Rumpfproduktion erlitt,
während der britische Partner mit seinen Flügellieferungen für das gleiche Modell einen Gewinn erzielte. Kein Partner besaß ein Interesse, sich
mit hohen Gewinnen für seine Zulieferungen zu brüsten, weil er fürchtete, daß die anderen Partner eine Neuverteilung der Erlöse zu seinen
Ungunsten fordern würden.

Ein Blick in die Bilanzen der Partner war auch nicht unbedingt hilfreich,
weil die meisten neben Airbus noch weitere Geschäfte, zum Beispiel im
Militärbereich, betrieben. Aus einer Bilanz dieser Unternehmen her-
auszulesen, ein wie hoher Teil eines Gewinns oder Verlusts alleine auf
die Lieferungen des Partners für Airbus entfiel, war nicht immer möglich.

Diese Undurchsichtigkeit existiert auch für das heiße Thema Subventionen. Airbus wurde immer wieder, und zu Recht, der Vorwurf
gemacht, das Projekt sei hoch subventioniert. Aber wie hoch die staatliche Unterstützung wirklich war, läßt sich zumindest für die Zeit des

Konsortiums kaum exakt berechnen, obgleich wiederum Schätzungen existieren, die der Wahrheit nahekommen können.

Der Jungfernflug

Airbus besaß nun eine Organisation und zumindest auf dem Reißbrett auch ein Flugzeug. Es sollte rund 260 Passagiere transportieren, die Reichweite betrug je nach Version zwischen 2.000 und 7.000 Kilometern. Die gewünschte, für die damalige Zeit sehr stattliche Passagierzahl erforderte, was in der englisch geprägten Sprache der Flugzeugindustrie ein Widebody heißt: ein relativ breites Flugzeug mit zwei Gängen zwischen drei Sitzreihen. (Kleinere Flugzeuge bis rund 200 Passagiere werden als Narrowbody gebaut, das heißt, wie bei einem Bus, mit einem Gang zwischen zwei Sitzreihen). Widebodies entwickelten damals die großen amerikanischen Hersteller Boeing, McDonnell Douglas und Lockheed; insofern würde der A300 getaufte Airbus im Trend liegen. Doch die Europäer wollten etwas Besonders bieten.

Der Clou der A300 war ihre Ausstattung mit nur zwei Motoren, die weniger Kerosin verbrauchten als eine gleichgroße Maschine mit drei oder vier Triebwerken. Ein vergleichbares Flugzeug existierte damals nicht, und besser noch, keiner der drei amerikanischen Hersteller dachte ernsthaft daran, ein direktes Konkurrenzmodell zu bauen. Sie stürzten sich allesamt auf den kleinen Markt für noch größere drei- und viermotorige Flugzeuge – mit dem Ergebnis, daß sich McDonnell Douglas und Lockheed mit nahezu identischen Modellen nahezu zu Tode konkurrierten.

Später wurde harte Kritik an der Modellpolitik der Amerikaner laut: Hätte entweder McDonnell Douglas oder Lockheed statt dessen ein Flugzeug vom Typ der Airbus A300 gebaut, hätten vermutlich alle drei amerikanischen Hersteller zumindest für absehbare Zeit auskömmliche Märkte gefunden – und Airbus wäre gegen diese Konkurrenz so gut wie chancenlos gewesen. McDonnell Douglas hatte sogar intern Vorarbeiten für ein dem Airbus vergleichbares Flugzeug begonnen, das Projekt dann aber abgeblasen.

Die Idee für die A300 hatte Airbus ironischerweise aus Amerika, und nicht zuletzt für den lukrativen amerikanischen Markt wollten die Europäer das Flugzeug bauen. Das Konzept der A300 war in amerikanischen Luftfahrtkreisen seit längerem als „Kolk-Maschine" geläufig, benannt nach Frank Kolk, einem Manager der bedeutenden Fluglinie American Airlines. Kolk hatte den amerikanischen Flugzeugherstellern jahrelang mit der Idee in den Ohren gelegen, für den rasch wachsenden

Markt zwischen den großen amerikanischen Metropolen ein Flugzeug mit 250 bis 300 Passagieren zu bauen, das mit nur zwei Motoren niedrige Betriebskosten garantieren sollte. Boeing & Co. hatten den Vorschlag mit der Begründung abgelehnt, ein Flugzeug dieser Größe erfordere mehr als zwei Motoren, und sich ehrgeizigeren Projekten zugewandt. Ganz absurd war diese Position nicht, da die amerikanischen Behörden damals Flüge zweimotoriger Jets über die Rocky Mountains oder über ein Meer aus Sicherheitsgründen noch nicht gestatteten.

Nun hatten die Europäer, was ihnen die führenden Fluglinien im Herbst 1965 nahegelegt hatten: Ein verbrauchsfreundliches Modell, wie es die Amerikaner nicht im Programm besaßen. Denn an einer frontalen Auseinandersetzung mit der übermächtigen Konkurrenz besaß der Newcomer Airbus damals kein Interesse.

Am 28. Oktober 1972 absolvierte die erste A300 ihren Jungfernflug im Südwesten Frankreichs. Die Maschine erfüllte von Beginn an alle Erwartungen, allerdings wäre der Jungfernflug wegen starken Seitenwinds beinahe mit einem Crash geendet.

Nach der glücklichen Landung war die Freude allseits groß, und der französische Testpilot Max Fischl vergaß nicht, die politische Bedeutung des Erstflugs zu betonen: „Es war ein Sieg gegen die Amerikaner." Airbus schien vor einer glänzenden Zukunft zu stehen.

3 Der Dominator

Mister Boeing

Als William „Bill" Boeing (1881 bis 1956) sich im Jahre 1909 für die damals noch blutjunge Branche des Flugzeugbaus zu interessieren begann, konnte er nicht ahnen, daß aus seinen kleinen Anfängen einmal ein Konzern von Weltformat entstehen würde. Im Jahre 1881 in Chicago als Sohn eines vermögenden deutschstämmigen Ingenieurs und Geschäftsmanns geboren, brach der junge Boeing ein Studium an der berühmten Ostküstenuniversität Yale ab, um den amerikanischen Traum eines erfolgreichen Unternehmers zu leben. Boeing zog es an das andere Ende der Vereinigten Staaten, wo er im am Pazifik gelegenen und im Norden an Kanada angrenzenden Bundesstaat Washington sein Glück im Holzhandel suchte und sich daneben für den Schiffbau begeisterte. Doch noch mehr faszinierten ihn die tollkühnen Männer in ihren fliegenden Kisten.

Die Anfänge der Boeing Airplane Company waren bescheiden und begannen mit der Lieferung von 25 Flugbooten an die amerikanische Navy gegen Ende des Ersten Weltkriegs. Der Flugzeugbau war damals noch eine wenig bedeutende Branche, die allerlei Pioniere und Glücksritter anlockte. Der Transport von Personen war mit den damals noch sehr kleinen Maschinen nicht möglich, und auch im gerade beendeten Ersten Weltkrieg hatte die Luftwaffe keine große Bedeutung erhalten, weil Bomber noch völlig unbekannt waren. Aber der Flugzeugbau war eine Branche mit Zukunft, und Boeing gebührt das Verdienst, das früh vorausgesehen zu haben.

In den Jahren zwischen den beiden Weltkriegen legte die in Seattle ansässige Boeing Airplane Company jene beiden Eigenschaften an den Tag, die diese Firma bis heute auszeichnen und ihr den Weg an die Spitze in ihrer Industrie geebnet haben. Das ist zum einen die Innovationslust einer von einer Ingenieurkultur geprägten Firma, der es häufig gelang, neuartige Flugzeuge zu bauen, die gleichzeitig robust und solide waren. Diese Erfinder- und Entdeckerfreude ging einher mit einem außerordentlich guten Gespür für die Entwicklung der Branche: Boeing hat es über Jahrzehnte verstanden, immer wieder das richtige Modell zum richtigen Zeitpunkt auf den Markt zu bringen.

So erkannte das Unternehmen früh die Bedeutung der vom Staat geförderten Luftpost, für deren Transport sie erfolgreiche Flugzeuge baute.

Im Jahre 1933 revolutionierte Boeing die Branche mit dem ersten modernen Passagierflugzeug, dem Modell 247. Das von zwei Propellermotoren und für zehn Passagiere konzipierte angetriebene Flugzeug absolvierte die Strecke zwischen New York und Los Angeles mit sieben Zwischenstopps in zwanzig Stunden. Aus heutiger Sicht erscheint diese Leistung lächerlich, aber in den frühen dreißiger Jahren bedeute sie einen Rekord und eine deutlich Verbesserung gegenüber der bisherigen Flugzeit von knapp dreißig Stunden. Boeing hatte schon einige Jahre früher Passagierflugzeuge gebaut, aber erst das Modell 247 sorgte für Aufsehen, obgleich es kommerziell weitaus weniger erfolgreich wurde als ein ähnliches Modell des kalifornischen Herstellers Douglas. Im Jahre 1938 folgte mit dem für 33 Passagiere ausgelegten Boeing-Stratoliner das erste Passagierflugzeug, das eine Höhe von 6.000 Metern erreichte und damit nicht länger mitten durch Wind und Wetter fliegen mußte.

Zu diesem Zeitpunkt hatte William Boeing das von ihm gegründete Unternehmen verlassen. Der ohnehin aus begüterten Verhältnissen stammende Amerikaner hatte in den zwanziger Jahren viel Geld verdient und daraufhin mehrere Firmen gekauft, darunter den Motorenhersteller Pratt Whitney sowie mehrere Fluglinien, die unter der Bezeichnung United Airlines zusammengefaßt wurden. Doch im Jahre 1934 schlug die Regierung zu. Sie warf der Post vor, sie habe sich von Industriellen wie Boeing ausnehmen lassen, und kündigte die Verträge über den Transport der Luftpost. Das war ein schwerer Schlag für Boeing, zumal das Unternehmen in der Öffentlichkeit den etwas zweifelhaften Ruf eines besonderen Profiteurs der von der staatlichen Post organisierten Günstlingswirtschaft genoß.

Außerdem, und das war noch schlimmer, beschloß die Regierung, den Bau von Flugzeugen und den Betrieb von Fluglinien unter dem Dach eines Konzerns nicht zu gestatten. Der Boeing-Konzern wurde in drei Teile, den Flugzeugbauer Boeing, die Fluglinie United Airlines sowie den Motorenhersteller Pratt Whitney, zerschlagen. Diese Entscheidung aus dem Jahre 1934 prägt die Luftfahrtbranche bis zum heutigen Tage. Der Bau von Flugzeugen und die Konstruktion von Flugzeugmotoren sind getrennte Geschäfte geblieben mit jeweils nur einer kleinen Anzahl wichtiger Unternehmen in beiden Branchen. Und die Fluggesellschaften führen nach wie vor ihr Eigenleben in völliger Unabhängigkeit von Boeing oder Airbus.

William Boeing fühlte sich brüskiert, legte den Vorstandsvorsitz nieder und verkaufte alle Aktien an seinem Unternehmen. Anschließend zog er sich auf sein Anwesen nahe Seattle zurück, wo er sich als Pferdezüchter einen Namen machte. Das Flugzeuggeschäft betrachtete er nur noch aus der Distanz.

Der Bomberbauer

Die Zerschlagung des Konzerns hatte Boeing geschwächt, aber im Verlauf der dreißiger Jahre brachten Militäraufträge das Unternehmen wieder in Schwung. Angesichts der Aufrüstung des Dritten Reichs begannen auch die Strategen in Washington in klarer Erkenntnis der Bedeutung der Luftwaffe in künftigen Kriegen, die Arsenale der Air Force zu vergrößern. Nach Ausbruch des Zweiten Weltkriegs stieg der Bedarf der Militärs nach Flugzeugen gewaltig. Nach dem Wert der Produktion gerechnet, lag der Flugzeugbau in der Rangliste der wichtigsten amerikanischen Industriezweige im Jahre 1939 auf Platz 41, im Jahre 1944 aber auf Platz eins. Die Zahl der Beschäftigten wuchs im gleichen Zeitraum von knapp 49.000 auf mehr als 2,1 Millionen. Boeing sollte als Produzent großer Bomber von der Auftragswelle der Luftstreitkräfte besonders profitieren und hohe Gewinne einfahren.

Nach Ende des Zweiten Weltkriegs mußte das Unternehmen zunächst Tausende Mitarbeiter entlassen, weil der Bedarf an neuen Kampfflugzeugen rapide abnahm, aber der Ausbruch des Kalten Kriegs mit dem Ostblock, die amerikanische Beteiligung am Korea-Krieg sowie das Aufkommen der neuen Strahltriebwerke (Jet) bescherten Boeing bald einen neuen Auftragsboom durch das Verteidigungsministerium. Zwischen 1950 und 1959 bestellten die Militärs 1.122 Flugzeuge bei Boeing, darunter auch den neuen Riesenbomber B-52, der für viele Jahre zum Rückgrat der amerikanischen Luftwaffe wurde. Boeing stützte sich bei seiner Neuentwicklung in den ersten Jahren nach 1945 unter anderem auf die Erkenntnisse deutscher Wissenschaftler und Ingenieure aus dem Zweiten Weltkrieg.

Aufbruch ins Jetzeitalter

Der Erstflug der britischen Comet im Jahre 1952 hatte im zivilen Flugzeugbau das Jetzeitalter eingeläutet. Boeing und seine amerikanischen Konkurrenten Douglas und Lockheed standen vor der Frage, wie sie mit der britischen Herausforderung umgehen sollten. „Könnten wir auch ein solches Flugzeug bauen?", fragte Boeing-Chef William „Bill" Allen seinen Chefingenieur, als die beiden Männer die Comet auf der Luftfahrtschau im britischen Farnborough erstmals sahen. „Ja, wir könnten ein solches Flugzeug bauen, und zwar deutlich besser", lautete die Antwort des Ingenieurs. Die Frage war bloß, ob sich eine solche Investition rentieren würde, zumal Boeing damals zwar ein erfolgreicher Produzent von Militärflugzeugen war, im Bau von Passagierjets aber weit hinter Douglas rangierte. Allen glaubte an eine glorreiche Zukunft der zivilen Luftfahrt und war bereit, sich in das Abenteuer zu stürzen, zumal das Militärgeschäft erkleckliche Gewinne abwarf. Das Modell, mit dem Allen den zivilen Markt aufrollen wollte, wurde der erste bedeutende Interkontinentaljet mit Namen B707 – eine für Flugzeugbegeisterte bis heute legendäre Kennzahl, denn mit diesem Jet begann der Aufstieg von Boeing zum für lange Zeit dominierenden Hersteller großer Passagierflugzeuge in der Welt.

Allen ließ zunächst einen kurz Dash 80 genannten Jet bauen, der, um die finanziellen Risiken zu reduzieren, sowohl für die kommerzielle als auch für die militärische Nutzung gedacht war und auf technische Kenntnisse aus der vorangegangenen Bomberproduktion zurückgriff. Das Militär bestellte das Flugzeug in der Folge in einer überarbeiteten Version als Tanker. Doch die B707 getaufte Zivilversion verkaufte sich zunächst nicht, weil der Flieger mit 130 Sitzen zu klein war und Douglas daran ging, seine größere DC-8 zu bauen, für die Fluggesellschaften Interesse zeigten.

Boeing reagierte rasch und konstruierte seine B707 neu, um sich der Konkurrenz mit Douglas zu stellen. Beide Flugzeuge verkauften sich gut, aber es dauerte wegen eines brutalen Preiswettbewerbs lange, bis Boeing mit seinem Flieger Geld verdiente. Am Ende setzte sich der Konzern aus Seattle durch, und als er in den frühen sechziger Jahren mit der B727 und der B737 zwei erfolgreiche Kurz- und Mittelstreckenjets folgen ließ, vermochte Douglas nicht mehr mitzuhalten, da das kalifornische Unternehmen im Unterschied zu Boeing keine einträgliche Militärsparte besaß, aus deren Gewinnen es die Entwicklung einer größeren Zahl ziviler Jets finanzieren konnte.

Überdies brillierte Boeing damals mit einem Geniestreich: Die Modelle B727 und B737 erhielten, obgleich kürzer als die B707, den gleichen Rumpfdurchmesser wie ihre größere Schwester. Das reduzierte die Kosten der Rumpfherstellung, auch wenn damit gegen ästhetische Prinzipien verstoßen wurde. Besonders die kurze B737 wirkte mit ihrem großen Rumpfdurchmesser außerordentlich pummelig, was ihr von Lufthansa-Piloten den Spitznamen „Schweinchen" einbrachte. Dafür konnte die in späteren Jahren mehrfach verlängerte B737 mehr Passagiere und Nutzlast transportieren als das schmalere und elegantere Konkurrenzflugzeug DC-9 von Douglas oder die französische Caravelle, und dieser Vorteil erwies sich als entscheidend. Die Ingenieure und Manager in Seattle waren einfach pfiffiger und weitsichtiger als ihre Konkurrenten.

Sie setzte in den frühen sechziger Jahren die Maßstäbe: Die B707 von Boeing war der erste erfolgreiche Langstreckenjet.

Später entspann sich ein bis heute immer wieder aufflammender Streit, ob Boeing mit seiner B707, von der das Unternehmen insgesamt 1.010 Exemplare verkaufte und die damit für lange Zeit der erfolgreichste Langstreckenjet wurde, von Staatshilfen profitiert hat oder nicht. Boeing hat wohl insofern recht, als offenbar keine direkten Staatsgelder in die Entwicklung der B707 und des Vorgängers Dash 80 geflossen sind. Im weiteren Sinne stimmt aber wohl die andere Interpretation: Das zivile Flugzeuggeschäft des Konzerns hat in den entscheidenden fünfziger und sechziger Jahren von der Existenz einer profitablen, staatlich geförderten Militärsparte zumindest indirekt profitiert, als zum einen die Gewinne aus dem Militärgeschäft die Finanzierung ziviler Modelle erleichterte. Zudem liegt ein Technologietransfer vom militärischen zugunsten des zivilen Geschäfts nahe. Es ist wohl kein Zufall, daß mit Boeing der führende Hersteller großer Bomber wenige Jahre später auch der führende Hersteller ziviler Großraumflugzeuge wurde.

In den frühen sechziger Jahren wurde Boeing somit zum größten zivilen Flugzeughersteller, aber noch stand nicht fest, ob diese Spitzenstellung Bestand haben würde. Denn alle bisher gebauten Modelle waren schmale Narrowbodies mit einem Gang und zwei Sitzreihen.

Doch die starke Zunahme des Flugverkehrs in jenen Jahren, in denen das Fliegen vom Luxusgut zum Massengut wurde, ließ die Hersteller über noch größere Flugzeuge nachdenken. Eine Vergrößerung der größten Narrowbodies wie der B707 war unmöglich.

Die Lösung konnte nur in breiteren Flugzeugen mit zwei Gängen und drei Sitzreihen, den bis dahin noch nie gebauten Widebodies bestehen, mit denen sich mehr als 200 Passagiere transportieren ließen. Rein technisch ließen sich solche Flugzeuge bauen, und folgerichtig begannen mehrere amerikanische und europäische Unternehmen mit Studien von Großraumflugzeugen. Doch ihre Entwicklung würde extrem teuer sein und der spätere Markterfolg ungewiß. Der Kampf um die Macht am Himmel würde bald neu ausbrechen, aber auch für ihn war Boeing gerüstet.

Während die Amerikaner Lockheed und Douglas (nach einer Übernahme durch den Rüstungskonzern McDonnell im Jahre 1967 mit frischem Geld unter dem Firmennamen McDonnell Douglas tätig) an nahezu identischen Jets mit rund 300 Sitzen arbeiteten und die zersplitterte Industrie im fernen Europa über einen Airbus mit etwa 260 Sitzen nachdachte, begann Boeing kurzerhand das wagemutigste Projekt in der Geschichte der zivilen Luftfahrt: Die Entwicklung eines wahren Giganten, der Königin der Lüfte für die nächsten Jahrzehnte.

Die Wette mit dem Jumbo-Jet

Wenn es ein Symbol für das moderne Zeitalter des Zivilflugs gibt, dann ist es die B747 von Boeing, der legendäre „Jumbo-Jet". Seit mehr als 35 Jahren prägt dieser Gigant der Lüfte nun schon das Bild großer Flughäfen in der ganzen Welt, und auch wenn sich Airbus anschickt, den allmählich in die Jahre gekommenen Riesen mit seiner noch größeren A380 zu entthronen, so tut dies dem Nimbus des Jumbo-Jets keinerlei Abbruch. Er hat Boeing über mehrere Jahrzehnte eine Monopolstellung auf dem Markt für große Langstreckenflugzeuge und damit Milliardengewinne beschert. Man schätzt, daß der Konzern aus Seattle im vergangenen Vierteljahrhundert an jeder B747 zwischen 30 und 45 Millionen Dollar verdient hat. Bei einem Absatz von mehr als 1.000 Stück errechnet sich daraus ein hübsches Sümmchen.

Die Erfolgsgeschichte der vergangenen 25 Jahre verdeckt jedoch einen mehr als holprigen Beginn: Tatsächlich hat der Jumbo Boeing anfangs beinahe in den Bankrott geflogen. Für das einprägsame Bild der „Wette auf die eigene Firma" durch ein einziges Modell bildete der Jumbo-Jet ein Musterbeispiel, denn er verkörperte eine Revolution im zivilen Flugzeugbau – nicht so sehr in seiner Technik, sondern in seinen ungekannten Dimensionen. Das bis dahin größte Flugzeug, die B707 von Boeing, konnte 180 Passagiere über höchstens 5.000 Kilometer transportieren – der viel längere, breitere und höhere Jumbo flog in seiner Urversion (der noch gewaltigere folgen würden) maximal 490 Passagiere über rund 10.000 Kilometer. Das war in jeder Hinsicht ein Quantensprung. Die Entwicklungskosten dieses gewaltigen Fliegers betrugen etwa das Vierfache des gesamten Unternehmenswertes von Boeing. Unter einer solchen Last wären viele Firmen in erhebliche Schwierigkeiten geraten.

Zumal selbst die Macher bei Boeing nicht viel Vertrauen in ihr neues Flaggschiff setzten, über dessen Entstehungsgeschichte sich Legenden ranken. Mitte der sechziger Jahre soll, worauf die einschlägige Fachliteratur hinweist, Boeing im Kontext des eskalierenden Vietnam-Kriegs dem Pentagon die Entwicklung eines großen Militärtransporters vorgeschlagen haben. Das Pentagon erwärmte sich für diesen Vorschlag, beraumte aber eine Ausschreibung bei den drei Konzernen Boeing, McDonnell Douglas und Lockheed an, deren Entwicklungsarbeiten der Staat durch die Bereitstellung von einigen Millionen Dollar förderte. Aus diesem Wettbewerb ging zur allgemeinen Überraschung und zum Entsetzen Boeings der Konkurrent Lockheed als Sieger hervor.

Einige Zeit später präsentierte Boeing sein ziviles Großraummodell B747, dessen Größe nicht nur in etwa jener des vom Pentagon geförderten und von Lockheed gebauten Militärtransporters entsprach, sondern dessen Bug auch verblüffend einem solchen Transporter ähnelte. Denn die B747 wurde als erster Ziviljet zweistöckig gebaut mit dem Cockpit in der oberen Etage, was es grundsätzlich erlaubte, die große Bugnase hochzuklappen, um dort ziviles oder militärisches Gerät in den gewaltigen Bauch des Jets zu transportieren. Aus dieser Konstruktion leiteten viele Beobachter den Schluß ab, die B747 sei nichts anderes als die Zivilversion des gedachten Militärtransporters, für dessen Entwicklung das Verteidigungsministerium Geld locker gemacht hatte. Die enge Verbindung zwischen subventioniertem Militärgeschäft und dem Bau von Passagierjets schien wieder einmal erwiesen.

Boeing widerspricht dieser Interpretation bis heute vehement und verweist darauf, daß die ersten Vorarbeiten für die B747 bereits im Jahre 1962 begonnen hätten, also mehrere Jahre vor der Ausschreibung des Militärtransporters. Außerdem habe der Staat die Vorstudien für den Militärtransporter nur mit wenigen Millionen Dollar unterstützt – angesichts der in den Milliardenbereich langenden Entwicklungskosten für die B747 nicht mehr als ein Tropfen auf dem heißen Stein.

Die beiden miteinander streitenden Interpretationen lassen sich verbinden. Vielleicht hat sich Boeing damals vom Beispiel der etwa ein Jahrzehnt zurückliegenden Dash 80 inspirieren lassen, die als Prototyp für ein Militär- wie für ein Zivilflugzeug entwickelt wurde. Hätte Boeing in den Sechzigern den Auftrag für den großen Militärtransporter erhalten, wäre es dem Konzern aus Seattle möglich gewesen, mit den Gewinnen aus dem Verkauf dieses Riesen die Entwicklung der etwa gleich großen, wenn auch etwas anders konstruierten B747 zumindest zu einem Teil zu finanzieren. Ohne die eigentlich eingeplanten Gelder aus dem Verkauf von Militärtransportern wurde der Jumbo jedoch zu einem aus kommerzieller Sicht hochriskanten Projekt. Wieder einmal ließ sich Boeing Mut nicht absprechen.

Die eigenen frühen Zweifel an der B747 entstammten der Furcht, ein auf den ersten Blick zwar revolutionäres, bei näherem Hinschauen aber vielleicht doch rückständiges Flugzeug auf den Markt zu werfen. Denn damals glaubten viele Fachleute an eine grandiose Zukunft des Überschallflugs. In Europa entwickelten Franzosen und Briten gerade die Concorde, und Boeing saß an einem staatlich geförderten Überschallprojekt. Die sechziger Jahre waren die Zeit eines starken Vertrauens, wenn es um raschen technischen Fortschritt ging. Fast alles erschien machbar. Erst die Ölkrise des Jahres 1973 und ein gestiegenes Umweltbewußtsein beendeten den Traum vom zivilen Überschallflug – und das bis heute. Doch damals erschien der Jumbo nicht mehr als eine Übergangslösung.

44

Wahrscheinlich hätte ihn Boeing auch überhaupt nicht gebaut, wenn nicht die damals im internationalen Geschäft führende amerikanische Fluggesellschaft Pan American Airlines, kurz Pan Am genannt, darauf gedrungen hätte. Und so ließ sich der Konzern aus Seattle auf ein Abenteuer mit ungewissem Ausgang ein.

Probleme gab es überall. Für die Montage des Jumbo-Jets baute Boeing im nahe Seattle gelegenen Everett die größte Fabrikhalle der Welt, die so gewaltig ausfiel, daß sich in ihrem Inneren ein eigenes Mikroklima bildete. Gelegentlich bildeten sich in der Fabrik Wolken; hin und wieder regnete es dort sogar. Die Arbeitsorganisation war eine riesige und lange Zeit nicht optimal bewältigte Herausforderung, weil ein Jumbo aus rund vier Millionen Einzelteilen besteht und viele tausend neue Mitarbeiter sich in völlig neue Arbeitsabläufe hineinfinden mußten. Besondere Schwierigkeiten ergaben sich aus der Motorisierung, für die kein Turbinenhersteller anfangs ein geeignetes Produkt besaß. Vor allem sollte alles schnell gehen, da die Auslieferungen an Pan Am und weitere Airlines, die in der Folge Maschinen bestellt hatten, eilten. Als der erste Jumbo für Demonstrationszwecke aus der riesigen Halle rollte, befanden sich an der Unterseite seiner Flügel keine Motoren, sondern Betonblöcke. „Das größte Gleitflugzeug der Welt", witzelte ein Beobachter, während sich nicht wenige Boeing-Leute für die Präsentation schämten.

Peinlich verlief auch der Erstflug der von der Präsidentengattin Pat Nixon auf den Namen Clipper Young America getauften Maschine der Pan Am am 15. Januar 1970, zu der sich mehr als 300 handverlesene Passagiere bei Champagner und Erdbeeren in New York eingefunden hatten. Nachdem das Flugzeug unter den Augen zahlreicher Medienvertreter gerade auf die Startbahn gerollt war, kehrte es prompt wieder um: Ein Triebwerk funktionierte nicht richtig. Sechs Stunden später brachen die Gäste zwar mit einer Reservemaschine zum Jungfernflug nach London auf, aber die Führung von Pan Am war angesichts dieser Panne wütend auf Boeing, wo man wiederum auf den Triebwerkshersteller Pratt & Whitney sauer war.

Damals befand sich Boeing längst am Rande des Zusammenbruchs. Die Entwicklung des Jumbo-Jets hatte den Flugzeughersteller überfordert. Zwar liehen die Banken nach langen und kontroversen Verhandlungen 1,2 Milliarden Dollar – damals der größte Unternehmenskredit in der amerikanischen Wirtschaftsgeschichte –, aber gleichzeitig beharrten sie auf einer knallharten Sanierung. Boeing-Chef Thornton „T" Wilson, ein trotz seiner hohen Position in bescheidenen Verhältnissen lebender Ingenieur, willigte ein: „Ich werde in spätestens sechs Monaten gefeuert, wenn uns keine Wende gelingt. Die Logik ist einfach: Wenn ich es nicht mache, wird der Aufsichtsrat von außen einen Kerl mit Eiswasser in den Adern holen, der die Drecksarbeit macht. Also mache ich sie lieber selbst."

1968 zählte Boeing 142.200 Mitarbeiter; drei Jahre später waren es nur noch rund 55.000. Gehen mußten nicht nur Arbeiter in den Fabriken, sondern auch zahlreiche Manager. In der Zentrale sank das Personal von 1.700 auf 200 Personen, der Rasen wurde nicht länger geschnitten und die Gebäudereinigung so weit zurückgefahren, bis als Folge ungepflegter Toiletten in den Waschräumen Pilze wuchsen. Wilson überlegte gar, Teile des Flugzeuggeschäfts aufzugeben und statt dessen in andere Branchen wie die Immobilienentwicklung, die Stadtentwicklung oder die Brauchwasseraufbereitung zu investieren. Die Produktion des erfolgreichen Kurzstreckenjets B737 wollte man gar an die Japaner verkaufen. Doch aus all dem wurde nichts

In der Region Seattle erreichte die Arbeitslosigkeit während der Boeing-Krise mit 17 Prozent den höchsten Stand seit der Weltwirtschaftskrise, worauf besorgte Einwohner der japanischen Partnerstadt Kobe Hilfspakete in den amerikanischen Nordwesten sandten. Die brutale Sanierung machte Wilson, in dessen Adern kein Eiswasser floß, zu schaffen: Auf dem Weg zum Erstflug des Pan-Am-Jumbos in New York erlitt er einen Herzinfarkt.

Auf dem Gipfel der Macht

Nach seiner Gesundung konnte der Amerikaner erleichtert die Früchte seiner unerfreulichen Arbeit ernten. Boeing hatte ab Mitte der siebziger Jahre die Krise nicht nur überstanden: Als einziger Hersteller mit vier Modellen, die vom Kurzstreckenjet bis zum Langstreckenflugzeug reichten, profitierte das schlankere und erheblich produktiver arbeitende Unternehmen vom raschen Wachstum des zivilen Luftverkehrs und der Schwäche seiner Konkurrenten. Das Unternehmen hatte es verstanden, stets zum richtigen Zeitpunkt das passende Produkt auf den Markt zu bringen. Ende der fünfziger Jahre hatte die B707 das junge Zeitalter des Interkontinentalflugs dominiert. Wenige Jahre später besetzte Boeing mit den Modellen B727 und B737 den rasch wachsenden Markt für Kurz- und Mittelstreckenflugzeuge. Die B727 erwies sich zwar als Spritschlucker und bedurfte in absehbarer Zeit eines Nachfolgers, aber sie hatte sich recht gut verkauft. Und die kleinere B737 versprach ein wahrer Bestseller zu werden.

Über allen aber thronte die B747, der Jumbo-Jet. Boeing hatte mit der Explosion des zivilen Luftverkehrs den Bedarf an größeren Maschinen

(Widebodies) richtig vorhergesehen und mit dem Jumbo ein Flugzeug hingestellt, das an Größe und Aktionsradius auf Jahrzehnte hinweg nicht zu übertreffen sein würde. Keine Fluggesellschaft, die auf langen Interkontinentalstrecken eine starke Marktstellung anstrebte, konnte auf die B747 verzichten.

Überdies stimmte die Qualität: Die Flugzeuge aus Seattle genossen einen hervorragenden Ruf, weil Boeing das lieferte, was die Firma versprach. Die Flugzeuge galten als pflegeleicht und relativ sicher

Der Konzern aus Seattle profitierte von den für den Flugzeugbau typischen Größenvorteilen, die jeden kleinen Hersteller gegenüber dem Marktführer empfindlich benachteiligen. Eine ernstzunehmende Konkurrenz existierte folglich kaum noch. Douglas hatte sich von dem Militärkonzern McDonnell übernehmen lassen, um zu überleben, und fristete nun als McDonnell Douglas mit zwei nicht allzu erfolgreichen Passagierjets ein eher trauriges Dasein als zwar respektabler, aber keineswegs zu fürchtender Hersteller aus der zweiten Reihe. Lockheed stand als Produzent eines einzigen unrentablen Zivilmodells, dessen baldige Einstellung längst absehbar war, vor dem Aus.

Tja, und dann gab es da noch diesen obskuren europäischen Hersteller, der mit seinem Modell A300 eine Marktlücke unter den Widebodies erkannt hatte. „Die bauen nie ein Flugzeug", hatten die Boeing-Leute anfangs über den Airbus gelästert. Nachdem der erste Airbus gebaut war, sagten sie: „Das Flugzeug erhält nie eine Lizenz". Als der Airbus seine Lizenz besaß, sagten sie: „Das Flugzeug wird sich nie verkaufen". Diese Einschätzung schien sich anfangs sogar zu bewahrheiten, denn trotz aller optimistischer Prognosen hatte der Airbus erst nach einigen Jahren an Popularität gewonnen. Der Bau einer größeren Flotte von Modellen, wie sie Boeing besaß, schien allerdings keine Option für die finanziell klammen Europäer. Nein, auch vor Airbus mußte Boeing offenbar keine Angst haben.

Die Machtverhältnisse verdeutlicht ein Blick auf die den vier Herstellern vorliegenden Bestellungen. Von ihnen entfielen 60 Prozent auf Boeing, jeweils 17 Prozent auf Airbus und McDonnell Douglas und nur 6 Prozent auf Lockheed. Die Europäer konnten sich freuen, schon nach wenigen Jahren zusammen mit einem so traditionellen Hersteller wie McDonnell Douglas Platz zwei zu belegen, aber Boeing spielte deutlich erkennbar in einer eigenen Liga.

Sorge bereitete Boeing damals weniger die Konkurrenz, sondern die eigene grandiose Machtposition. In Seattle grassierte die (unberechtigte) Furcht, die Regierung könne aus Gründen des Wettbewerbschutzes wie im Jahre 1934 die Zerschlagung des Unternehmens anordnen.

Etwa zu jener Zeit lud „T" Wilson Führungskräfte mehrerer amerikanischer Industriekonzerne zu einem Essen ein, in dessen Verlauf er sich in den höchsten Tönen über sein eigenes Unternehmen äußerte.

„Boeing ist ziemlich arrogant", bemerkte daraufhin ein Gast. „Und das mit vollem Recht", versetzte Wilson trocken.

Da läßt sich nur ein altes Sprichwort zitieren: „Hochmut kommt vor dem Fall."

4 Aufstieg in Turbulenzen

Die Flotte der Weißschwänze

Nach dem gelungenen Erstflug der A300 im Oktober 1972, der anschließenden Erprobung und der Zulassung durch die Aufsichtsbehörden herrschte in Toulouse Hochstimmung: Airbus besaß nun ein schönes Flugzeug, das in seinem Marktsegment keinen unmittelbaren Wettbewerber fürchtete, da die anderen Flugzeuge entweder deutlich kleiner oder mindestens ein Stück größer waren. Die Idee, einen Jet mit rund 260 Sitzen von nur zwei Motoren antreiben zu lassen, erschien so mancher Fluggesellschaft zwar immer noch ungewöhnlich. Doch der Airbus war dafür leise und verbrauchsfreundlich und über den Listenpreis von 24 Millionen Dollar pro Stück ließ sich verhandeln. Eigentlich mußten die Kunden in Toulouse Schlange stehen.

Die Kunden aber blieben fern. Airbus verkaufte in seinen ersten Jahren entgegen aller Erwartungen nur sehr wenige Flugzeuge. Air France orderte sechs Maschinen und stellte den Kauf sechs weiterer Jets in Aussicht, während sich die Lufthansa mit drei Festbestellungen und einer Option auf vier weitere Flugzeuge begnügte. Das war für die führenden Airlines aus den beiden wichtigsten Airbus-Ländern ein äußerst bescheidener Auftakt. Die staatliche Luftlinie des Airbus Mitglieds Spanien, Iberia, orderte nach politischem Druck zunächst ein paar Maschinen, nutzte aber bald eine vertraglich festgelegte Ausstiegsklausel. Auch die Lufthansa erwog plötzlich, sich aus dem Geschäft mit Airbus zurückzuziehen, ließ sich aber wieder umstimmen.

In Toulouse waren die Strategen wütend auf die Spanier, aber auch auf die Briten, weil deren Renommierlinie British Airways ebenfalls keinerlei Interesse am neuen Airbus zeigte. In den Jahren 1974 und 1975 kamen mehrere Aufträge von Fluglinien aus Korea, Indien und Südafrika hinzu. 1976 ging als „Schwarzes Jahr" in die Geschichte von Airbus ein, währenddessen nicht eine einzige Bestellung einging. Von den 360 Exemplaren der A300, die Airbus nach eigenen Berechnungen verkaufen mußte, um die Gewinnzone zu erreichen, war man in Toulouse Lichtjahre weit entfernt.

Dennoch produzierte Airbus munter zwei Maschinen im Monat, obgleich keine Aufträge mehr abzuarbeiten waren. Die fabrikneuen Flugzeuge stellten die Männer des seit 1975 amtierenden Präsidenten Bernard Lathière am Rande des Rollfelds auf dem Flughafen in Toulouse-Blagnac ab, um auf bessere Zeiten zu warten. Diese Flugzeuge erhielten rasch die Bezeichnung „Weißschwänze" (whitetails), weil ihre Hecks, die gewöhnlich das Zeichen der Eigentümer-Airline tragen, mangels Kunden in neutralem Weiß angemalt waren. Das Verfahren stellte sich als außerordentlich kostspielig heraus, weil nicht nur die Produktion der „Weißschwänze" zu finanzieren war, sondern auch ihre Wartung. Eigentlich war dieser Zustand eine Unmöglichkeit, und es schien nur eine Frage der Zeit, bis einer der beteiligten Regierungen der Kragen platzen würde. Schließlich hatten sie Airbus nicht subventioniert, um unverkäufliche Flugzeuge am Rande eines im Südwesten Frankreich gelegenen Rollfelds aneinanderzureihen. Mit Steuergeldern ließ sich Sinnvolleres anfangen. Vorsichtshalber reduzierte Airbus seine Produktion auf nur noch ein Exemplar im Monat.

Der Kragen platzte ausgerechnet zuerst der Bundesregierung, die sich in früheren Jahren als außerordentlich spendabel gezeigt hatte. Doch der seit 1974 amtierende Kanzler Helmut Schmidt hielt als nüchterner Hanseat von symbolhaften, aber teuren Prestigeprojekten prinzipiell nicht viel. Überdies war der Airbus in Deutschland, wo sich die Begeisterung für die Luftfahrt seit Kriegsende generell in Grenzen hielt, nicht sehr populär. Ein führendes deutsches Medium hatte die A300 despektierlich gar als „dickbauchiges Provinzflugzeug" bezeichnet. Daran war Airbus nicht ganz unschuldig, denn zum einen befand sich die französische Luftfahrtmetropole Toulouse zweifellos in der tiefsten Provinz. Außerdem hatten die Franzosen das erste Modell der A300 bei seiner Präsentation ausgerechnet Nase an Nase mit einer Concorde gestellt. Die Idee bestand darin, der Öffentlichkeit die Leistungsfähigkeit der französisch geprägten europäischen Luftfahrtindustrie zu demonstrieren. Doch neben der eleganten Concorde sah der pummelige Airbus etwa so vorteilhaft aus wie Obelix neben Brad Pitt.

Schmidts Unterhändler verlangten kurz und bündig die Unterbrechung der Produktion, wogegen sich besonders Béteille und Kracht entschieden wehrten. Sie wandten ein, daß eine auch nur vorübergehende Unterbrechung der Produktion gleichbedeutend mit dem Ende des gesamten Airbus-Projekts sein werde. In der gesamten Luftfahrt sei kein Fall bekannt, in dem es gelungen sei, eine eingemottete Produktion wieder zu beleben, sagte sie.

Béteille und Kracht fürchteten, ein Ende von Airbus wäre gleichbedeutend mit dem Ende einer selbständigen europäischen Luftfahrtindustrie. Mochte diese Aussicht die deutsche Politik (von Strauß und seinen Verbündeten abgesehen) anscheinend nicht schrecken, für die Franzosen war sie unerträglich. Denn nach dem Ende von Projekten wie der Caravelle, der Mercure und der Concorde blieb dieser stolzen, luftfahrtbegeisterten Nation nur noch der Airbus – mochte es ihm auch noch so schlecht gehen. Die Bundesregierung ließ sich auf einen Kompromiß ein: Man werde Airbus noch sechs Monate Zeit geben, während der die Produktion auf eine halbe Maschine im Monat zurückgefahren würde, teilten Schmidts Unterhändler mit. Nach Ende der Galgenfrist werde eine endgültige Entscheidung fallen. Die Unterschiede zwischen Deutschen und Franzosen in der Wahrnehmung von Airbus hat Anlaß zu einem Bonmot gegeben, dessen Erfinder namentlich nicht bekannt ist: „Wenn in Frankreich ein Airbus über ein Feld donnert, ruft der Bauer: ‚Vive la France'. Wenn in Deutschland ein Airbus über ein Feld donnert, ruft der Bauer seinen Rechtsanwalt."

Warum verkaufte sich der Airbus so schlecht? Eigentlich war den Europäern kein schwerer Fehler unterlaufen. Sie hatten ihre potentiellen Kunden konsultiert und mit der „Kolk-Maschine" eine vermeintlich verheißungsvolle Marktlücke besetzt. Einer frontalen Konfrontation mit Boeing war Airbus damit absichtlich ausgewichen. Zudem besaßen die Europäer mit der A300 ein gutes Flugzeug. Wer immer sie bisher geflogen hatte, zeigte sich höchst angetan.

Gegen Airbus sprachen in jenen Jahren eine Ungunst der ökonomischen Verhältnisse sowie generelle Vorbehalte gegenüber europäischen Flugzeugherstellern. Im Jahre 1973 hatte die erste Ölkrise mit ihrer deutlichen Verteuerung der Treibstoffe die westliche Welt völlig unvorbereitet getroffen und das Wirtschaftswachstum sowohl in den Vereinigten Staaten und in Westeuropa einbrechen lassen. Die Fluggesellschaften hatten die Krise besonders stark gespürt, weil sie mit einem sehr starken Anstieg der Kerosinpreise konfrontiert waren. Viele Airlines stellten die Anschaffung neuer Flugzeuge erst einmal zurück. Der Absatz der A300 litt in den ersten Jahren unter dem schlechten wirtschaftlichen Umfeld, auch wenn der Flieger wegen seines geringen Treibstoffverbrauchs auf längere Sicht gegenüber den spritschluckenden amerikanischen Modellen bei vielen Fluggesellschaften an Attraktivität gewann.

Als nachteilig für den Airbus erwies sich zudem das fragwürdige Ansehen der europäischen Luftfahrtindustrie. Passagierflugzeuge können bei ordentlicher Wartung mehrere Jahrzehnte in Dienst bleiben; um über die gesamte Laufzeit jederzeit Ersatzteile liefern zu können, mußte ein Flugzeughersteller unbedingt als solide gelten. Das traf uneingeschränkt für einen Giganten wie Boeing zu, aber auf die Langlebigkeit von Airbus wollten viele Fluggesellschaften in den siebziger Jahren lieber nicht wetten. Zumal Boeing und McDonnell Douglas ihre Kunden vor dem Kauf von Airbus-Fliegern warnten. Die von den Europäern mit ihrer A300 nur mühsam besetzte Marktlücke werde man bald mit eigenen und natürlich viel besseren Flugzeugen erobern, versicherten die amerikanischen Hersteller. Viele Airlines nahmen diese Ankündigung ernst und warteten erst einmal ab. Für Airbus sah es wirklich zappenduster aus.

Doch die Geschichte der Luftfahrt beinhaltet die überraschendsten Wendungen. Gerade als die Not am größten war, gelang dem europäischen Konsortium der Durchbruch – und das ausgerechnet in einer Hochburg der übermächtigen Boeing.

Rettung durch einen Astronauten

Fast alles an dem Deal mit Eastern Airlines, damals eine der vier führenden Fluggesellschaften in den Vereinigten Staaten, war ungewöhnlich, nicht zuletzt der Verhandlungspartner. Denn der Chef von Eastern war nicht einfach ein Flugzeugmanager, sondern ein amerikanischer Nationalheld: Frank Borman (geboren 1928) hatte Ingenieurwissenschaften studiert, war als junger Kampf- und Testpilot der US Air Force beigetreten und hatte in den sechziger Jahren das Mondprojekt der NASA an führender Stelle begleitet. Zum Heros wurde Borman als Kommandant von Apollo 8, die im Jahre 1968 als erstes Raumschiff den Mond umflogen hatte.

1970 verließ er die US Air Force und die NASA, um eine Karriere in der privaten Wirtschaft zu starten. Borman heuerte bei Eastern Airlines an, wo er innerhalb weniger Jahre die beiden führenden Positionen als Vorstandsvorsitzender und Aufsichtsratsvorsitzender in Personalunion vereinte. Nun stand Borman mit den führenden Flugzeugfabrikanten in Verhandlungen über den Kauf einer größeren Flotte moderner und leistungsfähiger Jets.

Airbus ging als völliger Außenseiter ins Rennen, vermochte sich aber durch die Ernennung des erfahrenen und gut vernetzten amerikanischen Flugzeugmanagers George Warde zum Repräsentanten für die Vereinigten Staaten ein Entree bei Borman zu verschaffen. Der Ex-Astronaut und seine Vorstandskollegen zeigten nach einer Präsentation unverhohlenes Interesse an der A300, die sich wegen seiner im Vergleich zu anderen Mittelstreckenflugzeugen größeren Zahl an Sitzplätzen besonders für die vielbeflogene Strecke New York–Miami eignete; sie wollten sich aber nicht zu einem Kauf entschließen. Darauf zog Warde eine seiner Trumpfkarten, ein bislang unbekanntes Geschäftsmodell in der Flugzeugindustrie, aus der Tasche:

„Was würden Sie sagen, wenn ich Ihnen vier Modelle für sechs Monate unentgeltlich zur Verfügung stelle?", fragte er Borman. „Unentgeltlich?", echote Borman ungläubig. „Ja. Sie zahlen uns nichts für die Nutzung der Flugzeuge. Sie müssen nur für die Kosten der Ausbildung Ihrer Piloten und die Kosten des laufenden Betriebs während der sechs Monate aufkommen. Nach sechs Monaten entscheiden Sie, ob Sie die Flugzeuge kaufen wollen."

Das hatte es noch nicht gegeben. Gewöhnlich zahlten Airlines erst und erhielten dann die Flugzeuge ausgeliefert. Der Airbus-Vorschlag, in der Branche rasch „fly and try" (Fliege und probiere aus) getauft, bedeutete eine ungewöhnliche Konzession gegenüber Eastern und entsprang der verzweifelten Lage, in der sich das europäische Konsortium damals befand. Denn: Gab Eastern nach sechs Monaten die Flugzeuge in gebrauchtem Zustand zurück, hätte Airbus sie wohl zu keinem annehmbaren Preis weiterverkaufen können. Auf mehr als 100 Millionen Dollar schätzte Airbus-Chef Lathière das Risiko.

Am 2. Mai 1978 unterschrieb Borman in Toulouse den Vertrag über eine sechsmonatige Nutzung von vier A300. Ab dem Herbst 1978 flogen die Maschinen auf der Strecke New York–Miami, und im März 1979 teilte Borman den höchst erfreuten Airbus-Leuten mit, er sei bereit, 23 Flugzeuge zu kaufen und Optionen für den Bezug von neun weiteren Jets abzugeben. Der Durchbruch für Airbus schien geschafft, allerdings folgte der hemdsärmelige Borman der alten Managerweisheit, einem triumphierenden Geschäftspartner schnell noch eine wichtige Konzession abzuluchsen.

„Meine Piloten lieben Ihr Flugzeug, und es verbraucht noch weniger Treibstoff als erwartet", teilte Borman dem Airbus Urgestein Béteille mit. „Aber eigentlich ist die A300 doch zu groß für die Zwecke von Eastern." „Wie viele Sitze hätte denn ein für Sie optimales Flugzeug?", wollte Béteille wissen. „170 anstelle der 260, die Ihr Flugzeug hat." Béteille dachte nach. Sollte der Deal, den Airbus so dringend brauchte, in letzter Minute doch noch scheitern? Aber Béteille war Franzose, was bedeutete: An ungewöhnlichen Ideen mangelte es ihm nicht, mochten sie auch viel Geld kosten. „Na gut, ich mache Ihnen einen Vorschlag", begann Béteille. „Sie zahlen einen Preis, als hätte eine Maschine nur 170 Sitze. Falls Ihre Kunden mehr Plätze belegen, können Sie uns ja später einen Ausgleich gewähren." Borman blieb die Luft weg. Diesem überaus generösen Angebot konnte er nicht widerstehen.

Allerdings stand der Staat einer Einigung entgegen, denn Washington erhob damals eine Einfuhrsteuer von 5 Prozent auf den Import ausländischer Flugzeuge. In einer Branche, in der noch erbittert um Details von Abschlüssen gerungen wird, erlangen 5 Prozent Aufschlag auf den Kaufpreis eine erhebliche Bedeutung. Doch nun mobilisierte Airbus in Gestalt seines Aufsichtsratsvorsitzenden Franz Josef Strauß einen Politiker mit ausgezeichneten Beziehungen nach Washington. Angeblich hat Strauß in einem Gespräch mit US-Vizepräsident Walter Mondale gedroht, die europäischen Nato-Mitglieder würden künftig eine Importsteuer von 5 Prozent auf amerikanische Rüstungsgüter erheben, falls Airbus nicht die Einfuhrsteuer erlassen würde.

Die Geschichte klingt gut, wirkt aber doch befremdlich, weil Strauß überhaupt kein Mandat der europäischen Nato-Staaten besaß und sich die Amerikaner, die damals die äußere Sicherheit Westeuropas garantierten, von einer solchen „Drohung" wohl kaum hätten beeindrucken lassen. Doch wie auch immer: Mondale sagte Strauß zu, Washington werde im Falle eines Verkaufs von Airbus an Eastern Airlines keine Einfuhrsteuer erheben. Ein weiteres Hindernis war aus dem Weg geräumt.

Damit war das Geschäft aber noch lange nicht in trockenen Tüchern. Denn Borman fehlte noch mehr als eine Kleinigkeit: Das Geld, um die 23 Airbus-Flugzeuge zu kaufen, besaß er überhaupt nicht. Eastern war zwar eine große, aber auch eine arme Fluglinie, die Borman erst zu sanieren im Begriff war. Das Unternehmen hatte seit zehn Jahren fast nichts verdient und ächzte unter einer Schuldenlast von 1,3 Milliarden Dollar. An eine Finanzierung des Flugzeugkaufs durch die Ausgabe von Aktien oder die Aufnahme von Bankkrediten war nicht zu denken.

Doch nun lief Airbus erst richtig zu großer Form auf mit einer auf den ersten Blick unglaublich anmutenden Konstruktion, die den Europäer den Ruf als Anbieter ungewöhnlicher – Kritiker sagten: fragwürdiger – Finanzierungsformen einbrachten: Da Eastern kein Geld hatte, beschlossen Beteille und seine Mannen, der Airline kurzerhand Flugzeuge und das zu deren Kauf notwendige Geld zu liefern. Ein Bankenkonsortium, bestehend aus der Bank of America sowie den beiden Airbus-Hausbanken Crédit Lyonnais und Dresdner Bank, stellte Kredite zu im Vergleich zum Markt ungewöhnlich niedrigen Zinsen bereit, deren Rückzahlung von den staatlichen Kreditversicherern Deutschlands (Hermes) und Frankreich (Coface) verbürgt wurden. Zudem liehen Airbus selbst sowie der amerikanische Triebwerklieferant General Electric der Airline Geld.

Der Deal belegte schon früh eine typische Eigenart der Flugzeugbranche, die sich später noch häufig bestätigen sollte: Wenn es um die Erfindung neuartiger Geschäftsmodelle ging, waren die Europäer den Amerikanern weit überlegen.

Die Schlacht um Britannien

Eine alte Kriegsweisheit empfiehlt, Auseinandersetzungen besser im Lande des Gegners zu führen als zu Hause. Noch während die Verhandlungen zwischen Eastern Airlines und Airbus liefen, schickte sich Boeing im Frühjahr 1978 an, die Europäer entscheidend zu schwächen – und zwar auf deren eigenem Terrain. Das Einfallstor bildete Großbritannien, dessen Führung wieder einmal in den klassischen strategischen Konflikt dieser ehemaligen Weltmacht geriet: Welcher Partner war für das Land wichtiger: die Vereinigten Staaten, mit denen London eine immer wieder beschworene „besondere Beziehung" (special relationship) verband, oder das geographisch nähere, aber kulturell fremdere Kontinentaleuropa?

Die Briten waren Ende der sechziger Jahre dem Airbus-Konsortium ferngeblieben, doch lieferte das in der Zwischenzeit in dem Luftfahrt- und Rüstungskonzern British Aerospace aufgegangene Unternehmen Hawker Siddeley große Teile des Flügels für den Airbus – und dies zur großen Zufriedenheit aller Beteiligten. Seit Mitte der siebziger Jahre fanden lose Gespräche zwischen den Kontinentaleuropäern und der britischen Regierung über eine Beteiligung Londons am Airbus-Konsortium statt, für den der britische Eintritt in die Europäische Gemeinschaft 1977 einen zusätzlichen Anstoß gab.

Die Deutschen und Franzosen besaßen zudem handfeste industrielle und finanzielle Interessen an einer stärkeren Einbindung Londons: Einerseits wollte Airbus seinen hochgeschätzten britischen Flügelbauer enger an sich binden, zum anderen hoffte man in Toulouse auf Zuschüsse der britischen Regierung für die Finanzierung des geplanten, aber noch nicht genehmigten Airbus-Modells A310, einer etwas verkleinerten Version der A300. Die Briten hörten den Vorschlägen zu – und legten sich erst einmal nicht fest.

Im fernen Seattle hatte Boeing-Chef „T" Wilson das Werben von Airbus mit wachsendem Unbehagen beobachtet. Das Zögern Londons spürend, beschloß Wilson, die Initiative zu ergreifen. Er unterbreitete den drei führenden, allesamt in Staatsbesitz befindlichen britischen Luftfahrtunternehmen ein Angebot, das diese, wie man in Seattle meinte, nicht ablehnen konnten – genauso wenig wie die britische Regierung. Die Amerikaner boten die gemeinsame Fertigung eines neuen Mittelstreckenflugzeugs, der B757, an, zu dem British Aerospace die Flügel und Rolls-Royce die Motoren liefern sollte. British Airways wurde die Rolle eines sogenannten launch customers (Erstkunden) in Aussicht gestellt: Die britische Airline würde zu den ersten Käufern der B757 gehören und dafür im Gegenzug einen erheblichen Abschlag auf den

Listenpreis erhalten. Wilson hatte gute Argumente zur Hand: Boeing war unangefochten Weltmarktführer, was bedeutete, daß die B757 mit hoher Wahrscheinlichkeit ein Erfolgsmodell würde, das der britischen Industrie über viele Jahre Aufträge versprach. Was war dagegen schon Airbus? Ein bislang weitgehend erfolgloser Hersteller, dessen dauerhaftes Überleben fraglich schien. Klang das Angebot von Boeing da nicht viel verlockender?

Doch so einfach war es nicht. Vielmehr trieb die Boeing-Offerte einen tiefen Keil sowohl in die britische Industrie als auch in die Londoner Politik. Bei den Unternehmen stand es zwei zu eins für Boeing. Sowohl die Luftfahrtgesellschaft British Airways als auch der in einer Sanierung befindliche Triebwerkshersteller Rolls-Royce, die sich beide seit den Anfängen des Konsortiums Airbus mindestens distanziert – im Falle von Rolls-Royce sogar direkt feindselig – gegenüberstanden, unterstützten die Position von Boeing. Der Industriekonzern British Aerospace konnte dagegen sein tiefes Mißtrauen gegenüber dem Konzern aus Seattle nicht verbergen und warf zwei entscheidende Fragen auf: War das Angebot von Boeing überhaupt ernstgemeint? Und wenn ja, würden die Briten gleichberechtigte Partner an der Seite der Amerikaner oder nur Zulieferer ohne Mitsprachrecht, die feste und vielleicht zu anspruchsvolle Vorgaben von Boeing würden erfüllen müssen?

Die Zweifel von British Aerospace an der Seriosität des Angebots von Boeing waren verständlich, denn die Amerikaner hatten rund zehn Jahre zuvor in einem verblüffend ähnlichen Fall die Kollegen aus Italien übel hängenlassen. Als in der Gründungsphase des Airbus-Konsortiums Franzosen und Deutsche die respektable, wenn auch nicht sehr bedeutende italienische Luftfahrtindustrie zur Beteiligung an dem Projekt einluden, konterte Boeing mit einem Angebot an die Italiener, gemeinsam ein Flugzeug zu entwickeln. Das traditionell den Vereinigten Staaten nahestehende Rom sagte daraufhin Airbus ab und verbündete sich mit Boeing. Doch nun ließ sich der Konzern aus Seattle plötzlich Zeit, um nach einigen Monaten das gemeinsame Projekt mit den Italienern einfach zu beerdigen. „Wir haben unsere Hälfte des Flugzeugs nicht gebaut", kommentierte Boeing-Chef „T" Wilson ebenso nüchtern wie herablassend. Rom fühlte sich, wohl nicht zu Unrecht, hereingelegt. Trotz dieser Erniedrigung hat Italien niemals den Weg in das Airbus-Konsortium gefunden; statt dessen ist die italienische Luftfahrtindustrie bis zum heutigen Tag ein treuer und enger Zulieferer von Boeing geblieben.

Was damals niemand wissen konnte: Mitte der achtziger Jahre würde Boeing noch einmal ein ähnliches Manöver anwenden, dieses Mal im Reich der Aufgehenden Sonne. Damals spielten Japans Politik und

Industrie mit dem Gedanken, ein Mittelstreckenflugzeug für rund 150 Passagiere zu entwickeln. Der Gedanke lag nahe, denn alle Experten sagten für diesen Flugzeugtyp ein erhebliches Potential voraus – sowohl in Japan wie in den anderen Industrienationen. Auf der Suche nach einem in der Luftfahrt erfahrenen Partner wandten sich die Japaner an den Weltmarktführer Boeing. Die Amerikaner gaben sich interessiert und nahmen Verhandlungen auf, hielten die Japaner dann hin – und lancierten schließlich im Alleingang eine modernisierte Version ihres Erfolgsmodells B737. Den Japanern blieb nur das Nachsehen.

Doch das lag Ende der siebziger Jahre, als die „Schlacht um Britannien" ausbrach, noch in weiter Ferne. Boeing gelang es damals, London von der Ernsthaftigkeit des Projekts B757 zu überzeugen. Doch nun stellte sich die Frage nach der Qualität der Beziehung von Boeing und British Aerospace. Und hier zeigte sich rasch, daß Boeing keineswegs an eine gleichberechtigte Partnerschaft dachte, sondern British Aerospace nur als reinen Zulieferer betrachtete. Als British Aerospace wissen wollte, ob sich die britisch-amerikanische Zusammenarbeit nur auf das Modell B757 beschränken würde oder weitere Kooperationen denkbar seien, antwortete Wilson unbestimmt. Umgekehrt bot eine Beteiligung am Airbus-Konsortium British Aerospace die Möglichkeit einer Partnerschaft mit erheblichen Mitspracherechten und der Teilhabe an allen künftigen Projekten von Airbus.

Hier bildete sich auf Unternehmensebene das bis heute bestehende geopolitische Dilemma Großbritanniens ab. Das Land steht in vielerlei Hinsicht den Vereinigten Staaten nahe, ist aber viel zu klein, um eine gleichberechtigte Partnerschaft mit der amerikanischen Supermacht zu erzwingen. Anders sieht es in Europa aus, wo sich Großbritannien unverstandener fühlen mag, aber als eine der großen Nationen des Kontinents einen spürbaren Einfluß beanspruchen kann.

Der Uneinigkeit der britischen Industrie über das Angebot von Boeing entsprachen schwere Meinungsverschiedenheiten innerhalb der Labour-Regierung unter Premierminister James Callaghan. Das Finanzministerium und das Handelsministerium standen fest auf der Seite der Amerikaner, wobei sich bei dem einen oder anderen Befürworter eine tiefe, auch historisch verankerte Sympathie für die Vereinigten Staaten mit stillen Ressentiments gegenüber den „Frenchies" und den „Huns" vom Kontinent verbinden mochte. Als „Europäer" positionierte sich vor allem das Außenministerium, das fürchtete, eine Entscheidung für Boeing würde die Belastungen zu den Partnern in der Europäischen Gemeinschaft, der man gerade erst beigetreten war, nachhaltig belasten.

Am liebsten wäre London einer Entscheidung zwischen Amerika und Europa ausgewichen und hätte British Aerospace gestattet, sich sowohl am Airbus-Konsortium zu beteiligen als auch mit Boeing bei der B757 zusammenzuarbeiten. Aber der Airbus-Vertrag gestattete es einem Konsortiumsmitglied nicht, für einen direkten Konkurrenten zu arbeiten. Die Briten mußten eine Wahl treffen.

Zumal die Europäer jetzt Druck machten. Der französische Staatspräsident Valéry Giscard d'Estaing und Bundeskanzler Helmut Schmidt kündigten den Bau des zweiten Airbusmodells A310 an, unabhängig vom Verhalten der Briten. Daraus ließ sich durchaus die Drohung lesen, gegebenenfalls auch die Flügel des neuen Airbus in Frankreich oder Deutschland zu produzieren. Giscard, der im Unterschied zu Schmidt kein gutes persönliches Verhältnis zum britischen Premierminister Callaghan unterhielt, setzte noch einen drauf: Ein Eintritt von British Aerospace in das Airbus-Konsortium sei nur unter der Bedingung denkbar, daß British Airways sich zum Kauf von Airbus-Flugzeugen verpflichte.

Auch Airbus schaltete sich in das Powerplay ein. Anders als Giscard erhob man in Toulouse aber nicht den Holzhammer, sondern setzte auf gallischen Charme. Airbus lud die 13 Mitglieder des Luftfahrtkomitees der regierenden britischen Labour-Party an die Garonne ein, wo man ihnen, verbunden mit französischer Lebensart, nebenher Airbus präsentierte. Die Prozedur erwies sich als außerordentlich wirksam: Standen vor dem Trip nach Südwestfrankreich 12 der 13 Mitglieder des Komitees auf der Seite von Boeing, so sprachen sie sich anschließend einmütig für Airbus aus. Das Komitee war zwar nicht sehr mächtig – aber immerhin.

Angesichts seiner erheblichen politischen Bedeutung landete das Dossier auf dem Schreibtisch Callaghans, der genau wußte, daß ihm, wie immer er sich entschied, Kritik sicher war. Jahre später hat sich der britische Regierungschef zu dem Zwiespalt geäußert, in dem er sich damals befand: „Die Situation war ungemein politisch. Würden wir Airbus fernbleiben, wäre dies als politischer Affront aufgenommen worden. Giscard hätte sich gegen uns gestellt, und auch Schmidt hätte eine ähnliche Schlußfolgerung gezogen. Andererseits wollten wir eine Zusammenarbeit mit den Amerikanern. Die amerikanische Industrie kann uns einiges bieten. Britannien verfügte über eine bedeutende Aussteuer, um einen Freier zu beeindrucken. Die Frage war, wer den richtigen Preis für diese Aussteuer zahlen würde." Anschließend traf Callaghan eine nüchterne Feststellung, der sich nach ihm Spitzenpolitiker aus vielen Ländern anschließen würden: „Regierungschefs müssen sich für diese Industrie interessieren. Es liegt eine Menge Politik darin."

Der Brite beschloß, sich selbst einen Eindruck von dem amerikanischen Angebot zu verschaffen, und flog im Frühsommer 1978 für ein verlängertes Wochenende nach Washington, wo er sich mit Managern aus der Luftfahrtbranche verabredete, darunter mit Frank Borman sowie den Führungen von Boeing und McDonnell Douglas. Als vorentscheidend erwies sich die Begegnung mit „T" Wilson, bei der sich der Boeing-Chef ziemlich hochnäsig verhalten haben soll und allen konkreten Zusagen über die geplante Zusammenarbeit mit der britischen Industrie auswich. Aus diplomatischer Sicht erwies sich dieses Verhalten als verheerend. Er habe sich behandelt gefühlt wie der Premierminister eines unterentwickelten Landes, klagte Callaghan später.

Anfang August 1978 entschied sich Großbritannien für den Eintritt von British Aerospace in das Airbus-Konsortium und gegen eine Beteiligung des Unternehmens an der B757 von Boeing. Gleichzeitig bestellte British Airways 19 Exemplare der B757, die mit Motoren von Rolls-Royce ausgestattet wurden.

Auf den ersten Blick war das ein typisch britischer Kompromiß, der Europäern und Amerikanern etwas bot und eine klare Festlegung vermied. Auf den zweiten Blick war er für Airbus günstiger als für Boeing, denn der Eintritt von British Aerospace in das Konsortium band den vielleicht besten Flügelhersteller der Welt dauerhaft an Airbus und gewährleistete künftige Zuschüsse der britischen Regierung. Daß demgegenüber Rolls-Royce Motoren für die B757 an Boeing lieferte, konnte den Europäern gleichgültig sein, weil der um sein Überleben kämpfende britische Motorenhersteller in seiner Branche starke Konkurrenten hatte und damit weder für Airbus noch für Boeing eine strategische Bedeutung besaß. Und daß British Airways einen Auftrag für die B757 von Boeing erteilte, war aus Sicht von Airbus fraglos ärgerlich, aber wohl nicht grundlegend für die langfristige Entwicklung der Marktanteile.

Und doch drohte der tief beleidigte französische Staatspräsident Giscard d'Estaing aus dieser Bestellung einen Casus belli zu machen. Der Franzose gab sich unversöhnlich: Solange die Briten Airbus keinen Auftrag erteilten, könne British Aerospace nicht Mitglied des Konsortiums werden. Damit schien eine einvernehmliche Lösung blockiert, denn Callaghan konnte nicht ohne Gesichtsverlust British Airways zu einem Auftrag für Airbus überreden, nachdem die Briten Boeing einen Auftrag erteilt hatten. Die Lage war vertrackt.

Da erschien eine Person auf der Bühne, mit der niemand gerechnet hatte: Freddie Laker, ein ebenso eigenwilliger wie selbstbewußter britischer Unternehmer, der als früher Vorläufer der heutigen Billig-Airlines mit einer eigenen Linie zu Niedrigpreisen Flüge vor allem über den Nordatlantik anbot. Laker nutzte die Luftfahrtschau im britischen Farnborough, um im September 1978 zehn Exemplare der A300 zu bestellen – eines Flugzeugs, über das er sich zuvor öffentlich höchst abfällig geäußert hatte. Der Auftrag machte den Weg zur Beteiligung von British Aerospace am Airbus-Konsortium frei – schließlich hatte nun eine britische Fluglinie Airbus einen Auftrag erteilt, wenn auch nur der der „kleine" Freddie Laker und nicht die große British Airways.

Im Grunde war die Bestellung durch Laker ein groteskes Geschäft zur Rettung des politischen Seelenfriedens diesseits und jenseits des Ärmelkanals, denn der Brite war mit erheblichen finanziellen Zugeständnissen durch Airbus und die britische Regierung geködert worden. Doch die Strafe ließ nicht lange auf sich warten: Laker ging wenige Jahre später in Konkurs, als erst drei seiner zehn Airbus-Flieger ausgeliefert waren.

Die Briten mußten für den verspäteten Eintritt in das Airbus-Konsortium büßen. Sie erhielten lediglich einen Anteil von 20 Prozent gegenüber jeweils 37,9 Prozent für die französische Aérospatiale und die Deutsche Airbus AG sowie 4,2 Prozent für die spanische Casa. Um deutschfranzösische Alleingänge zu verhindern, beschloß das Konsortium jedoch, strategisch wichtige Entscheidungen nur mit mehr als 80 Prozent der Anteile zu treffen. Airbus besaß nun eine stabile Struktur, die eine expansive Geschäftspolitik gestattete, auch wenn das Konsortium wegen der ausgeprägten Eigeninteressen seiner Mitglieder nie mit der gleichen Effizienz arbeitete wie ein integriertes Unternehmen. Das Viererkonsortium sollte Airbus für rund zwanzig Jahre prägen.

Unternehmen „Seidenstraße"

Mit Airbus ging es Ende der siebziger Jahre langsam voran, aber zufrieden waren die Strategen in Toulouse noch lange nicht. In Westeuropa blieben die Absatzchancen auf absehbare Zeit bescheiden, und in Nordamerika waren dem Geschäft mit Eastern zunächst einmal keine weiteren großen Abschlüsse gefolgt. Airbus hatte sich an mehreren Ausschreibungen in den Vereinigten Staaten beteiligt, war aber nicht zum Zuge gekommen. Immerhin konnten die Europäer befriedigt registrieren, daß ihre Anwesenheit als Bieter die amerikanischen Konkurrenten zwang, ihre Flugzeuge mit spürbaren Preisnachlässen zu verkaufen – was Boeing auch offen einräumte.

Doch die Erde besteht ja nicht nur aus Nordamerika und Westeuropa. Beim Blick auf den Globus begannen die Strategen bei Airbus, sich bereits ab Mitte der siebziger Jahre für den Riesenkontinent Asien (und, zu einem geringeren Teil, Lateinamerika) zu interessieren. Asien war

Ende der siebziger Jahre keineswegs eine so dynamische Wirtschafts-region wie heute, aber nahezu überall sprossen Fluglinien, die nach Wachstum dürsteten. Zudem waren die amerikanischen Hersteller in Asien zwar präsent, aber in einem festen Griff schienen sie viele Flug-linien des Kontinents nicht zu halten. Könnte Asien nicht zu einem rie-sigen „Airbus-Land" werden, fragten sich Béteille & Co. in Toulouse? Etwas pathetisch tauften sie ihren Eroberungsplan „Seidenstraße", in Erinnerung an das viele Jahrhunderte alte gleichnamige Netz von Han-delsstraßen zwischen der Türkei und China, dessen Existenz in Europa Ende des 13. Jahrhunderts Marco Polo bekannt gemacht hatte. Wie der legendäre venezianische Geschäftsmann und Entdeckungsreisende plante Airbus, mit vollen Taschen aus Asien heimzukehren.

Das Unternehmen „Seidenstraße" offenbarte drei Eigentümlichkeiten, die zumindest in den Anfangsjahren die Strategie von Airbus geprägt haben. Zum einen handelte es sich um die Bereitschaft der Europäer, ziemlich rücksichtslos auch die Geopolitik als Verkaufsargument zu nutzen. So planten sie, in Asien vom damals schlechten Image der Ver-einigten Staaten zu profitieren. Im Nahen und Mittleren Osten waren die Amerikaner wegen ihrer pro-israelischen Haltung bei den Arabern unbeliebt, und in Ost- und Südostasien hatte der wenige Jahre zuvor beendete Vietnam-Krieg seine Spuren hinterlassen. Umgekehrt konnte die im Ausland häufig als französisches Projekt wahrgenommene Air-bus auf die solide pro-arabische Einstellung von Paris hoffen; überdies besaßen Frankreich und Großbritannien als ehemalige Kolonialmächte gute Beziehungen zu einigen asiatischen Ländern.

So hielt der französische Staatspräsident Giscard d'Estaing wohl kaum zufällig genau zu jener Zeit, als Airbus mit drei arabischen Fluglinien in Verkaufsverhandlungen stand, während eines Aufenthalts in Kuwait Reden, in denen er eine deutliche Distanz zur israelischen Politik gegenüber den Palästinensern bekundete. Nach den beiden Ölkrisen 1973 und 1979 hatte der Stellenwert der ölexportierenden Länder im arabischen Raum für die Flugzeughersteller erheblich zugenommen. Während die Airlines in den Industrienationen unter höheren Treib-stoffpreisen und vorübergehenden Konjunktureinbrüchen litten, füll-ten die Petrodollar die Kassen der Scheichs, die einen erheblichen Teil ihres Reichtums für Käufe westlicher Güter verwendeten. Unter ande-rem auch für große Verkehrsflugzeuge.

Damit entstand ein neues und unerwartetes Betätigungsfeld für die Staats- und Regierungschefs der großen Industrienationen. Giscard und sein sozialistischer Amtsnachfolger François Mitterrand zögerten nicht, sich von der Höhe des im Elysée-Palast thronenden Staatspräsidenten in die Niederungen der Wirtschaft zu begeben, um Flugzeuge anzupreisen.

Das Beispiel machte Schule: Nicht nur deutsche Bundeskanzler und britische Premierminister bemühten sich in der Folge, auf Auslandsreisen Flugzeuge zu verkaufen; auf der anderen Seite des Atlantiks taten es ihnen auch mehrere amerikanische Präsidenten nach. James Callaghan hatte mit seiner Erkenntnis, daß in dieser Branche die Politik eine große Rolle spiele, schon recht.

Auf die engen Verbindungen zur Politik zurückzuführen ist auch die zweite Eigentümlichkeit von Airbus-Werbekampagnen nicht nur in jener Zeit: die zwar nicht offizielle, aber kaum bestreitbare Verbindung von Flugzeugverkäufen mit gänzlich sachfremden Geschäften. War es wirklich reiner Zufall, daß der französische Staatspräsident Giscard d'Estaing während der Verhandlungen zwischen Airbus und den Kuwaitern um einen wichtigen Auftrag ankündigte, die französische Industrie werde mit lokalen Partnern in Kuwait eine petrochemische Fabrik bauen? Umgekehrt erleichterte Paris den Kuwaitern den Erwerb von Immobilien in Frankreich.

Jahre später sorgte ein Deal zwischen Airbus und Indian Airways für vielfältige Spekulationen. Angeblich hatte die französische Regierung als Gegenleistung für einen Auftrag an Airbus den Indern angeboten, sie bei der Umleitung eines großen Flusses finanziell zu unterstützen und ihnen Kredite der Weltbank zu vermitteln. Auch haben sich Staatslenker aus der Dritten Welt beklagt, besonders die Franzosen zwängen sie zum Kauf von Airbus-Jets mit der Drohung, andernfalls die bilaterale Entwicklungshilfe zu überdenken.

Ein Meister des politischen Einflusses war auch Franz Josef Strauß. Im Jahre 1984 wetteiferten Boeing und Airbus um einen größeren Auftrag in der Türkei, der nach langem Hin und Her an die Amerikaner zu gehen schien, unter anderem, weil die französische Regierung die Errichtung einer Gedenkstätte für die im ersten Weltkrieg von Türken ermordeten Armenier zuließ. (In Frankreich leben viele Menschen armenischer Herkunft.) Da erschien plötzlich Strauß in Ankara, um den türkischen Machthabern zu versichern, der Airbus sei keineswegs ein französisches Flugzeug, wie oft behauptet wurde, sondern in Wirklichkeit ein deutsches – und damit zugleich auch ein türkisches, da viele türkische Gastarbeiter in der deutschen Flugzeugindustrie Beschäftigung gefunden hätten! Diese Schmeichelei ergänzte Strauß mit einem diskreten Hinweis auf den Wunsch der Türkei, der Europäischen Union beizutreten. Und prompt ging der Auftrag an Airbus, worauf Washington in Bonn wegen politischer Einflußnahme auf die Türkei protestierte. Bonn wies den Vorwurf locker mit dem Hinweis zurück, Strauß sei nicht als deutscher Politiker, sondern als Aufsichtsratchef von Airbus in Ankara gewesen.

In Seattle reagierte die Führung von Boeing zunehmend irritiert auf solche Berichte. Die Amerikaner waren und sind keine Heiligen, wenn es darum geht, Zivilflugzeuge mit Unterstützung ihrer Politiker zu verkaufen. Aber es war wohl Airbus, die diese Praktiken in großem Stil salonfähig gemacht hat.

Die dritte Spezialität von Airbus bestand in den Anfangsjahren in Geschäften mit fragwürdigen, wirtschaftlich mehr als wackligen Airlines aus der Dritten Welt sowie mit Deals in Spannungsgebieten. Gerne hat Airbus das nicht gemacht und für diese Praktiken viel Lehrgeld gezahlt, aber gerade am Anfang waren die Europäer auf so gut wie jeden Verkauf angewiesen. Einen besonders spannenden Fall hat der Luftfahrtjournalist Karl Morgenstern in seinem Buch über Airbus geschildert, den ich nun in einer gestrafften Version wiedergebe.

Im März 1978 verpflichtete sich Airbus gegenüber der mittelasiatischen Fluglinie Iran Air, zwei Exemplare der A300 für mindestens zwanzig Monate zu leihen und für diese Zeit eigene Piloten bereitzustellen, die nicht nur die Maschinen fliegen, sondern daneben auch iranisches Personal ausbilden sollten. Der Job war mit einem Gehalt von 6.110 Dollar pro Monat plus 30 Dollar pro Flugstunde für einen Piloten gar nicht einmal schlecht bezahlt. Airbus, unterstützt vom amerikanischen Triebwerkshersteller General Electric, hoffte auf einen Kauf von zehn A300 durch Iran Air nach Ablauf der Leihfrist. „Für uns ging es darum, Flagge zu zeigen. Das war die Order, die wir aus Toulouse mit auf den Weg bekommen hatten", erinnert sich der deutsche Pilot Dietmar Sengespeik. Iran Air war bis dato ein treuer Boeing-Kunde.

Der Iran befand sich seinerzeit unter dem Regiment von Schah Reza Pahlewi, der seinem Land einen straffen Modernisierungskurs verordnet hatte und eine Anlehnung an den Westen suchte. Vor allem amerikanische, aber auch europäische Unternehmen, und hier nicht zuletzt deutsche, profitierten in jenen Jahren von Aufträgen der Regierung in Teheran. Leider hatte der Schah seine Rechnung ohne das Volk gemacht, in dem Islamisten, die den im Pariser Exil sitzenden Ayatollah Khomeini verehrten, Stimmung gegen das aus ihrer Sicht viel zu westliche Regime machten. Seit dem Sommer 1978 nahmen die Unruhen zu, auf die das Regime mit Härte zu reagieren versuchte. Doch konnte niemandem verborgen bleiben, daß der Iran vor einem Umsturz stand. Für die europäischen Piloten und ihre Mitarbeiter – die Delegation bestand insgesamt aus fünfzig Personen – wurde die Lage gefährlich.

Am 9. Dezember 1978 setzten sich die Airbus-Leute zunächst einmal für drei Tage nach Istanbul ab, um anschließend noch einmal kurz nach Teheran zurückzukehren. Doch im Iran kehrte keine Ruhe mehr ein, und so reiste die europäische Delegation zum Jahreswechsel nach

Europa zurück – allerdings ohne ihre beiden Flieger. „Die Flugzeuge bleiben in Teheran", hatte Generaldirektor Béteille angeordnet. „Wir werden nicht vertragsbrüchig. Die Flugzeuge werden abgestellt und nicht mehr bedient." Nach der Machtübernahme durch die Islamisten durften die Europäer ihre beiden ausgeliehenen Flugzeuge zurückholen; einige Zeit später bestellte das Regime der Ayatollahs in Toulouse mehrere Maschinen. Iran Air fliegt bis heute Airbus.

Trotz vorübergehender Rückschläge zahlte sich das Unternehmen „Seidenstraße" für Airbus aus, denn nicht nur kurzfristig nahmen die Bestellungen für die A300 spürbar zu. Asien ist bis heute für die Europäer einer ihrer wichtigsten Absatzmärkte geblieben, wenn auch mit zwei bemerkenswerten Ausnahmen: In Japan und in Israel vermochte Airbus bis heute nicht die Dominanz von Boeing zu brechen, der Marktanteil der Europäer auf dem bedeutenden japanischen Luftverkehrsmarkt ist trotz vieler Anstrengungen bis heute sehr gering geblieben. Hier nennen Fachleute politische wie ökonomische Gründe. Die Vereinigten Staaten sind eng mit Japan verbündet und haben für das Land eine Sicherheitsgarantie abgegeben.

Schon ihre Rolle als militärische Schutzmacht dürfte es den Amerikaner erleichtern, Flugzeugaufträge aus Tokio (und aus Jerusalem) zu erhalten. Hinzu kommt die wirtschaftliche Einbindung der japanischen Industrie in den amerikanischen Flugzeugbau. Derzeit werden, je nach Modell, zwischen 15 und 35 Prozent der Teile eines Boeing-Jets in Japan hergestellt. Damit sichert sich Boeing im Gegenzug Aufträge japanischer Airlines; außerdem verhindert die lukrative und langfristige Zusammenarbeit mit Boeing den aus amerikanischer Sicht unwillkommenen Bau eigener Flugzeuge durch die japanische Industrie.

Die bescheidenen Erfolge der Europäer ab der zweiten Hälfte der siebziger Jahre rief Kritiker auf den Plan. Darunter befanden sich zuvörderst die Amerikaner, die sich unter anderem an den eigenartigen Deals störten, die Airbus damals abzuschließen pflegte. Besonders das Geschäft mit Eastern erregte ihren Zorn, und so beschlossen sie, das Thema Airbus auf die politische Bühne zu hieven. Es war der Beginn jahrzehntelanger Auseinandersetzungen.

5 Runde eins im Handelsstreit

Zankapfel Eastern

Der Großauftrag von Eastern Airlines im Wert von rund einer Milliarde Dollar stellte in mehrerlei Hinsicht für Airbus eine Wegmarke dar. Das Gerede über eine baldige Einstellung des Projekts verstummte, denn Airbus hatte bewiesen, daß es mit der A300 über ein international wettbewerbsfähiges Produkt verfügte. Zudem hatte sich das Konsortium ausgerechnet auf dem schwierigsten, aber auch reizvollsten Markt durchgesetzt und den etablierten Konkurrenten Boeing, McDonnell Douglas und Lockheed auf deren Heimatmarkt eine schwere Niederlage beigebracht. Wie ein Hieb müssen auf die stolzen amerikanischen Hersteller die Worte Bormans gewirkt haben: „Dieser Airbus ist das beste Flugzeug auf der Welt, das heute zu haben ist. Es ist nicht nur das wirtschaftlich beste, es ist auch das einzige in seiner Klasse und das einzig geeignete für den Bedarf, den wir haben." Auch Bormans anerkennendes Wort vom wenig Lärm verursachenden „Flüster Jet" dürfte die Airbus-Konkurrenten geärgert haben. In Toulouse knallten die Champagnerkorken.

Doch der Deal warf auch erhebliche – und sehr folgenreiche – Probleme auf. Daß er Airbus kein Geld einbrachte, sondern wohl eher viel kostete, war dabei noch eines der geringeren: Überall auf der Welt und in vielen Branchen räumen Unternehmen anfangs Kampfpreise ein, um auf potentiell wichtigen Märkten Fuß zu fassen. Aber die Rechtsform von Airbus als französisches Konsortium, der Einfluß europäischer Regierungen auf das Projekt A300 sowie die Eigenarten des Geschäfts mit Eastern trugen zu dem bis heute in den Vereinigten Staaten und bei manchen Europäern verbreiteten Eindruck bei, Airbus verschaffe sich mit Staatsgeldern ungerechtfertigte Vorteile im Wettbewerb mit der allein marktwirtschaftlich ausgerichteten, als private Aktiengesellschaften verfaßten amerikanischen Konkurrenz.

In einer ersten Reaktion liebäugelte die Regierung in Washington mit Sanktionen gegen Airbus, steckte aber nach Intervention von Eastern-Chef Frank Borman und den Flugzeugherstellern zurück. Borman brachte das Argument vor, vom Eintritt von Airbus in den amerikanischen Markt profitierten die Airlines in Form niedriger Preise für Flugzeuge und damit auch der Endkunde in Form niedriger Ticketpreise.

Protest kam auch von Zulieferern der Flugzeugindustrie, die Verträge mit Airbus hatten, allen voran der Motorenhersteller General Electric. Immerhin entsprechen die Motoren rund einem Viertel der Wertschöpfung eines Flugzeugs.

Die Flugzeughersteller wie Boeing wiederum lehnten einen transatlantischen „Handelskrieg" ab, weil sie fürchteten, Westeuropa als Absatzmarkt zu verlieren. Statt dessen sprachen sie sich für eine großzügigere Exportfinanzierung mittels des amerikanischen Äquivalent zur deutschen Hermes, der staatlichen Export-Import Bank of the United States – kurz Ex-Im Bank – aus, um den großzügigen deutschen und französischen staatlichen Exportfinanzierern entgegenzutreten. Deren Bedeutung hatte Borman in einem Interview herausgestellt: „Die Exportfinanzierung des Airbus-Geschäfts subventioniert Eastern Airlines mit mehr als 100 Millionen Dollar. Wenn Sie die französische Fahne nicht jedes Mal, wenn Sie sie sehen, küssen wollen, sollten Sie sie wenigstens grüßen." Washington erhörte Boeing & Co.: Schon wenige Jahre später entfielen die Hälfte der Kredite der Ex-Im Bank auf Finanzierungen von Flugzeuggeschäften, was der Ex-Im prompt den Spitznamen „Boeing-Bank" einbrachte.

Die Mobilisierung der staatlichen Exportförderung genügte jedoch weder den amerikanischen Herstellern noch der Regierung in Washington, die Airbus weitere Geschäfte ähnlich dem Eastern-Deal ein für alle Mal verbieten wollten. Dafür hielten sie ein grundlegendes Abkommen der großen Industrienationen über den Handel mit Zivilflugzeugen für das geeignete Mittel. Ein geeignetes Forum war leicht zu finden in Gestalt der laufenden Verhandlungen über eine allgemeine Liberalisierung des Welthandels, deren Bühne das GATT bildete. (Das ebenfalls in Genf ansässige GATT war der Vorläufer der Welthandelsorganisation WTO, die heute die Verhandlungen über Liberalisierungen des Welthandels organisiert.)

Unterschiedliche Wettbewerbskonzepte

In diesen Verhandlungen wurden zwei sehr verschiedene und von den jeweiligen Interessen geleitete wettbewerbspolitische Konzeptionen deutlich. Die Amerikaner vertraten die Strategie „Freier Handel und freier Markt" und waren daher vornehmlich an der Schaffung von Rahmenbedingungen für den freien Handel mit Flugzeugen und einen fairen Wettbewerb zwischen den Herstellern auf ihrem Markt interessiert, der staatliche Unterstützung ausschloß. Das Ergebnis eines solchen marktwirtschaftlichen Wettbewerbs war offen und von Seiten der Staaten zu akzeptieren; auch wenn ein sehr erfolgreiches Unternehmen alle Konkurrenten verdrängen und eine Monopolstellung einnehmen würde. In diesem Falle hatte sich der Monopolist eben durchgesetzt, sei es durch Tüchtigkeit, Einfallsreichtum oder Glück; bestraft werden durfte ein solcher Erfolg nach dieser Konzeption nicht.

Derartige wettbewerbspolitische Vorstellungen wurden (und werden) von namhaften Ökonomen unterstützt und besitzen wissenschaftliche Dignität, aber zweifellos hatten die Amerikaner auch ihre ureigenen Interessen im Sinn: Da Boeing einen aktuellen Marktanteil von rund 60 Prozent besaß, war der Riese aus Seattle der natürliche Kandidat für eine Monopolstellung im Flugzeugbau.

Selbstverständlich sahen die Europäer dies ganz anders. Ihre Vorstellung von Wettbewerbspolitik setzte am Ergebnis des Wettbewerbs an: Ziel von Vereinbarungen mit den Amerikanern sollte die Festschreibung einer Marktstruktur sein, in der eben kein Monopolist den Markt dominierte, sondern ein Wettbewerb zwischen mindestens zwei Unternehmen dauerhaft garantiert werden sollte. Monopol und Markt passen nicht zusammen, lautete das Credo der Europäer. Die Bewahrung mindestens zweier Unternehmen setzte aber angesichts der überragenden Marktposition von Boeing die zumindest vorübergehende staatliche Förderung eines kleineren Teilnehmers, sprich Airbus, voraus. Auch das klang nicht völlig absurd.

Europäer verhandeln besser

Die Verhandlungen im Rahmen des GATT begannen im Frühjahr 1978 und endeten rund ein Jahr später mit einem von dreißig westlichen Industrienationen und der Europäischen Union unterschriebenen wachsweichen Kompromiß, der viele Interpretationen zuließ. Das war angesichts der divergierenden Interessen vielleicht nicht einmal sehr erstaunlich, denn in der Luftfahrtindustrie tummelten sich sehr unterschiedliche Unternehmen. Viele waren, wie Boeing, in privater Hand und mußten ihre Geschäftspolitik am Wohl ihrer Aktionäre ausrichten. Andere, wie der britische Triebwerkhersteller Rolls-Royce, befanden sich in Staatsbesitz, was bedeutete, daß sich ihre Geschäftspolitik nicht notwendigerweise am Ziel einer Gewinnmaximierung, sondern eventuell an industriepolitischen Zielen des Staates orientierte. Einige Unternehmen hatten sich ganz oder weitgehend auf die Herstellung ziviler Flugzeuge konzentriert, andere betrieben auch eine bedeutende Militärsparte und konnten daher auf Subventionen ihres heimischen Verteidigungsministeriums hoffen.

Die Amerikaner errangen zwar einen Erfolg mit der Festschreibung eines freien Handels mit Verkehrsflugzeugen: In dem GATT-Abkommen verpflichteten sich die Unterzeichner, auf Zölle, Importquoten und ähnliche Handelshemmnisse in der Branche zu verzichten. Doch auch wenn die Amerikaner den freien Handel durchsetzten, den freien – sprich: staatsfreien – Markt bekamen sie nicht. Zwar verbot das Abkommen Subventionen, wenn dadurch die internationalen Handelsströme verzerrt werden, und die Europäische Union wurde aufgerufen, bei ihrer Unterstützung von Airbus internationale Handelskonflikte zu vermeiden. Grundsätzlich aber erkannten alle Parteien – und damit auch die Amerikaner – die Existenz staatlicher Hilfen in der Flugzeugindustrie an.

Ansonsten waren Fortschritte unverkennbar. Der frühere Chefingenieur von Boeing und Berater der amerikanischen Verhandlungsdelegation, Barrie Austin, hat berichtet, der Wegfall der Einfuhrzölle habe Boeing je Flugzeug 3,1 Millionen Dollar gespart, die wegen des harten Wettbewerbs aber zum größten Teil an die Fluggesellschaften weitergegeben werden mußten.

Konsens erzielten die Parteien auch über technische Standards, um Alleingänge zu vermeiden. So hatte der New Yorker Flughafen La Guardia einmal auf der Grundlage fragwürdiger eigener technischer Anforderungen die Landung von Airbus-Flugzeugen verbieten wollen. Wäre La Guardia damit durchgekommen, hätte das Verbot die Verkaufsbemühungen von Airbus in den Vereinigten Staaten erheblich erschwert.

Die Vereinbarung sah außerdem vor, daß Flugzeugverkäufe wirtschaftliche Motive haben und nicht von politischen Erwägungen dominiert werden sollten. Praktiken wie den Verkauf von Flugzeugen an Länder aus der Dritten Welt gegen die Zusage von Entwicklungshilfe oder Flugzeugverkäufe gegen die Zusage von Investitionen im Lande des Abnehmers wurden geächtet. Barrie Austin ist seinerzeit erstaunt gewesen, daß ausgerechnet Airbus diese Verbote vorschlug – schließlich stand der europäische Flugzeughersteller besonders im Verdacht, von Unterstützung durch die Politik zu profitieren.

Nach langen Auseinandersetzungen zustande gekommene Abkommen kennen gewöhnlich nur Sieger. Die Amerikaner waren der Auffassung, sie hätten der staatlichen Finanzierung von Airbus enge Zügel angelegt, während sich die Europäer in ihrer Position bestätigt sahen. Im Endeffekt war die Vereinbarung von 1979 in der Praxis erheblich günstiger für die Europäer, was die Amerikaner Jahre später auch einräumten.

Denn auf dem Papier waren beide Seiten zwar etwa gleich gut weggekommen, aber Papier ist bekanntlich geduldig. Vielmehr kam es darauf an, kontinuierlich auf der Einhaltung der Regeln zu pochen und die bewußt unpräzise verfaßten Punkte bei Bedarf zu präzisieren, etwa in internationalen Verhandlungen. Dort aber waren die Amerikaner den Europäern meist unterlegen. Barrie Austin erklärt, warum: „Die wichtigsten amerikanischen Vertreter in internationalen Handelsrunden wechseln sich andauernd ab. Ausländer setzen Karrierebeamte ein, die sich in den Institutionen und in den Themen auskennen. Die Amerikaner hingegen erwecken immer den Eindruck, sich in einem Lernmodus zu befinden und der jeweils tagesaktuellen politischen Denke zu folgen. Da kommt man nicht weit."

Frei ausgedrückt: Die Amerikaner konnten sich gegenüber den verhandlungstaktisch überlegenen Europäern auch dann oft nicht durchsetzen, wenn sie über die besseren Argumente verfügten. Die Verhandlungen von 1979 blieben in dieser Hinsicht kein Einzelfall.

Die Rolle der Industriepolitik

Die enge Verbindung von Wirtschaft und Politik war bereits in der Frühphase von Airbus überdeutlich, und nichts hat so große Kritik an diesem Projekt ausgelöst wie diese Symbiose. Zweifellos stellt die Subventionierung von Industrieprojekten aus der Sicht einer reinen marktwirtschaftlichen Lehre einen schlimmen Regelverstoß dar. Nach der reinen Lehre soll der Staat lediglich Rahmenbedingungen für freie Märkte schaffen, in denen dann private Unternehmen ohne Hilfen agieren. Alles andere gilt als eine mutwillige Verzerrung des Wettbewerbs und als Verschwendung von Geldern der Steuerzahler. Insofern haben namhafte liberale Ökonomen nicht zuletzt in Deutschland seit Jahrzehnten heftige Kritik an Airbus geäußert, die bis zu einer völligen Ablehnung dieses Projekts reichte. Auch in den deutschen Medien entfachte Airbus lange Zeit keine große Begeisterung.

Allerdings existiert ein mehr als einhundert Jahre altes Argument, das in bestimmten Fällen Staatshilfen doch für sinnvoll hält und das auf den deutschen Ökonomen Friedrich List (1789 bis 1846) zurückgeht: Es besagt, daß junge Unternehmen in wirtschaftlich etwas zurückgebliebenen Ländern nur dann eine Chance haben, gegen Kolosse aus den reichsten Ländern im Wettbewerb zu bestehen, wenn sie der Staat während ihrer Aufbauphase unterstützt. List dachte im Kontext seiner Zeit zwar nicht an direkte Staatshilfen für diese jungen Unternehmen, sondern an die Erhebung von Zöllen, die die Produkte der Unternehmen aus den reichen Ländern verteuern und damit den jungen Nacheiferern einen Wettbewerbsvorteil verschaffen, aber aus ökonomischer Sicht folgen in diesen Fällen direkte Staatshilfen und die Erhebung von Zöllen dem gleichen Prinzip. Der grundsätzlich dem Freihandel und der Marktwirtschaft gewogene List dachte allerdings nur an eine vorübergehende Unterstützung der jungen Unternehmen in den nachholenden Nationen; sobald sie sich auf gleicher Augenhöhe mit ihren Konkurrenten aus den reichsten Ländern befänden, sollten die zu ihrem Schutz erhobenen Zölle wieder verschwinden

Lists Konzept einer vorübergehenden staatlichen „Erziehungshilfe" ist eines der verbreitetsten wirtschaftspolitischen Instrumente in der Geschichte der industrialisierten Welt. Fast alle großen Nationen, darunter auch Deutschland und die Vereinigten Staaten, haben es vor allem in den Jahrzehnten vor dem Ersten Weltkrieg angewandt, und heute ist es in Schwellenländern populär, die ihre Industrien vor dem Wettbewerb mit der hochentwickelten Konkurrenz aus Amerika und Europa schützen wollen. In den frühen politischen Auseinandersetzungen zwischen den Vereinigten Staaten und Europa über die Subventionierung von Airbus haben die Amerikaner das Argument der vorübergehenden „Erziehungshilfe" denn auch akzeptiert. Aus seiner Anwendung ergeben sich allerdings zwei grundsätzliche Probleme, die sich auch bei Airbus beobachten ließen.

Das erste Problem lautet: Der Staat muß über mehr Wissen verfügen, als er in einer unsicheren Welt besitzen kann. Denn wie will ein Staat eigentlich wissen, welche Industrien nach vorübergehender Förderung ein Weltmarktniveau erreichen werden? Setzt der Staat irrtümlich auf das falsche Pferd, können sich seine Subventionen als Milliardengrab erweisen. Die Industriegeschichte kennt solche Fehlschläge in großer Zahl.

Auf den ersten Blick gilt diese Kritik nicht für Airbus, denn die europäische Luftfahrtindustrie befand sich in den sechziger Jahren technisch auf einem hohen Niveau und der rasch wachsende Markt für große Passagierflugzeuge ließ eine günstige Prognose erwarten. Aus heutiger Sicht war diese Einschätzung wahrscheinlich richtig, denn Airbus hat in der Zwischenzeit einen Teil der Subventionen zurückgezahlt und erzielt mittlerweile Milliardengewinne, die das Unternehmen selbstverständlich versteuert. Doch das ist die Sichtweise des Jahres 2006. Wie wir gesehen haben, waren die Anfänge von Airbus trotz günstiger Prognosen außerordentlich schwierig, und hätte die dominierende amerikanische Konkurrenz angemessen auf den neuen Wettbewerber reagiert, anstatt sich in ihrer Arroganz über ihn lustig zu machen, wäre Airbus höchstwahrscheinlich einen frühen Tod gestorben. Die Geschichte von Airbus ist eine Geschichte unbestrittenen Könnens – und von Glück.

Der zweite Einwand gegen Erziehungshilfen im Geiste Lists lautet, daß sich Zahler und Empfänger an Subventionen gewöhnen und Staaten in der Praxis ihre Beihilfen häufig auch dann nicht einstellen, wenn das geförderte Unternehmen international längst wettbewerbsfähig geworden ist. Dieser Einwand gilt uneingeschränkt für Airbus. Die europäischen Regierungen haben immer wieder ihre Scheckbücher gezückt, um ihrem Flugzeugbauer die Entwicklung neuer Modelle zu erleichtern, selbst als Airbus längst profitabel war. Diese Subventionierung wirtschaftlich gesunder Luftfahrtunternehmen ist – und hier haben die liberalen Kritiker einen Punkt – ein Faktum, und ein besonders ärgerliches dazu. Allerdings beschränkt sich die Kritik nicht auf Airbus alleine.

6   Die große Airbus-Offensive

Attacke auf Airbus

Manche Fachleute vertreten die Ansicht, die Ursachen des späteren Niedergangs von Boeing hätten in den frühen achtziger Jahren begonnen, also genau zu jener Zeit, als der Konzern aus Seattle den Markt für große Passagierflugzeuge stärker dominierte als jemals zuvor. Sich unangreifbar wähnende Marktführer verlieren im Vollgefühl des Erfolges häufig den Biß, der sie einst an die Spitze brachte, und tendieren dazu, kleinere Wettbewerber zu unterschätzen. Andere Autoren vermuten, der Beinahe-Kollaps der Firma während der Entwicklung des Jumbo-Jets habe Boeing über Gebühr vorsichtig werden lassen und so Airbus die Gelegenheit zum Aufholen gegeben.

Zugunsten von Boeing läßt sich anführen, daß zu Beginn der achtziger Jahre die Bereitschaft europäischer Regierungen, Airbus die notwendigen Gelder für die Entwicklung einer ganzen Modellfamilie bereitzustellen, schwer vorhersehbar war. In Großbritannien (1979) und in der Bundesrepublik Deutschland (1982) waren konservative Regierungen an die Macht gekommen, die sich eine Renaissance der Marktwirtschaft auf ihre Fahnen geschrieben hatten. Die Dauersubventionierung eines defizitären Flugzeugherstellers war von ihnen nicht unbedingt zu erwarten.

Passivität ließ sich Boeing zu jener Zeit gleichwohl nicht vorwerfen, denn das Unternehmen brachte zwei neue Modelle auf den Markt, von denen eines dazu bestimmt war, die von Airbus entdeckte Marktlücke für zweimotorige Widebodies mit rund 250 Plätzen zu besetzen und damit nicht nur der A300 das Lebenslicht auszupusten, sondern gleich dem gesamten europäischen Projekt. Die Entwicklung der beiden neuen Flieger kostete sogar mehr als der Jumbo-Jet. Zum ersten Mal trafen Boeing und Airbus frontal aufeinander – und zunächst sah es für die Europäer dabei gar nicht gut aus.

Der erhoffte Knockout blieb den Amerikanern zwar versagt, aber einen Sieg nach Punkten erreichten sie durchaus. Von der in zwei Versionen gebauten B767 wurden bis heute rund 870 Einheiten verkauft, von der A300 dagegen nur rund 600. An diesen Zahlen wird sich auch kaum mehr etwas ändern, da Airbus im Frühjahr 2006 die Einstellung der A300 angekündigt hat. Die B767 befindet sich zwar noch offiziell im Programm von Boeing, ist aber seit Jahren unverkäuflich gewesen. Der Flieger dient heute eigentlich nur noch als Basis für eine Version als Militärtanker.

In einer Hinsicht hat die B767 jedoch Luftfahrtgeschichte geschrieben. Sie war das erste zweistrahlige Passagierflugzeug, das über einen Ozean Interkontinentalstrecken bedienen durfte und so zur „Königin des Nordatlantiks" wurde. Vorausgegangen waren auf Druck von Boeing gelockerte Sicherheitsbestimmungen der amerikanischen Luftverkehrsbehörden. Nach den bisherigen Regeln durften zweistrahlige Jets amerikanischer Airlines nur Strecken bedienen, auf denen sich in höchstens sechzig Minuten Flugzeit ein Ausweichflughafen befand. Damit sollte die Landung eines Fliegers sichergestellt werden, der nach einem Schaden an einem Triebwerk nur noch über ein funktionierendes weiteres verfügte. Diese Regelung machte Flüge über den Nordatlantik für Zweistrahler praktisch unmöglich. Es existiert zwar ein Netz von Ausweichflughäfen zwischen Irland über Island und Grönland bis Nordostkanada, die aber, abhängig von der Witterung, nicht immer angeflogen werden können.

Angesichts zuverlässigerer Triebwerke stimmten die Behörden in den achtziger Jahren einer Bestimmung zu, daß Zweistrahler alle Routen fliegen dürfen, auf denen sich in höchstens 90 Minuten Flugzeit ein Ausweichflughafen befindet, heute beträgt die maximale Entfernung sogar 207 Minuten Flugzeit. Die Zulassung der Zweistrahler eröffnete völlig neue Möglichkeiten im Verkehr zwischen Europa und Nordamerika, den bislang alleine die riesigen drei- und vierstrahligen Großraumflugzeuge mit 300 bis 400 Sitzen bedienen durfte. Diese waren aber für viele Direktverbindungen über den Atlantik einfach zu groß, um einen rentablen Betrieb zu gewährleisten. Die Zweistrahler mit rund 250 Plätzen eigneten sich dagegen für zusätzliche transatlantische Strecken, und da die amerikanischen Fluggesellschaften das schneller erkannten als ihre europäischen Konkurrenten, hängte die neue B767 von Boeing die A300 von Airbus ab. Es bedurfte erst eines völlig neuen Modells von Airbus, um die Vormacht der B767 zu brechen.

Neben der B767 brachten die Amerikaner damals das etwas kleinere Modell B757 mit knapp 200 Sitzen auf den Markt. Es machte dem Airbus A310, dem kleineren Ableger der A300, schwer zu schaffen, verkaufte sich allerdings nicht ganz so gut, wie von Boeing erhofft.

Streit im Konsortium

Strategische Entscheidungen lassen sich am einfachsten treffen, wenn die beteiligten Partner eines Sinnes sind. Doch davon konnte bei Airbus in den frühen achtziger Jahren keine Rede sein, vielmehr krachte es aus einer Vielzahl von Gründen an allen Ecken und Enden. Da war zunächst

74

die leidige Modellfrage. Die Deutschen wollten, unterstützt vom wichtigen Kunden Lufthansa, ein großes Langstreckenflugzeug bauen, um dieses Marktsegment nicht alleine Boeing mit seinem Jumbo-Jet zu überlassen. Für Flugzeuge gilt in etwas das gleiche wie für Autos: Je größer und teurer ein Modell ist, um so höhere Stückgewinne lassen sich erzielen: Mercedes verdient an einer S-Klasse ungleich mehr als VW mit einem Polo.

Andererseits waren die Entwicklungskosten eines großen Langstreckenjets ungleich höher als die eines kleineren Flugzeugs, was erhebliche Risiken mit sich brachte. Aus Furcht, der Markt für Langstreckenflugzeuge sei zu klein, als daß sich die hohen Entwicklungskosten lohnten, entschied sich Airbus damals gegen den deutschen Vorschlag, wenn auch erst nach langwierigen und äußerst harten internen Auseinandersetzungen.

Statt dessen einigten sich die Partner darauf, einen Jet mit rund 150 Plätzen für den Kurz- und Mittelstreckenverkehr zu bauen. Dieses Segment boomte damals (und tut es noch heute) und war daher natürlich verlockend, aber die Entscheidung für dieses Projekt bedeutete, in frontale Konkurrenz zu Boeing zu treten. Die Amerikaner besaßen mit der B737 ein in den sechziger Jahren entwickeltes Flugzeug, das den Markt zusammen mit dem älteren, allerdings unwirtschaftlichen Modell B727 beherrschte.

Die Debatten signalisierten zunächst einmal eine folgenreiche Änderung in der Strategie der Airbus-Partner. Sie hatten sich einst zusammengefunden, um ein einziges Flugzeugmodell gemeinsam zu bauen und zu vermarkten. Die Idee, eine ganze Flotte zu entwickeln, hatten sie als einen privaten Zeitvertreib von Träumern wie Pierre Béteille und Felix Kracht abgetan. Nach einigen Jahren erkannten die nationalen Airbus-Partner jedoch, wie sehr sie mit nur einem Modell gegenüber Boeing unterlegen bleiben würden. Die Entscheidung, Airbus mit weiteren Modellen auszustatten, fiel schon im Jahre 1975, wurde damals aber nicht ernstgenommen. Denn zu jener Zeit war Airbus nicht einmal in der Lage, seine A300 zu verkaufen; statt dessen reihten sich am Rollfeld in Toulouse die „Weißschwänze" aneinander. Zu jener Zeit hätte keine Regierung zusätzliches Geld in das darnieder liegende Projekt eingeschossen.

Erst als es Ende der siebziger Jahre mit Airbus ein wenig bergauf ging, einigten sich die nationalen Partner und ihre Regierungen auf die Entwicklung eines zweiten Modells. Stichwortgeber waren damals vor allem die Lufthansa und die Swissair, denen die A300 ein wenig zu groß war. Die neue A310 wurde, auch wenn sie einige Innovationen enthielt, letztlich eine verkleinerte Version der A300 und damit kein völlig neuer

Flieger, sondern ein mit nicht allzu hohen Entwicklungskosten gebauter Ableger der A300.

Da war die Entscheidung für ein völlig neues Kurzstreckenflugzeug sehr viel weitreichender. Erst mit dieser Maschine begann der Ausbau von Airbus zu einem ernstzunehmenden Wettbewerber von Boeing. Die Europäer hatten schon seit Jahren überlegt, in diesen Wettbewerb einzutreten, und wollten das Projekt nun in Angriff nehmen. Blieb nur die Frage: Wer sollte dieses Flugzeug bauen und vermarkten?

Blöde Frage: Natürlich Airbus. Wer sonst? Doch so einfach lagen die Dinge nicht, denn die Airbus-Partner hatten lange Zeit ernsthaft überlegt, eine neue Vertriebseinheit zu gründen: Eine zweite Airbus sozusagen, die unabhängig neben der ersten agieren würde. Was sollte das?

Auch wenn die Franzosen und Franz Josef Strauß in flammenden Reden Airbus als ein europäischen Projekt beschworen, so dachten die das Konsortium bildenden Luftfahrtunternehmen und auch die Regierungen immer noch überwiegend in nationalen Kategorien. Sie hatten im Wissen um die Unmöglichkeit nationaler Alleingänge Airbus aus der Taufe gehoben, um gemeinsam ein Flugzeug, die A300, zu bauen und zu vermarkten, aber letztlich stand für sie der Ausbau ihrer nationalen Industrien im Vordergrund. Die Vision Béteilles, der schon sehr früh auf seinem Reißbrett eine komplette Airbus-Familie entwickelt hatte, teilten sie nicht unbedingt. Die Gründung eines neuen Konsortiums bot vor allem die Möglichkeit, die Aufgaben neu zu verteilen.

Daran waren besonders Deutsche und Briten interessiert. Die Deutschen waren der wichtigste Einzelzahler zum Airbus-Projekt, aber im Gegenzug durften sie nur den technisch nicht besonders anspruchsvollen Rumpf herstellen. Sie wollten mehr. Mehr wollten auch die Briten, die gerne die bisher von den Franzosen beanspruchte Nase mit dem Cockpit und damit dem größten Teil der Technologie übernommen hätten. Außerdem sahen Briten und Deutsche nicht ein, warum die Montage eines gemeinsamen Flugzeugs immer im vom Meer weit entfernten und damit für diesen Zweck gar nicht gut geeigneten Toulouse stattfinden sollte. Und warum mußte der Chef der Vertriebsgesellschaft immer ein Franzose sein, wie es sich bei Airbus mittlerweile eingespielt hatte?

Eine erste Entscheidung wurde bald getroffen: Das neue, A320 getaufte Modell würde nicht von einer zweiten Vertriebsgesellschaft, sondern von Airbus in Toulouse vermarktet werden. Dafür sprachen alle ökonomischen Gründe. Um Boeing entgegenzutreten, durften sich die Europäer nicht verzetteln, sondern mußten die Macht einer mit zahlreichen Modellen ausgestatteten Airbus im internationalen Wettbewerb stärken. Aber damit waren die Verteilungskonflikte nicht gelöst. Die

Der mit Abstand erfolgreichste Airbus: Der Kurzstreckenjet A320 fliegt seit Ende der achtziger Jahre.

Franzosen wollten weder die Montage noch die Produktion der ihnen bisher zugeordneten Teile hergeben und waren im übrigen stocksauer auf die Deutschen, die seit Helmut Schmidts Drohung, das Airbus-Projekt zu beenden, als unsichere Kantonisten galten.

Doch gelang es Franz Josef Strauß, die auch in der neuen Regierung Kohl vorhandenen Kritiker von Airbus klein zu halten. „Wer Airbus gefährdet, gefährdet deutsche Arbeitsplätze", deklarierte Strauß, und dem wollte man in Deutschland nicht widersprechen. Die Briten wiederum drohten mit einem neuerlichen Ausstieg aus dem Konsortium, falls man ihren Forderungen nicht entsprechen würde. Das nahmen allerdings weder Franzosen noch Deutsche ernst, die genau wußten, daß die Briten nach einem zweiten „Good bye" wohl für immer draußen bleiben würden. Und daran konnte der britischen Luftfahrtindustrie nicht gelegen sein. Die Briten blieben denn auch bei der Stange.

Der Streit endete mit einem Sieg der Franzosen, für die Béteille ein unwiderlegbares Argument vorbrachte: Die bisherige Produktion von Airbus war schon nicht besonders effizient organisiert. Würde man den nationalen Konsorten aber nun für jedes Modell andere Aufgaben zuweisen, müßte die Produktion noch viel ineffizienter werden. Das bedeutete aber ein erhebliches Handicap im Wettbewerb mit Boeing. Deutsche und Briten akzeptierten diese Schlußfolgerung, zähneknirschend, zufrieden waren sie aber nicht.

Der Deal mit Pan Am

Dafür erhielten sie in einem anderen Streit zumindest ein wenig Befriedigung. Airbus war jetzt seit rund zehn Jahren am Markt, schrieb aber nach wie vor tiefrote Zahlen. Die nationalen Mitglieder des Konsortiums hatten durchaus akzeptiert, daß Airbus als Newcomer finanzielle Zugeständnisse machen mußte, um in bisher von Boeing beherrschte Märkte einzubrechen. Aber im Laufe der Jahre hatten sie mit geringerer Begeisterung zugesehen, wie die Männer in Toulouse international wettbewerbsfähige Flugzeuge ohne Not verramschten, um die Verkaufszahlen zu erhöhen. Auf diese Weise würde Airbus vermutlich nie Gewinne erzielen – ein unhaltbarer Zustand. Das sahen nicht nur Deutsche und Briten so, sondern auch die Regierung in Paris. Die latente Unzufriedenheit über das Marketing von Airbus eskalierte Mitte der achtziger Jahre mit dem damals aufsehenerregenden Pan-Am-Geschäft.

Pan Am – abgekürzt für Pan American Airlines – ist heute längst Geschichte, doch zu ihren Glanzzeiten war die vor allem im internationalen Geschäft aktive amerikanische Airline eine anerkannte Größe in ihrer Branche. Ohne das Drängen von Pan Am hätte Boeing seinen Jumbo wohl nie gebaut. Mitte der achtziger Jahre stand Pan Am, überschuldet und unrentabel, mit dem Rücken zur Wand. Die Deregulierung des Luftverkehrs, eine Konjunkturschwäche zu Beginn der achtziger Jahre und eigene Managementfehler hatten das einstmals stolze Unternehmen nahezu ruiniert. Aus seiner Notlage gedachte sich Pan Am durch eine Erneuerung seiner Flotte zu befreien, obgleich die Airline nicht über das notwendige Geld verfügte – eine Taktik, die an Frank Bormans Strategie wenige Jahre zuvor bei Eastern erinnerte. Hier wie dort hatte es Airbus mit einem klammen Kunden zu tun – aber hier wie dort stand Airbus unter dem Druck, seinen unbefriedigenden Absatz zu steigern, da sich zu jener Zeit wieder einmal unverkaufte Jets auf dem Rollfeld in Toulouse aneinanderreihten.

Pan Am war so schlau, die Kosten des rund zwei Milliarden Dollar teuren Deals zu minimieren, indem die Airline, wie so viele andere in ihrer Branche, Boeing und Airbus gegeneinander ausspielte. Zunächst wandte sie sich an Boeing, dann kam Airbus mit einem günstigeren Angebot, das Boeing in einer weiteren Runde unterbot. Am Ende eines sechs Monate währenden Ringens, für das Airbus vierzig Verkaufsleute über den Atlantik schickte, setzten sich die Europäer durch. Doch um welchen Preis? Offiziell bestellte Pan Am 28 Exemplare der A300 zum Preis für rund eine Milliarde Dollar; hinzu kamen Optionen über eine weitere Milliarde Dollar. Die Details des Geschäfts wurden nie veröffentlicht, aber vieles spricht dafür, daß Airbus seine Flugzeuge nicht an Pan Am verkaufte, sondern nur verlieh. Und das zu einem Freundschaftspreis.

Boeing reagierte, vorsichtig ausgedruckt, pikiert, ebenso die amerikanische Regierung, die sogar kurzfristig erwog, das Geschäft zu blockieren. In Washington wie in Seattle erkannte man endlich, daß die GATT-Vereinbarungen aus dem Jahr 1979 Airbus in keiner Weise an eigenartig kreierten Geschäften hinderte. „Wir haben es hier mit einem Unternehmen zu tun, das die Preise seiner Flugzeuge ohne Rücksicht auf die Kosten festlegt und überdies Flugzeuge produziert, für die es überhaupt keinen Abnehmer hat", kritisierte ein Vorstandsmitglied. Das sahen die Europäer kaum anders. Obgleich die Führung von Airbus versicherte, man habe weder Geld europäischer Steuerzahler verschleudert noch auf eine angemessene Bezahlung verzichtet, beharrten vor allem die Briten und die Deutschen auf Konsequenzen. Und da sich Paris dieser Sichtweise anschloß, wurde der Vertrag mit Airbus-Chef Bernard Lathière nicht mehr verlängert, und auch Béteilles Zeit näherte sich ihrem Ende.

Der Pyrenäen-Bär

Eine alte Erfahrung aus der Wirtschaft besagt: Es ist gewöhnlich ein Leichtes, eine Führungskraft zu feuern – einen guten Nachfolger zu finden, kann sich dagegen als außerordentlich schwierig herausstellen. Die französische Regierung wollte nun klarstellen, wer bei Airbus das eigentliche Sagen besaß, und gab daher in einem Anflug von Selbstherrlichkeit bekannt, neuer Vorstandsvorsitzender von Airbus werde Jean Pierson, ein Topmanager des staatlichen Airbus-Konsorten Aérospatiale. Das war schon dreist, denn es stand dem Aufsichtsrat zu, den Vorstandschef zu berufen. Die Briten und die Spanier unterstützten Pierson, aber nicht zuletzt der Aufsichtsratsvorsitzende Franz Josef Strauß fühlte sich düpiert. Die Deutschen blockierten die Ernennung Piersons für acht Monate und entfesselten einen Machtkampf, aus dem die Franzosen als Sieger hervorgingen. Pierson wurde am Ende doch Chef von Airbus. Strauß hatte zwar auf der Berufung eines eigenen Mannes als eine Art zweite Spitze neben dem Franzosen bestanden, doch Pierson drängte den unglücklichen Deutschen innerhalb weniger Monate aus seiner Position. Airbus blieb fest in französischer Hand.

Piersons Berufung erwies sich trotz ihrer merkwürdigen Begleitumstände im nachhinein als ein außerordentlicher Glücksfall für Airbus. Der Franzose trug den Spitznamen „Pyrenäen-Bär", und tatsächlich ähnelte er in mancherlei Hinsicht einem Bären. Pierson war ein solide gebautes Kraftpaket, genußfreudig, und pflegte mit seinen Mitarbeitern einen extrem rauhen Umgang, der gelegentlich an Prankenhiebe eines Bären erinnerte. In Gesprächen mit Kunden konnte Pierson dagegen überaus gewinnend auftreten und französischen Charme versprühen. Der Absolvent einer Offiziersakademie und einer Hochschule für Luftfahrtwesen hatte in seiner Jugend an der Concorde mitgearbeitet und sich als durchsetzungsstarker Fabrikleiter einen Namen gemacht. Bei Airbus erwies er sich zudem als ein exzellenter Verkäufer und als ein talentierter Neuorganisator undurchsichtiger Führungsstrukturen. Unter Pierson erzielte Airbus im Jahre 1991 erstmals einen Betriebsgewinn. Natürlich profitierte der Franzose damals von einem günstigeren wirtschaftlichen Umfeld, aber bekanntlich ist das Glück mit den Tüchtigen. Die sich beschleunigende Konjunktur bescherte den Flugzeugherstellern ab Mitte der achtziger Jahre volle Auftragsbücher, wobei es Airbus gelang, dank neuer Modelle den Abstand zum Rivalen aus Seattle zu verringern, ohne wie früher die Flugzeuge zu verramschen. Dank Pierson wurde Airbus endlich erwachsen.

Fly by wire

Die Entscheidung für die Entwicklung der A320 war einerseits logisch, weil Airbus ein Kurzstreckenflugzeug benötigte, sofern das Konsortium seine Absicht verwirklichen wollte, wie Boeing eine Flotte für alle Marktsegmente zu entwickeln. Andererseits lief das auf eine direkte Konfrontation mit dem Riesen aus Seattle hinaus, der mit seiner B737 die Kurzstrecken der Welt dominierte. Airbus konnte nur mit einem ganz starken Flieger auf Erfolg hoffen und ließ sich deshalb etwas einfallen.

Das Zauberwort hieß „fly by wire" und sollte die gesamte Branche nachhaltig verändern. Bis dato steuerten die Piloten ihre Flugzeuge mit einer riesigen, vor ihrem Körper befindlichen Steuersäule, die Befehle des Kapitäns über viele Drahtseilverbindungen mechanisch an andere Flugzeugteile, zum Beispiel an das im Heck gelegene Leitwerk, weitergab. Das System war zwar recht zuverlässig, doch erhöhten die vielen Drahtseile in dem Flieger dessen Gewicht nicht unerheblich.

Airbus beschloß, sich von der Tradition abzuwenden und Steuerbefehle aus dem Cockpit elektrisch und durch Zwischenschaltung von Computern weiterzugeben. Diese fly by wire genannte Technik war keineswegs eine Erfindung der Toulouser, sondern fand sowohl in Militärjets als auch in der Concorde Anwendung. Die Übertragung von Kenntnissen aus dem militärischen auf den zivilen Flugzeugbau war keine Spezialität der Amerikaner.

Fly by wire besaß mehrere Vorteile. Die Maschinen konnten mit weniger Gewicht gebaut werden als früher und verbrauchten daher weniger Kerosin, gleichzeitig wurde das Fliegen durch den Einbau von Computern, die alle Daten überprüften, sicherer. So gingen bislang immer wieder Flugzeuge verloren, weil Piloten die Mindestgeschwindigkeit ihres Fliegers falsch einschätzten. Wird ein Flugzeug, zum Beispiel im Landeanflug, zu langsam, reißt die Luftströmung an den Tragflächen ab, worauf sich ein Absturz nicht mehr vermeiden läßt. Der Bordcomputer war dagegen in der Lage, für jede Witterung die Mindestgeschwindigkeit korrekt zu berechnen und die Piloten durch ein akustisches Signal rechtzeitig zu warnen, falls sie ihren Flug zu sehr verlangsamen wollten. Der Computer machte den Piloten nicht überflüssig, aber er diente ihm von nun an als unbestechliche Kontrollinstanz

Dennoch wehrten sich am Anfang vor allem die Piloten gegen die Modernisierung ihrer Cockpits durch Elektronik. Dafür gab es mehrere Gründe. An die Stelle der wuchtigen Steuersäule, dem „Machtinstrument des Piloten", trat ein kleiner Steuerknüppel. Außerdem reagierte das Flugzeug nun langsamer auf Steuerbefehle des Piloten, weil die Befehle erst noch durch den Computer laufen mußten. All dies ließ sich lernen, aber viele Piloten fühlten sich durch die Computerisierung entmündigt. Zudem sorgte fly by wire für eine Reduzierung des fliegenden Personals. Bislang saßen mit dem Piloten, dem Co-Piloten und dem Flugingenieur drei Personen im Cockpit eines großen Fliegers. Da die Verwendung von Elektronik die Piloten stark entlastete, bedurfte es keines Flugingenieurs mehr. Das fanden die Fluggesellschaften aus Kostengründen gut, aber die in vielen Ländern in einflußreichen Gewerkschaften organisierten Piloten leisteten Widerstand. Schließlich setzte sich jedoch die Erkenntnis durch, daß der Flugingenieur in einem modernen Jet etwa so sinnvoll wäre wie ein Heizer auf einer Elektrolok.

Dennoch versuchte Boeing, der A320 Steine in den Weg zu legen. Die Amerikaner waren eher Traditionalisten im Flugzeugbau; wenn auch keineswegs innovationsfeindlich eingestellt, wollten sie doch zunächst einmal zuverlässige Flugzeuge bauen, die sich ordentlich betreiben ließen. So warnten sie die Fluggesellschaften vor der Anwendung einer möglicherweise noch unausgereiften Technik.

Die Kritiker schienen recht zu behalten, als innerhalb weniger Jahre mehrere Exemplare der A320 verlorengingen, davon alleine zwei im Elsaß. So stürzte noch vor der Zulassung als Passagierjet ein Flugzeug im Juni 1988 auf einer Flugschau in Habsheim in einen Wald, weil der Pilot zu tief und zu langsam flog. Am 20. Januar 1992 prallte ein Jet der französischen Inlandslinie Air Inter während eines Nachtanflugs auf Straßburg gegen den in den Vogesen gelegenen Mont d'Odile, den Odilienberg. 87 Menschen verloren damals ihr Leben; als Unfallursache wurde eine vom Piloten falsch eingestellte Sinkrate vermutet.

Damals begann eine öffentliche Diskussion über die Sicherheit der A320, die nach Erinnerung altgedienter Luftfahrtjournalisten im Hintergrund von Boeing unterstützt wurde. Ein Flugzeug, das einmal als unsicher ins Gerede kommt, ist meist schnell erledigt, doch Airbus gelang es, alle Zweifel an der A320 zu zerstreuen und die Unglücksfälle als höchst bedauerliche Pilotenfehler im Umgang mit der neuen Technik darzustellen.

Fly by wire ist heute längst Standard im internationalen Flugzeugbau geworden. Die A320 entwickelte sich um drei verwandte Modelle zu einer höchst erfolgreichen Familie, die je nach Wahl Flugzeuge mit 105 bis 185 Sitzen anbietet und damit für viele Kurzstrecken ein passendes Produkt anbieten kann. Daß die A320-Familie heute das Maß der Dinge in ihrem Marktsegment darstellt, hängt auch mit der Entscheidung von Boeing zusammen, ihr kein eigenes neues Modell entgegenzustellen, sondern sich mit einer Modernisierung der aus den sechziger Jahren stammenden B737 zu begnügen. Das ging auch lange gut – in der Zwischenzeit jedoch hatte Airbus die Führung übernommen.

Konkurrenz für den Jumbo

Seit dem Erfolg der A320 herrschte in Toulouse Hochstimmung verbunden mit dem Ehrgeiz, Boeing noch frontaler herauszufordern als bisher. Die Amerikaner verdienten ihr Geld vor allem mit dem gigantischen Jumbo-Jet; was lag aus Sicht der Europäer also näher, auch ein großes Langstreckenflugzeug zu bauen? Ganz so riesig wie der Jumbo sollte es nicht werden, aber zwischen der A300 mit ihren 260 Sitzen und dem Jumbo mit mehr als 400 Plätzen befand sich ein Marktsegment, das mit dem Wachstum des Interkontinentalverkehrs immer interessanter wurde.

Wie dieses Flugzeug genau beschaffen sein sollte, war Anlaß für viel Streit in Toulouse, bis Pierson auf die Idee grandiose Idee kam, kurzerhand zwei Modelle zu entwickeln, deren Kosten sich dank einer weitgehenden Übereinstimmung, was Rumpf und Flügel betraf, in Grenzen halten würden. Mit der üblichen finanziellen Unterstützung der Regierungen ging Airbus ans Werk, und Anfang der neunziger Jahre rollten mit der zweimotorigen A330 und der viermotorigen A340 zwei vielversprechende Flieger mit einem Fassungsvermögen von, je nach Version, zwischen 280 und 400 Plätzen aus den Fertigungshallen in Toulouse. Die A330, die zu einem der erfolgreichsten Airbus-Jets werden sollte, war für Mittelstrecken und kürzere Langstrecken gedacht, während die A340 extrem lange Strecken bedienen sollte.

Der Doppelschlag von Airbus brachte Boeing in Zugzwang. Der neuen A330 konnte Boeing seine noch nicht sehr alte B767 entgegenstellen, aber für die A340 fehlte Boeing ein Konkurrenzprodukt. Die Idee von Airbus, ein Flugzeug mit 300 bis 400 Plätzen für lange Distanzen zu bauen, war geschickt, denn es existierten immer mehr Langstrecken, für die der Jumbo-Jet einfach zu groß war, um einen wirtschaftlichen Betrieb zu gewährleisten.

Nach längerem Hin und Her präsentierte Boeing mit seiner neuen B777 einen Flieger, der etwa so groß war und etwa so weit fliegen konnte wie die A340, aber dennoch revolutionär war: Anders als die vierstrahlige A340 schickte Boeing mit der B777 erstmals ein für Langstrecken ausgelegtes Großraumflugzeug mit nur zwei Motoren ins Rennen. Dieser Entschluß war seinerzeit sehr umstritten, weil es als sehr riskant galt, eine Distanz von mehr als 10.000 Kilometern mit nur zwei Motoren zu fliegen. Doch Boeing hatte den Trend der Zeit erkannt: Heutzutage sind Jettriebwerke ungleich zuverlässiger als vor dreißig Jahren. Die A340 und die B777 lieferten sich lange ein Kopf-an-Kopf-Rennen; mittlerweile liegt aber die Boeing vorne, da sie sich mit ihren zwei Motoren etwas verbrauchsgünstiger fliegen läßt als der große Airbus.

Kein Passagierflugzeug fliegt weiter: Die B777 von Boeing dominiert auf extremen Langstrecken.

Die achtziger und frühen neunziger Jahren waren somit jene Zeit, in der Airbus vom Hersteller eines Modells zum Anbieter einer größeren Flotte mutierte und damit die Konkurrenz zu Boeing unmittelbar suchte. Die Amerikaner hielten jedoch mit eigenen Neuentwicklungen gegen. Das von Airbus-Präsident Jean Pierson damals veröffentlichte Ziel eines Marktanteils von 30 Prozent erschien zum ersten Mal realistisch.

Den größten Vorteil aus dem Modellwettbewerb zogen die Kunden. Die Airlines konnten aus einem breiteren Angebot von Flugzeugen aussuchen und versuchen, Boeing und Airbus noch häufiger gegeneinander auszuspielen als zuvor. Und die Fluggäste konnten in moderneren, schickeren und bequemeren Jets reisen.

Die große Offensive von Airbus veranlaßte die Amerikaner aber nicht nur zur Entwicklung eines neuen Modells. Sie gab auch Anlaß, wieder einmal die Politik einzuschalten, um den Aufschwung der Europäer zu bremsen.

7   Runde zwei im Handelsstreit

„Warum unterstützt und subventioniert die
amerikanische Regierung die heimische Luftfahrtindustrie
durch Militäraufträge? Einfach, weil die Zukunft der
Vereinigten Staaten, oder Europas in unserem Fall,
nicht in der Produktion von Parfüm oder Popcorn liegt.
Die Zukunft liegt in der Elektronik, in Computern,
in der Luftfahrt, in Raketen und im Weltraum."
Airbus-Präsident Jean Pierson im Jahr 1987

Die Stunde der Ökonomen

Seit Mitte der achtziger Jahre suchten die Amerikaner das Gespräch mit den Europäern, um ein neues und dieses Mal deutlich strengeres internationales Handelsabkommen für den zivilen Flugzeugverkehr abzuschließen. Die Gründe waren nicht nur innerhalb der Branche zu suchen. Aus amerikanischer Sicht waren sowohl der langsame Aufstieg von Airbus wie auch der Ausstieg von Lockheed aus dem Markt für zivile Flugzeuge und der allmähliche Niedergang von McDonnell Douglas zweifellos ärgerlich; überdies lancierten die Europäer zu jener Zeit mit der A320 ihr erstes Kurzstreckenflugzeug, mit dem sie in den lukrativen Markt für Narrowbodies eindrangen. Dennoch bestand aus amerikanischer Sicht eigentlich kein Grund zur Panik, da Boeing den Markt mit einem Anteil von 60 Prozent unter Kontrolle behielt.

Der sich allmählich aufbauende Handelskonflikt wurde wesentlich durch gesamtwirtschaftliche und politische Einflüsse befeuert. In den achtziger Jahren befanden sich vor allem traditionelle Teile der amerikanischen Industrie wie der Stahl und der Automobilbau in einer tiefen Krise, während gleichzeitig in der durch die Vereinigten Staaten staatlich geförderten Hochtechnologie die Furcht vor einer japanischen Übermacht aufkeimte. Die amerikanische Außenhandelsbilanz wies steigende Fehlbeträge auf, das heißt, die Exporte blieben immer weiter hinter den Importen zurück. Diese Entwicklungen nagten am amerikanischen Selbstbewußtsein und rückten die Luftfahrtindustrie im allgemeinen und Boeing im besonderen in den Blickpunkt Washingtons: Die Luftfahrtindustrie erhielt als Hochtechnologiebranche eine noch größere strategische Bedeutung als zuvor, und Boeing genoß als wichtigstes amerikanisches Exportunternehmen große Aufmerksamkeit. Zwar hatte sich das politische Umfeld mit dem Wahlsieg des Republikaners Ronald Reagan im Jahre 1980 geändert. Vorübergehend erhielten die marktwirtschaftlichen Kräfte in den Vereinigten Staaten Auftrieb, denen die kontinentaleuropäische Industriepolitik mit der Subventionierung von Airbus ein ideologisches wie praktisches Ärgernis war. Aber in ihrer konkreten Politik folgte die amerikanische Politik keinesfalls konsequent der rein marktwirtschaftlichen Rhetorik.

Hinzu kamen neue Erkenntnisse in der ökonomischen Theorie, die einen völlig neuen Blick auf die Flugzeugbranche gestatteten. Die meisten Ökonomen bleiben einflußlos, doch hin und wieder erblickt doch eine neue Theorie das Tageslicht, die Wirkungen in der Öffentlichkeit und auch in der Politik hinterläßt. Dies galt zumindest vorübergehend für die sogenannte Strategische Handelstheorie, mit denen vor allem der heute weltberühmte Ökonom Paul Krugman damals für Aufsehen sorgte. Die traditionelle Theorie sah in einem staatlich nicht gesteuerten Freihandel die ökonomisch optimale Lösung für alle beteiligten Länder, Subventionen betrachtete man als schädlich. Zwar könnte eine subventionierte Branche von Staatshilfen profitieren, doch würde die Wirtschaft eines Landes insgesamt darunter leiden, lautete das Postulat. In den durch Reagans Wahlsieg an die Macht gespülten marktwirtschaftlichen Kreisen in Washington war seinerzeit durchaus die Ansicht zu hören, die Subventionierung von Airbus schade letzlich den Europäern und nütze den Amerikanern. Denn der europäische Steuerzahler finanziere mit den Airbus-Subventionen den Wettbewerb auf dem amerikanischen Luftverkehrsmarkt, von dem die Airlines in Gestalt billiger Flugzeuge und damit die Kunden in Form billiger Ticketpreise profitierten, lautete ihr Argument.

Die traditionelle marktwirtschaftliche Freihandelstheorie (die heute wieder die Oberhand gewonnen hat) geht stillschweigend von einem lebhaften internationalen Wettbewerb von Unternehmen aus, von denen keines über wirkliche Marktmacht verfügt. Doch diese idyllische Vorstellung wurde in den achtziger Jahren von Krugman in Frage gestellt, weil sich vor allem in der Hochtechnologie Branchen herauszubilden schienen, die von einer kleinen Anzahl von Firmen dominiert wurden, die dank ihrer Größe durchaus über Macht verfügten, etwa über Zulieferer wie über Kunden. Die zentrale Aussage der Strategischen Handelstheorie lautete: In solchen vermachteten Märkten sind Fälle denkbar, in denen die Subventionierung nicht nur für die betroffenen Unternehmen vorteilhaft ist, sondern auch für die Wirtschaft des ganzen Landes. Das Musterbeispiel für eine Branche mit nur wenigen Teilnehmern bildete natürlich der Bau großer Passagierflugzeuge, und so ist es nicht erstaunlich, daß Studien dieser Branche die Strategische Handelstheorie außerordentlich popularisierten. War die Subventionierung von Airbus für die Amerikaner am Ende viel nachteiliger, als man bisher gedacht hatte?

Risse im amerikanischen Lager

Washington fand lange Zeit nicht zu einer geschlossenen Position. Das Außenministerium sprach sich in einer geopolitischen Betrachtung entschieden dagegen aus, wegen ein paar hundert Flugzeugen die engen transatlantischen Beziehungen zu belasten. Schließlich befand sich die Nato immer noch im Kalten Krieg mit dem Warschauer Pakt, auch wenn der Ostblock erste Anzeichen von Schwäche zeigte.

Die amerikanischen Fluggesellschaften wollten von Sanktionen gegen Airbus ebenfalls nichts wissen, da die Bemühungen der Europäer um Aufträge in den Vereinigten Staaten Boeing und McDonnell Douglas zu erheblichen Preiszugeständnissen zwangen. So etwas hörte Airbus-Präsident Jean Pierson im fernen Toulouse natürlich gerne: „Unsere Kritiker sagen, die von Airbus empfangenen Staatshilfen seien unfair, weil sie den Wettbewerb verzerrten. Gestatten Sie mir die Frage: Wäre die Verzerrung nicht viel größer, wenn Boeing und McDonnell Douglas den Markt zu 100 Prozent kontrollierten?" Keinerlei Interesse an einer Schwächung von Airbus besaßen auch dessen amerikanische Zulieferer, an erster Stelle die Motorenbauer.

Sogar die beiden unmittelbar betroffenen amerikanischen Hersteller fanden lange nicht zu einer gemeinsamen Haltung. Als sich Ende 1986 die gemeinsame Entwicklung der beiden Airbus-Langstreckenjets A330/A340 abzeichnete, reagierte McDonnell Douglas nervös, da die Kalifornier im Doppelprojekt der Europäer nicht zu Unrecht eine ernste Bedrohung für ihr eigenes Langstreckenmodell MD-11 sahen. McDonnell Douglas alarmierte, von Boeing unterstützt, die Regierung in Washington, die Emissäre mit der Botschaft nach Europa schickte, Amerika sei über die Subventionierung zweier weiterer Airbus-Modelle alles andere als erfreut. Die Europäer ließen sich jedoch nicht unter Druck setzen. Am deutlichsten äußerten sich wie üblich die Franzosen, deren damaliger Premierminister Jacques Chirac den Amerikanern kurzerhand „Aggression" und „Geiselnahme" vorwarf. Solche Töne vernahmen die Amerikaner wiederum nicht gerne, und nach ihrer Rückkehr nach Washington begann die Regierung, Maßnahmen gegen Airbus vorzubereiten.

Dagegen sprach sich – in beinahe letzter Minute – ausgerechnet Sanford M. McDonnell aus, der Chef von McDonnell Douglas! Seine Firma hatte in den Wochen zuvor diskrete Warnungen mehrerer europäischer Fluggesellschaften erhalten, sie würden keine Flugzeuge seiner Firma mehr kaufen, falls die Amerikaner tatsächlich gegen Airbus vorgehen würden. Auf seine europäischen Kunden konnte und wollte der ohnehin angeschlagene Konzern aber nicht verzichten. Washington blies daraufhin die geplante Aktion gegen Airbus wieder ab.

Die Provokation der Bundesregierung

Was nun folgte, klingt zunächst völlig widersprüchlich: Airbus und McDonnell Dougals begruben ihr Kriegsbeil und beschlossen, sich zumindest für den Bau eines gemeinsamen Langstreckenflugzeugs zusammenzutun; vorübergehend wurde sogar eine regelrechte europäisch-amerikanische Fusion erwogen. Auf den zweiten Blick erschien eine solche Annäherung aus industrieller Sicht gar nicht abwegig, denn wenn auch beide Unternehmen konkurrierten, so befanden sich beide hauptsächlich in einem brutalen Wettbewerb gegen den übermächtigen Dominator Boeing. Da war es schon eine Überlegung wert, sich gegen den Riesen aus Seattle zusammenzutun. McDonnell Douglas war längst zur Erkenntnis gekommen, ohne Partner auf lange Sicht im zivilen Flugzeugbau nicht überleben zu können. Airbus wiederum versprach sich von einer Partnerschaft mit den Kaliforniern bessere Verkaufsmöglichkeiten in den Vereinigten Staaten.

Die Gespräche zwischen den beiden Flugzeugherstellern begannen hoffnungsfroh, führten aber zu nichts. Eine Fusion stellte sich rasch als unrealistisch heraus, auch weil politische Widerstände auf beiden Seiten des Atlantiks zu befürchten waren. Somit blieb das Projekt eines gemeinsamen Langstreckenjets, über das aber auch keine Einigung zu erzielen war. Ihre Modelle waren einfach zu unterschiedlich, um den Bau eines gemeinsamen Jets zu ermöglichen, der sich harmonisch in beide Flotten eingefügt hätte. Überdies wurde den Europäern in den Gesprächen klar, daß McDonnell Douglas die für die Entwicklung eines Großraumflugzeugs notwendigen Gelder kaum mehr mobilisieren konnte. Nach dem Scheitern der Verhandlungen machte McDonnell Douglas prompt kehrt und schloß sich wieder Boeing in dem Bestreben an, gegen die Subventionierung von Airbus vorzugehen. Dies fiel den Kaliforniern um so leichter, als sie einige Großaufträge amerikanischer Airlines erhielten und einen eventuellen Boykott durch europäische Fluggesellschaften nicht mehr fürchteten.

Dennoch hätten die Amerikaner vielleicht keine gemeinsame Position gegen Airbus gefunden, wenn nicht ausgerechnet Deutschland zu jener Zeit eine Entscheidung getroffen hätte, die Washington als reine Provokation empfinden mußte. Ende der achtziger Jahre befand sich die nunmehr von dem Industriekonzern Daimler-Benz kontrollierte deutsche Flugzeugindustrie in einem schlimmen Zustand, obgleich Airbus immer größere Erfolge erzielte. Der Grund für die deutsche Malaise war ein nachhaltiger Schwächeanfall des Dollar gegenüber der D-Mark, der die Wettbewerbsfähigkeit der deutschen Unternehmen unterminierte. Auf Druck der Industrie stellte die Bundesregierung Daimler-Benz als Ausgleich für den ungünstigen Wechselkurs gut zwei Milliarden DM zur Verfügung.

Das war für die Amerikaner, die Bonn zuvor ausdrücklich vor einer solchen Subvention gewarnt hatten, endgültig zuviel. Sie hatten in den vergangenen Jahren verbittert die Unwirksamkeit des GATT-Abkommens von 1979 erkennen müssen, mit dem sie der Subventionierung von Airbus Einhalt gebieten wollten. Seitdem hatte Airbus nicht nur für die Entwicklung mehrerer Modelle Milliarden an (rückzahlbaren) Entwicklungshilfen erhalten. Einzelne Airbus-Partner subventionierten daneben noch die laufende Flugzeugproduktion und zu allem Überfluß sollten nun auch noch Wechselkurshilfen dazukommen! Das Gegenargument der Europäer, die amerikanischen Hersteller profitierten von der staatlichen Unterstützung ihrer Militärsparten, wies Washington entschieden zurück. Falls solche Hilfen überhaupt eine Rolle gespielt haben sollten, so argumentierten die Amerikaner, dann höchstens in den fünfziger und sechziger Jahren, aber keinesfalls mehr in den Achtzigern. Die Zeichen standen auf Sturm.

Divergierende Gutachten

Nach einigem Hin und Her entschlossen sich die Amerikaner, den ordnungsgemäßen Weg zu gehen und das GATT anzurufen. Sollten die dortigen Experten Washington recht geben, konnten die Amerikaner prinzipiell Strafzölle gegen europäische Produkte (und nicht nur gegen Airbus-Flugzeuge) erheben. Im Gegenzug stand es den Europaern frei, dann Strafzölle gegen amerikanische Importe zu verhängen. Ein solcher Handelskrieg werde „Unmengen Blut vergießen, ohne daß wir unser Ziel erreichen", konzedierte ein amerikanischer Unterhändler. „Den Schaden werden vor allem am Flugzeugstreit unbeteiligte Unternehmen und Verbraucher haben". An dieser Eskalation besaßen die Amerikaner keinerlei Interesse, und das wußten die Europäer ganz genau. So kamen beide Seiten überein, nach einer Verhandlungslösung zu suchen. Dafür galt es sich mit guten Argumenten zu munitionieren.

Verhandlungen über komplizierte Sachverhalte stützen sich gewöhnlich auf das Wissen von Experten, und so hatten Amerikaner wie Europäer Studien parat, die – welch ein Zufall – ihre jeweiligen Positionen trefflich unterstützten. Die vom amerikanischen Handelsministerium bei der von dem Ökonomen Aaron Gellman geleiteten Beratungsgesellschaft Gellman Research Associates in Auftrag gegebene Arbeit sorgte für erhebliches Aufsehen, weil sie einen ernsthaften Versuch unternahm, hinter die Kulissen von Airbus zu blicken, und dabei zu einem dramatischen Schluß gelangte: Airbus war kommerziell überhaupt kein seriöses Projekt, wegen der hohen staatlichen Subventionierung aber dennoch geeignet, der amerikanischen Industrie erheblich zu schaden.

Der Gellman-Report unternahm zum einen den Versuch, die Höhe der gesamten Subventionen (Entwicklungs- und Produktionshilfen, Wechselkurs- und Exportgarantien sowie verbilligte Kredite) zu schätzen, die bis 1989 in das Airbus-Projekt geflossen waren, und kam auf einen Betrag von etwa 13 Milliarden Dollar, wobei diese Summe auch bereits fest zugesagte, aber noch nicht ausgezahlte Staatshilfen enthielt. Die Autoren räumten selbst ein, daß es sich hierbei um eine Schätzung handelt, die sie zum größeren Teil aus veröffentlichten Berichten der Regierungen aus den Airbus-Partnerländern zusammengetragen hatten, aber vermutlich unvollständig sei. Die von den Airbus-Partnern an ihre Regierungen geleisteten Rückzahlungen veranschlagten sie auf knapp 500 Millionen Dollar.

Um einen Vergleich zur privaten amerikanischen Konkurrenz zu ermöglichen, simulierten die Autoren in einem zweiten Schritt, Airbus sei von Anfang an ein privates Unternehmen ohne Subventionen gewesen, das seinen Finanzbedarf von 13 Milliarden Dollar statt dessen als Kredit bei Banken zu marktgängigen Zinsen aufgenommen hätte. In diesem fiktiven Fall müssen zu den 13 Milliarden Dollar die angefallenen Zinslasten addiert werden, und da in den siebziger und achtziger Jahren die Kreditzinsen in Europa im Durchschnitt fast 9 Prozent betrugen, errechnet sich aus der Summe von Kredit und Zinsen ein deutlich höherer Betrag von 26 Milliarden Dollar.

Jetzt wird es spannend: Besäße Airbus eine realistische Chance, in einem überschaubaren Zeitraum nicht nur diese 26 Milliarden Dollar zurückzuzahlen, sondern auch noch eine marktgängige Rendite für Aktionäre zu erzielen, wie sie etwa Boeing erwirtschaften muß? Der Report wagte eine Projektion der voraussichtlichen Airbus-Verkäufe, aufgeschlüsselt nach den einzelnen Modellen, bis zum Jahre 2008 und kam zu dem Ergebnis, daß Airbus keine angemessene Rendite erzielen könnte. Er folgerte: „Eine privat finanzierte Firma hätte in keines der einzelnen Airbus-Projekte investiert, weil kein einziges Projekt angemessene Gewinne erzielen würde." Damit erwies sich die Subventionierung von Airbus als Verzerrung eines fairen Wettbewerbs, wie er zwischen Privatunternehmen gewöhnlich herrscht.

Die nachteiligen Auswirkungen für die amerikanischen Konkurrenten nahmen nach Gellman dabei die Form einer Spirale an: Setzt Airbus seine staatlich subventionierte Geschäftspolitik nicht kostendeckender Verkaufspreise fort, verlieren die amerikanischen Konkurrenten weiterhin Marktanteile. Da ihre Gewinne sinken werden, können Boeing & Co. in der Folge auch nicht mehr die bislang aus Gewinnen finanzierten milliardenschweren Entwicklungsprogramme für neue Modelle stemmen. Indem die amerikanischen Hersteller vornehmlich ihre alten

Modelle weiterproduzieren, vergrößert sich der staatlich geförderte Technologievorsprung von Airbus. Um sich im Markt zu halten, würden die Amerikaner ausländische Partner suchen müssen, die aber als Gegenleistung für die Bereitstellung von Kapital den Transfer verbliebener amerikanischer Hochtechnologie fordern könnten.

Das las sich wie ein Horrorszenario. Gellman & Co. gelang es, aus der Subventionierung von Airbus den Niedergang der gesamten amerikanischen Flugzeugindustrie herzuleiten. Solche gravierenden Verzerrungen des Wettbewerbs stünden aber im Widerspruch zum GATT-Abkommen von 1979, was der amerikanischen Regierung die Handhabe gäbe, gegen diese Subventionierung mit Aussicht auf Erfolg vorzugehen.

Der Gellman-Report fand selbstverständlich ein höchst kontroverses Echo. Die Europäer erstellten eine Gegenexpertise, die die amerikanischen Berechnungen in Zweifel stellte, aber an dem grundsätzlichen Befund wenig änderte. Letztlich bestand der Report aus einer Mischung von Fakten und Fiktion. Seine Schätzung der Airbus-Subventionen war wohl nicht ganz falsch; eine andere auf Regierungsangaben beruhende Kalkulation etwa zur gleichen Zeit gelangte nur für die staatlichen Entwicklungsgelder auf einen um fiktive Kreditzinsen addierten Betrag von 18 Milliarden Dollar. Andererseits war die Projektion der voraussichtlichen Verkäufe von Airbus zwischen 1990 und 2008 ziemlich spekulativ. So unterschätzten die Autoren völlig das Potential des neuen Kurzstreckenjets A320. Airbus war nach 1990 insgesamt weitaus erfolgreicher als angenommen.

Auch wenn die im Gellman-Report enthaltenen Daten mit einer gewissen Vorsicht betrachtet werden sollten, gestatteten sie doch auch einen interessanten Blick in das Innenleben von Airbus. Nach diesen Berechnungen entfielen fast 60 Prozent der Airbus-Subventionen alleine auf Deutschland, während sich die Regierungen in Paris und London im Vergleich zurückgehalten hatten. Für den Handelskonflikt zwischen Amerikanern und Europäern spielte diese Verteilung keine Rolle, aber aus einer innereuropäischen Sicht legten diese Zahlen eine Feststellung und eine Frage nahe. Die Feststellung lautete, daß entgegen einem in Europa verbreiteten Vorteil die Franzosen keineswegs immer die schlimmsten Subventionierer waren; die angeblich etwas marktwirtschaftlicher denkenden Deutschen waren zumindest bei Airbus weitaus engagierter. Und es stellte sich die Frage, ob die deutsche Industrie, wenn man ihre hohe Subventionierung bedenkt, überhaupt angemessen vom Airbus-Projekt profitierte.

Immerhin lieferte der Gellman-Report den amerikanischen Verhandlungsführern damals die gewünschte Munition in die Hand. Doch die Europäer konterten, indem sie der Washingtoner Beratungsfirma Arnold & Porter den Auftrag erteilten, eine Studie über die den amerikanischen

Sie bot als erster Jet Plätze auf zwei Etagen: Die B747 von Boeing, der legendäre Jumbo-Jet, war mehr als 30 Jahre lang unangefochten die Königin der Lüfte.

Herstellern zugeflossenen staatlichen Militärgelder zu erstellen. Die Subventionierung von Airbus konnten die Europäer grundsätzlich nicht bestreiten, auch wenn sich über die Beträge diskutieren ließ. Nun wollten sie den Beweis führen, wie sehr auch die amerikanische Konkurrenz von Staatshilfen profitierte, worüber sich der Gellman-Report ausgeschwiegen hatte. Gellman hatte seinem Vergleich zwischen Airbus und der amerikanischen Konkurrenz vielmehr unterstellt, die amerikanischen Flugzeugbauer bezögen keinerlei Staatshilfen. Das, so protestierten die Europäer, stünde in eklatantem Widerspruch zur Realität.

Die in der zweiten Hälfte des Jahres 1991 vorgestellte Studie von Arnold & Porter besitzt ähnliche Charakteristika wie der Gellman-Report. Sie beinhaltet detaillierte, wenn auch überwiegend auf Schätzungen beruhende Einsichten von allgemeinem Interesse, aber sie wurde nicht als unabhängige wissenschaftliche Dokumentation verfaßt, sondern als Gutachten für einen Teilnehmer eines rüden Handelskonflikts. Insofern sind auch ihre Schlußfolgerungen mit Vorsicht zu genießen.

Nach Arnold & Porter profitierte die amerikanische Luftfahrtindustrie auf dreierlei Weise indirekt durch den Staat: durch vom Verteidigungsministerium bereitgestellte Gelder, durch von der NASA finanzierte Forschungsprojekte sowie durch Steuervorteile. Ihre Höhe ließ sich allerdings nur grob schätzen.

Die vom Verteidigungsministerium der Luftfahrtindustrie zur Verfügung gestellten Gelder für militärische Forschung und Entwicklung wurden von den Autoren für den Zeitraum 1976 bis 1991 auf rund 50 Milliarden Dollar geschätzt, von denen 6,3 Milliarden Dollar in die Kassen von Boeing und McDonnell Douglas geflossen seien. Die Höhe der aus diesen Staatshilfen entstandenen Unternehmensgewinne veranschlagten die Autoren auf 12 bis 20 Milliarden Dollar – eine sehr große Spannbreite, die methodische Schwierigkeiten dieser Berechnungen offenbart. Der Nutzen der von der NASA bereitgestellten Forschungsgelder wurde mit 17 Milliarden Dollar angegeben, wozu noch Steuervergünstigungen über mehrere Milliarden Dollar zu addieren wären.

Daß Hersteller ziviler Flugzeuge wie Boeing und McDonnell Douglas für ihre Militärsparten Geld vom Staat erhielten, war nicht zu bestreiten, wobei sich Boeing darauf hinzuweisen beeilte, auch die nationalen Airbus-Partner würden durch ihre jeweiligen Verteidigungsministerien alimentiert. Die entscheidende Frage für den Handelskonflikt war jedoch, ob der zivile Flugzeugbau der Amerikaner von den staatlichen Rüstungshilfen indirekt profitiert hatte. Hier war ein präziser Nachweis nicht zu führen, aber Arnold & Porter war unter anderem aufgefallen, daß Boeing in den Jahren vor der Lancierung der B707 und der B747 überdurchschnittlich viele Gelder vom Verteidigungsministerium erhalten hatte. Selbstverständlich stieß auch die Studie von Arnold & Porter auf heftige Kritik.

Das Abkommen von 1992

Lange Zeit sah es nicht so aus, als könnten sich die Europäer und Amerikaner einigen. Der Vorwahlkampf in den Vereinigten Staaten, wo Ende 1992 ein neues Staatsoberhaupt gewählt wurde, erleichterte die Verhandlungen nicht, da sich die Präsidentschaftskandidaten mit Äußerungen zugunsten der amerikanischen Flugzeugindustrie überboten. Währenddessen warnten Verkäufer von Boeing außerhalb Europas gelegenen Airlines, Airbus Aufträge zu erteilen. Komme es zu einem Handelskrieg, sei eine Belieferung mit Ersatzteilen von Airbus gefährdet, stellten die Boeing-Leute finster in Aussicht.

Doch der Zwist dauerte nicht mehr lange. Im Frühjahr 1992 hatten Amerikaner und Europäer die Grundlagen eines Abkommens erarbeitet, das endlich einen dauerhaften Rahmen für die Flugzeugproduktion schaffen sollte. Seine wichtigsten Bestimmungen lauteten:

- Subventionen dürfen nur noch für Forschung und Entwicklung fließen, aber nicht zur Unterstützung der Produktion von Flugzeugen.

Dieses Verbot war den Amerikanern wichtig, denn mehrere, wenn auch nicht alle der vier betroffenen europäischen Staaten hatten ihren Airbus Konsortiumsmitgliedern neben Entwicklungs- auch noch Produktionsbeihilfen gezahlt. Besonders spendabel war dabei Deutschland, während Großbritannien die Produktion seiner Luftfahrtindustrie finanziell nicht förderte.

- Die direkten Beihilfen für die Entwicklung von Flugzeugen werden auf 35 Prozent der gesamten Entwicklungskosten beschränkt.

Auch diesen Punkt konnten sich die Amerikaner als Sieg auf ihre Fahnen schreiben, denn in der Vergangenheit hatten die Europäer die Entwicklung neuer Airbus-Modelle bis zu 100 Prozent bezuschußt. Am liebsten hätten die Amerikaner die direkten Beihilfen auf weniger als 20 Prozent reduziert, aber auf der Suche nach einem für beide Parteien akzeptablen Kompromiß mußten sie den Europäern eine Rückzugslinie eingestehen.

- Es werden Regeln für die Rückzahlung direkter Kredite vereinbart.

Damit wollten die Amerikaner verhindern, daß, wie es früher geschehen war, europäische Regierungen auf die Rückzahlung von Krediten verzichteten. Jetzt war eine Rückzahlungsfrist von maximal 17 Jahren fest-

96

geschrieben, außerdem mußten Kredite nach festen Regeln verzinst werden. Die Zeit zinsloser Kredite an die Airbus-Partner war damit ein für allemal vorbei.

- Indirekte Beihilfen werden ebenfalls beschränkt, und zwar auf 4 Prozent des Umsatzes im zivilen Flugzeuggeschäft einer Firma oder auf 3 Prozent des gesamten Umsatzes der zivilen Flugzeugindustrie eines Landes.

Das sah auf den ersten Blick wie ein Erfolg der Europäer aus, da die Amerikaner erstmals die Existenz indirekter Beihilfen einräumten. In der Realität bedeutete die Klausel aber nicht viel, da sich indirekte Beihilfen kaum quantifizieren lassen.

- Die obigen Regelungen können außer Kraft gesetzt werden, falls sich die Luftfahrtindustrie eines Landes in einer schwierigen Situation befindet.

Dieser Punkt belegte den Pragmatismus beider Seiten, die sich darüber klar waren, daß weder Amerika noch Europa einem Niedergang ihrer Flugzeugindustrien tatenlos zuschauen würden.

- Eine politische Einflußnahme auf Geschäfte der Flugzeughersteller bleibt, wie schon im Abkommen von 1979 festgelegt, unerwünscht.

Vermutlich haben Amerikaner und Europäer heimlich gelächelt, als sie sich auf diese Bestimmung einigten. Nach allen Erfahrungen der Vergangenheit war kaum damit zu rechnen, daß sie sich an den Grundsatz der politischen Nichteinmischung halten würden.

- Beide Seiten vereinbaren regelmäßige Gespräche über die Einhaltung des Abkommens. Außerdem steht es jeder Partei frei, das Abkommen nach einem Jahr einseitig zu kündigen.

Das Kündigungsrecht war Amerikanern wie Europäern wichtig, denn beide Parteien betrachteten das Abkommen als einen momentanen Kompromiß mit möglicherweise nicht sehr langer Gültigkeit. So träumten die Amerikaner davon, den Europäern die direkte Subventionierung der Airbus-Produktion irgendwann einmal ganz auszureden.

Wie schon der Vorgänger aus dem Jahre 1979, so wurde auch das Abkommen von 1992 diesseits und jenseits des Atlantiks als Erfolg gefeiert. Den Amerikanern war es immerhin gelungen, breite Schneisen in den europäischen Subventionsdschungel zu schlagen. Aus europäischer Sicht war die Begrenzung der direkten Beihilfen kein Drama, da Airbus mittlerweile besser lief als in den siebziger Jahren.

Entscheidend war etwas ganz anderes: Niederschreiben ließ sich vieles, und wie für das Abkommen von 1979 stellte sich die Frage, ob beide Seiten dauerhaft gewillt waren, sich an die vereinbarten Regelungen in der Praxis zu halten.

Was etwa vom Prinzip der politischen Nichteinmischung in Flugzeuggeschäfte zu halten war, zeigte nur wenig später einer der kontroversesten, aber auch spannendsten Deals in der Geschichte von Airbus und Boeing. Der nachfolgende Abschnitt folgt einer Beschreibung des Buchautors Matthew Lynne, angereichert mit Details aus anderen Quellen.

Prince Charles will Flugzeuge verkaufen

Am 17. August 1993 klingelte im Oval Office des Weißen Hauses das Telefon. Präsident Bill Clinton nahm den Hörer ab und hörte am anderen Ende der Leitung die Stimme des saudi-arabischen Königs Fahd. Die beiden Männer sprachen unter anderem über einen Auftrag der staatlichen saudi-arabischen Fluglinie Saudia, die dreißig Flugzeuge im Wert von sechs Milliarden Dollar kaufen wollte. Clinton warb dafür, den Auftrag den amerikanischen Herstellern Boeing und McDonnell Douglas zu erteilen. Was König Fahd genau antwortete, ist nicht bekannt, aber Clinton beendete das Gespräch mit dem Eindruck, der König werde die Flugzeuge in Amerika bestellen. Und wie es so geht, wenn ein Präsident eine gute Nachricht unter das Volk bringen, sich aber nicht selbst brüsten will, teilte zwei Tage später ein befreundeter Senator der amerikanischen Öffentlichkeit erfreut mit, Clinton habe einen wichtigen Auftrag für die amerikanische Industrie an Land gezogen.

Um das Geschäft in trockene Tücher zu bringen, reiste Handelsminister Frederico Pena an den Golf. Zwecks zusätzlicher Motivation der Araber unterschrieb er in Riad eine Vereinbarung, die Saudia Landerechte auf mehreren amerikanischen Flughäfen gewährte. Nach einem Gespräch mit König Fahd zeigte sich Pena zuversichtlich über den Flugzeugauftrag: „Unser Treffen war produktiv und angenehm, und wir werden nun warten, bis das Königreich eine offizielle Ankündigung macht." Doch König Fahd war über das amerikanische Drängen verärgert. Er hatte nach seinem Verständnis überhaupt keine bindende Zusage gemacht, sondern darauf verwiesen, die Fluggesellschaft Saudia müsse die Entscheidung selbst treffen. Saudia aber wollte sich noch alle Optionen offenhalten.

Prompt wurde Airbus aktiv. Die Europäer waren keinesfalls gewillt, den Amerikanern den Großauftrag kampflos zu überlassen, und schickten ihre Verkaufstruppen an den Golf. Außerdem schrieb Airbus-Chef Jean

Pierson einen Brief an die Europäische Kommission, in dem er sich bitter über das politische Lobbying der Amerikaner beklagte, worauf eine Brüsseler Delegation den Flieger nach Washington bestieg, um mit den Kollegen in Washington ein ernstes Wort zu reden. Die Amerikaner zeigten sich jedoch, wie zu erwarten, völlig unbeeindruckt und wiesen die Vorwürfe der Europäer barsch zurück.

Pierson selbst war sich über die Unwirksamkeit der mehr der Form halber unternommenen Brüsseler Aktion in Washington von vornherein im klaren und beschloß, mächtigere Verbündete zu mobilisieren. Wenn sich auf der anderen Seite des Atlantiks schon der Präsident in Flugzeugverkäufe einschaltete, benötigte Airbus ebenfalls ein politisches Schwergewicht als Fürsprecher. Und so betätigte sich der schwerkranke französische Staatspräsident François Mitterrand während eines Besuchs Mitte Oktober in Riad als Flugzeugverkäufer; eine Rolle, die der eigentlich der Wirtschaft fernstehende Sozialist stets gerne wahrnahm. Anders als der noch nicht lange im Amt befindliche Clinton war Mitterrand mit allen Wassern gewaschen, und so wies der Franzose in seinen Gesprächen nachdrücklich auf die Sympathie der Europäer für die Anliegen der Palästinenser im Nahost-Konflikt hin. Das hörte Fahd gerne, zumal die Amerikaner wegen ihrer pro-israelischen Haltung bei vielen Arabern nicht sehr beliebt waren.

Nach Mitterrands Rückkehr nach Paris verstärkten die Europäer den Druck auf Riad. Bundeskanzler Helmut Kohl und der britische Premierminister John Major telefonierten mit König Fahd wegen des Flugzeugauftrags und mehrere Minister europäischer Staaten reisten an den Golf, um ihrem Anliegen Nachdruck zu verleihen. Schließlich setzten die Europäer eine Geheimwaffe ein, mit der niemand gerechnet hatte: Prince Charles traf sich mit König Fahd, um in einem Gespräch für Airbus zu plädieren! Welche Qualitäten die Amerikaner auch immer besaßen, einen hochkarätigen Blaublütigen als angemessenen Gesprächspartner für den saudischen Monarchen konnten sie nicht präsentieren. „In Washington begann Clintons Team zu schwitzen. Mitterrands Einbindung hatten sie erwartet, und mit einer Intervention Kohls war immer zu rechnen, aber Prince Charles war eine Überraschung", schreibt Lynne wohl nicht ohne Sarkasmus.

In der Folge flogen zunächst nachrangige Minister aus den Vereinigten Staaten und Europa nach Saudi-Arabien, bis die Franzosen wieder die Initiative ergriffen und am 9. Januar 1994 mit einer hochrangigen Delegation unter Führung von Premierminister Edouard Balladur an den Golf reisten. Balladur kehrte mit einem Auftrag über Rüstungsgüter im Wert von zwei Milliarden Dollar heim, aber der Flugzeugdeal blieb immer noch offen.

Mittlerweile hatten die Amerikaner ihre Lektion gelernt. Wenn die Europäer den Auftrag durch politische Aktivitäten an Land ziehen wollten, würden sie Gleiches mit Gleichem vergelten. Die Emissäre Washingtons wiesen Riad auf den entscheidenden militärischen Beitrag der Vereinigten Staaten im jüngsten Golfkrieg hin, in dem der Westen den von den Saudis gefürchteten Irak Saddam Husseins besiegt hatte. Zudem erwähnten sie das gerade in einem mörderischen Bürgerkrieg befindliche Jugoslawien, wo sich die Amerikaner für den Schutz der muslimischen Bosnier engagierten. Die Europäer seien doch nur Schwätzer, sagten die Amerikaner sinngemäß, wogegen die Vereinigten Staaten mit ihrer einmaligen Militärmacht für ihre Freunde und Verbündeten tatkräftig einzustehen pflegten. Dem konnten die Saudis nur zustimmen.

Die Waage begann sich zugunsten der Amerikaner zu neigen, und folgerichtig drang die Nachricht nach Toulouse, die Verkäufer von Boeing und McDonnell Douglas seien für den 20. März 1994 nach Riad eingeladen, um über die Details des Flugzeugsauftrags zu verhandeln. Doch noch gaben sich die Europäer nicht geschlagen. Jürgen Schrempp, der Vorstandschef des deutschen Airbus-Partners DASA, schrieb Helmut Kohl in einem Brief: „Nur Ihre persönliche Intervention könnte die Saudis wenigstens noch zu einer teilweisen Änderung ihrer Absichten bewegen." Kohl blieb zwar in Deutschland, aber dafür reiste der französische Premierminister Balladur noch einmal an den Golf, um zu retten, was vielleicht noch zu retten war. Doch der Auftrag ging an Boeing und McDonnell Douglas.

Wie um aller Welt die politische Bedeutung des Geschäfts klarzumachen, wurde der Deal vom Weißen Haus in Washington bekanntgegeben und nicht von den beiden Flugzeugherstellern aus Seattle und Long Beach, wie es in einer Marktwirtschaft eigentlich üblich wäre. „Es war ein Sieg der amerikanischen Macht und ihres Einflusses; das Verdienst hierfür gebührte eher amerikanischen Soldaten als Flugzeugarbeitern", schreibt Lynn, obgleich Präsident Clinton emphatisch von einer „Goldmedaille für das amerikanische Business und seine Arbeiter" sprach. Während der die Bekanntgabe des Großauftrags begleitenden Zeremonie wandte sich Prince Bandar Bin Sultan, ein Neffe von König Fahd und gleichzeitig saudischer Botschafter in Washington, an seine amerikanischen Gastgeber: „Es ist Ihr Schicksal, die einzige Supermacht der Welt zu sein. Sie sind wirklich der einzige von Bedeutung in der Welt."

Jahre später sickerten weitere Informationen über die merkwürdigen Begleitumstände dieses Geschäfts durch. Demnach hatte der amerikanische Geheimdienst National Security Agency spätestens seit Januar

1994 mit Hilfe eines Spionagesatelliten die gesamte Telekommunikation zwischen Airbus und Riad abgehört. In einem Bericht der amerikanischen Baltimore Sun heißt es, dabei seien die Amerikaner einer Bestechung eines einflußreichen Saudis durch Airbus auf die Spur gekommen, worauf sie das Königshaus von dieser Tatsache informiert hatten. Diese Bestechung sei einer der Gründe für die Saudis gewesen, den Großauftrag der amerikanischen Industrie zu erteilen.

Von Korrupten und Schlapphüten

An dieser Geschichte mag durchaus etwas dran sein. In der Flugzeugbranche sind unter der Hand zahlreiche Gerüchte über Bestechung vor allem in den Ländern der Dritten Welt zu hören, auch wenn sich offiziell kaum jemals etwas beweisen ließ und Insider versichern, es gehe schon seit längerem rechtschaffener zu als in den wilden Pioniertagen. Ende der achtziger Jahre war eine Untersuchungskommission in Indien zu dem Schluß gelangt, Airbus habe Mitte des Jahrzehnts mehrere Inder bestochen, um einen Auftrag aus Neu-Delhi zu erhalten, der eigentlich schon Boeing versprochen war.

Aber auch die Amerikaner waren keine Waisenknaben. Mitte der siebziger Jahre hatte Lockheed nach einer Untersuchung des Justizministeriums in Washington gestanden, 22 Millionen Dollar im Ausland „investiert" zu haben, um Aufträge zu erlangen. In die Schußlinie gerieten unter anderem der holländische Prinz Bernhard, an den eine Million geflossen war, sowie ein japanischer Premierminister, der zurücktreten mußte. Lockheed zahlte eine hohe Strafe, zeigte aber kein Unrechtsbewußtsein. „Manche nennen das Gefälligkeiten, manche sprechen von fragwürdigen Zahlungen, manche nennen es Veruntreuung, manche nennen es Schmiergeld. Manche nennen es Korruption", sagte Lockheed-Chef Carl Kotchian ungerührt. „Ich betrachte diese Zahlungen als eine Notwendigkeit, um ein Produkt zu verkaufen." Denn, so ergänzte Kotchian, es handele es sich um eine verbreitete Praxis.

Wohl wahr. McDonnell Douglas hatte Mitte der siebziger Jahre über „fragwürdige Zahlungen" von ebenfalls 22 Millionen Dollar an Mittelsmänner in Ländern wie Pakistan, Zaire und Venezuela berichtet. Und auch Boeing besaß keine weiße Weste. Ende der siebziger Jahre räumte der Konzern aus Seattle, ohne damit jedoch ein Schuldanerkenntnis zu verbinden, Zahlungen von 54 Millionen Dollar ein, um Aufträge über 943 Millionen Dollar zu erlangen. Nach weiteren Untersuchungen der Börsenaufsicht kam heraus, daß Boeing weitere „fragwürdige Zahlungen" über sieben Millionen Dollar verschwiegen hatte.

Vor wenigen Jahren hat die britische Zeitschrift The Economist anläßlich einer Luftfahrtschau von Le Bourget eine Reihe von Fällen aus den vergangenen zwanzig Jahren zusammengestellt, in denen Airbus eine etwas fragwürdige Rolle gespielt haben könnte, auch wenn wie üblich gerichtsverwertbare Beweise nicht existieren. In diesem Artikel ist auch die Rede von der „Schreiber-Affäre".

Airbus hatte im Jahre 1988 einen Auftrag von der damals staatlichen Air Canada über 34 Maschinen im Wert von 1,5 Milliarden Dollar erhalten. Als Vermittler agierte damals Karlheinz Schreiber, ein deutscher Geschäftsmann mit gleichermaßen guten Beziehungen nach Kanada wie zur deutschen CDU/CSU. Nach dem Economist vorliegenden Dokumenten hatte Airbus im März 1985 einen in der Folge mehrfach verlängerten Beratungsvertrag mit einer in Liechtenstein ansässigen Gesellschaft namens International Aircraft Leasing (IAL) geschlossen. Die IAL war genauso eine Briefkastenfirma wie ihre Muttergesellschaft, die ebenfalls in Liechtenstein domizilierte Kensington Anstalt.

Airbus zahlte – wie die Firma später selbst zugab – in der Folge an die IAL 22,5 Millionen Dollar als „Kommissionen", aufgeteilt in zwei etwa gleichgroße Beträge auf ein Bankkonto in Vaduz und eines in Zürich. Schreiber erklärte schließlich, er habe als Mittelsmann zwischen Airbus und Kanadiern gedient: „Airbus hat keine Schmiergelder direkt an geschmierte Personen gezahlt. Man hat dritte Personen eingeschaltet, um die Zahlungen anonym zu machen." Mit anderen Worten: Wer immer im Zusammenhang mit dem Flugzeuggeschäft eine „Kommission" erhielt, bekam das Geld nicht von Airbus direkt, sondern von Schreiber und konnte im Falle einer Aufdeckung mit einiger Aussicht auf Erfolg behaupten, er sei von Airbus nicht bestochen worden.

Wohin die „Kommissionen" flossen, ist bis heute nicht endgültig geklärt, obgleich die kanadische Polizei jahrelang ermittelte und zwei angesehene Journalisten ein Buch über die Affäre veröffentlicht haben. Ein Teil der von Airbus auf die Konten der IAL überwiesenen Gelder wurde in bar abgehoben, ein Teil auf andere Konten in der Schweiz weitergeleitet. Die kanadischen Journalisten vermuten, Schreiber habe ein simples Prinzip verfolgt und jeweils die Hälfte der verteilten Gelder Kanadiern und Europäern zugeteilt. Ein Achtel des Geldes, also immerhin fast drei Millionen Dollar, floß auf ein Schweizer Konto mit der Bezeichnung „Stewardeß". Die kanadischen Journalisten vermuten, dieses Konto sei für einen früheren Airbus-Manager in Kanada eröffnet worden, dessen Frau sich einige Zeit später in dem mexikanischen Badeort Puerto Vallarta für 1,5 Millionen Dollar eine luxuriöse Strandvilla kaufte. Angeblich wurde die Kaufsumme aus der Schweiz überwiesen. Der frühere Airbus-Manager und seine Frau haben jede Verwicklung in einen fragwürdigen Deal zurückgewiesen, während Airbus betonte, das Verhalten des Unternehmens sei niemals Gegenstand einer juristischen Ermittlung in Kanada gewesen.

Einen Blick auf die Praktiken in dieser Branche wirft noch ein weiterer Fall, den ebenfalls der Economist geschildert hat. Im Herbst 1990 befand sich die staatliche Kuwait Airways Corporation (KAC) in einer schwierigen Lage. Nach der Invasion des Landes durch den Irak wenige Wochen zuvor hatte der Vorstand der Gesellschaft Zuflucht in Kairo gefunden, doch mußte er befürchten, die meisten seiner auf dem Heimatflughafen in Kuwait geparkten Flugzeuge nicht mehr heil wiederzusehen. Der Vorstandsvorsitzende der KAC, Ahmed al Mishari, beschloß daher, eine neue Flotte zu bestellen, und bat Airbus und Boeing um ihre Preisvorstellungen.

Kurz nach der Befreiung Kuwaits durch von den Amerikanern angeführte westliche Streitkräfte trafen sich Vertreter der KAC und von Boeing in London. „Ein Teilnehmer an den Gesprächen sagte, al Mishari habe den Eindruck erweckt, der Auftrag werde an Boeing gehen", schreibt der Economist. „Schließlich hatten bis dahin amerikanische Unternehmen fast alle Aufträge der dankbaren kuwaitischen Regierung erhalten."

Doch so einfach wollte Airbus seinem alten Rivalen aus Seattle kein Geschäft machen. Kurz vor der Luftfahrtschau von Le Bourget im Juni 1991 trafen sich im Churchill Hotel in London Airbus-Chef Jean Pierson und Ahmed al Mishari. Anschließend sicherte al Mishari Airbus den Auftrag der kuwaitischen Fluggesellschaft zu, den Pierson triumphierend in Le Bourget vorstellte. Demnach würden die Kuwaiter fünfzehn Airbus-Flieger im Wert von 1,1 Milliarden Dollar fest bestellen und zudem Optionen für den Kauf von neun weiteren Maschinen im Wert von 900 Millionen Dollar erteilen.

Nicht nur die Boeing-Leute waren völlig verblüfft, sondern auch die Regierung von Kuwait. KAC war eine staatliche Fluglinie und durfte keine Großaufträge ohne Rücksprache mit dem Finanzministerium machen, aber dort war von einem Auftrag für Airbus nichts bekannt. Boeing unterbreitete schnell noch ein Angebot, das um 100 Millionen Dollar billiger war als das der Europäer, aber es war zu spät. Die Regierung von Kuwait konnte schlecht einräumen, der Chef ihrer Airline habe seine Kompetenzen überschritten und den Auftrag an Airbus zurückziehen. Um die tobsüchtigen Amerikaner zu beruhigen, ordnete der Kronprinz von Kuwait an, die staatliche KAC werde die Motoren für die Airbus-Flieger in Amerika bestellen, zudem zwei Maschinen von Boeing kaufen und überdies zusichern, in Zukunft überhaupt nur noch Flugzeuge in Amerika zu ordern. Die Kuwaiter wußten genau, wem sie ihre Befreiung von den Irakern in erster Linie zu verdanken hatten.

Der Deal mit den Amerikanern sollte nicht mehr den fest vereinbarten Verkauf von fünfzehn Airbus-Jets durch die KAC blockieren, wohl aber die Stornierung der Option auf den Bezug von neun weiteren Maschinen der Europäer erzwingen. Doch die Option hatte überhaupt nicht die KAC erteilt, sondern eine auf den Bermudas gegründete Gesellschaft namens Aviation Lease and Finance Company (Alafco), hinter der sich Ahmed al Mishari verbarg. Der Araber wollte die Flieger durch die Alafco kaufen und dann an die von ihm geführte KAC verleihen. Auf diese Weise gedachte al Mishari, ohne die Genehmigung seiner Regierung für den Kauf der neun Flugzeuge aufzukommen.

Die Praktiken der Kuwaiter hätten Airbus nicht kümmern müssen, wenn die Europäer nicht 450.000 Dollar in die Alafco investiert hätten, um den Laden flottzumachen. Außerdem ernannte die Alafco bald einen Tunesier als Teilzeitberater, der nach Angaben des Economist 5.000 Dollar im Monat und eine Abschlagszahlung von 80.000 Dollar erhielt. Auch dagegen ließe sich nichts sagen, wäre der Tunesier nicht ausgerechnet der regionale Verkaufschef von Airbus für den Mittleren Osten gewesen.

Im Jahre 1993 sollten die ersten drei Flugzeuge von Airbus an die Alafco verkauft und von dieser an KAC verliehen werden. Doch nun stellte sich ein Untergebener al Misharis quer, Bader Mallalah, der nicht nur Finanzvorstand der KAC war, sondern dem man auch noch den Hut eines Vorstandschefs der Alafco auf den Kopf gesetzt hatte. Mallalah bestand auf einer Ausschreibung des Geschäfts, wonach auch Boeing ein Gebot abgeben durfte. Da Airbus in Gestalt seines tunesischen Verkaufschefs einen Berater der Alafco stellte, fiel es den Europäern leicht, Informationen über das Gebot der Amerikaner zu erhalten und es zu unterbieten. Airbus stand kurz vor dem Gewinn des Geschäfts, als Mallalah die Regierung von Kuwait über die sonderbare Rolle der Alafco informierte. Daraufhin bliesen die Kuwaiter das Geschäft ab, der tunesische Airbus-Mann schied aus der Alafco aus und der wütende KAC-Vorstandschef al Mishari feuerte seinen Finanzvorstand Mallalah. Ein schlechtes Gewissen hatte natürlich niemand.

Nicht nur über Bestechung und eigenartige Geschäftspraktiken, auch über die Rolle von Geheimdiensten kursieren in der Luftfahrtbranche zahlreiche Geschichten, deren Wahrheitsgehalt nur in Ausnahmefällen überprüfbar ist. Ihr Nutzen ist offensichtlich: Dank des Abhörens der Kommunikation zwischen Airbus und den Saudis waren die amerikanischen Geheimdienste jederzeit über die jeweils aktuellen Angebote von Airbus in Kenntnis und konnten Boeing und McDonnell Douglas darüber informieren.

Ansonsten sickert selten einmal etwas durch: So sollen US-Geheimdienste amerikanischen Flugzeugmanagern dringend empfohlen haben, bei Reisen zur alle zwei Jahre in Le Bourget nahe Paris stattfindenden Luftfahrtschau sensible Dokumente nur in ihrem Handgepäck zu transportieren, aber keinesfalls in ihren Koffern. Womöglich besaß Washington Hinweise auf ein diskretes „Filzen" der Koffer amerikanischer Manager durch französische Geheimdienste während des Transports vom Flugzeug zur Kofferausgabe auf den beiden großen Pariser Flughäfen.

8 Die Geburt der Großkonzerne I

Streit um einen Riesen

Der 14. Dezember 1996 ist in die Annalen der Flugzeugindustrie eingegangen: An diesem Tag gaben Boeing und McDonnell Douglas ihren
Zusammenschluß zum größten Luftfahrt- und Militärkonzern der Welt
bekannt. Als „einen historischen Moment in der Luftfahrt" bezeichnete
Boeing-Präsident Phil Condit den Megadeal, und sein neuer Partner
John McDonnell, der Präsident von McDonnell Douglas, bemerkte stolz,
aus der Fusion im Wert von 40 Milliarden Dollar entstehe „die größte,
stärkste, am breitesten aufgestellte und am meisten bewunderte Luft-
fahrtfirma der Welt und daneben das bedeutendste amerikanische
Exportunternehmen". Die Einigung war fraglos spektakulär, überraschend kam sie nicht. Die Presse hatte bereits 1995 von Fusionsge-
sprächen der beiden Unternehmen berichtet.

Die Logik des Zusammenschlusses war vor allem eine militärische.
Nach dem Zusammenbruch des Warschauer Pakts gingen die westlichen Nationen daran, ihre Rüstungsausgaben zu kürzen; ein Prozeß,
der in der Öffentlichkeit damals als „Friedensdividende" bezeichnet
wurde. Um das Wohlergehen der amerikanischen Industrie besorgt,
hatte die Administration Clinton die Rüstungsunternehmen des Landes zu Fusionen und Übernahmen ermutigt, um eine Reihe großer
Militärkonzerne entstehen zu lassen, die auch in Zeiten rückläufiger
Verteidigungsbudgets weiterhin in der Lage sein würden, die amerikanischen Streitkräfte mit den technisch leistungsfähigsten Waffen
auszurüsten und überdies auf dem Weltmarkt eine führende Rolle zu
spielen.

Boeing entschloß sich, in diesem Konzentrationsprozeß eine aktive
Rolle spielen, um sich als einer der dominierenden Konzerne für zivi-
len Flugzeugbau und Rüstung zu etablieren. Denn auch in Zeiten der
„Friedensdividende" versprach das Verteidigungsgeschäft mit dem
Pentagon höhere Renditen als der zivile Flugzeugbau. 1995 hatte der
Konzern aus Seattle die Firma Rockwell übernommen, und der Zusam-
menschluß mit McDonnel Douglas bildete nur einen weiteren, wenn
auch bedeutsamen Schritt auf dem Weg zu einem leistungsfähigen
Militärausrüster, der dem großen nationalen Konkurrenten Lockheed
Paroli bieten konnte. Auf eine dominierende Position auf ihrem Hei-

matmarkt konnte Boeing allerdings nicht hoffen, und daher genehmigte die Wettbewerbsbehörde in Washington die Übernahme von McDonnell Douglas.

Aber was bedeutete die Fusion für den zivilen Flugzeugbau und damit für Airbus? Auf den ersten Blick nicht viel, denn in dieser Sparte hatte McDonnell Douglas mit einem Marktanteil von nur noch 10 Prozent und zwei Modellen, die sich mehr schlecht als recht verkauften, Boeing nicht viel zu bieten. Allerdings stand zu befürchten, daß der neue Gigant dank seines umfangreichen Rüstungsgeschäfts noch mehr Subventionen vom Pentagon als bisher erhalten würde, die er bei Bedarf für die Entwicklung neuer ziviler Flugzeuge verwenden konnte. Andererseits gestattete das Zusammengehen von Boeing und McDonnell Douglas aus der Sicht von Airbus auch eine optimistische Schußfolgerung: Große Airlines, die ihre Flotten nicht ausschließlich mit Modellen aus Seattle bestücken wollten, konnten nicht länger McDonnell Douglas als Alternative wählen. Sie waren jetzt gezwungen, bei Airbus einzukaufen. Das war natürlich auch den Amerikanern klar.

Und so hielten Boeing und McDonnell Douglas für ihren europäischen Konkurrenten eine wahre „Giftpille" parat: Sie garnierten ihren Zusammenschluß mit zwanzig Jahre währenden Exklusivverträgen mit den großen Fluggesellschaften American Airlines und Delta Air Lines, denen in der ersten Jahreshälfte 1997 noch ein Exklusivvertrag mit Continental Airlines folgte. Die Strategie war offensichtlich: Airbus sollte auf dem umsatzstarken amerikanischen Markt und, so erheblich geschwächt, in der Folge auch auf den Märkten außerhalb Amerikas marginalisiert werden. Das sah für die Europäer gefährlich aus.

Doch sie wehrten sich. Die Europäische Kommission in Brüssel nahm das Recht in Anspruch, den Zusammenschluß von Boeing und McDonnell Douglas aus wettbewerbsrechtlichen Gründen zu überprüfen und gegebenenfalls zu untersagen. Sollten die Amerikaner ein Fusionsverbot durch die Europäische Kommission nicht respektieren, könne Brüssel eine Strafe bis 10 Prozent des Umsatzes des neuen Großkonzerns verlangen und, wenn dieser dann immer noch nicht gefügig würde, in der Folge weitere Strafzahlungen erheben. Das war starker Tobak.

Entsprechend wütend reagierten die Amerikaner. „Die Europäische Union kann unserem Volk nicht vorschreiben, wie es Geschäfte macht", brachte das Kongreßmitglied Jim Talent eine weitverbreitete Stimmung auf den Punkt. Präsident Bill Clinton warnte die Kommission in Brüssel, die Fusion zu verbieten, und griff zum Telefonhörer, um Druck auf die europäischen Staats- und Regierungschefs auszuüben. Die zeigten sich allerdings wenig beeindruckt, vielmehr sprach der französische Staatspräsident Jacques Chirac offen von einem „Angriff auf die europäischen Interessen". In Medien beiderseits des Atlantiks war die Rede von einem bevorstehenden „Handelskrieg"; Gerüchte machten die Runde, die Amerikaner könnten die Landerechte europäischer Fluggesellschaften in den Vereinigten Staaten beschneiden.

Rein formal ließ sich der Europäischen Kommission das Recht zum Eingriff nicht bestreiten. Nach den internationalen Wettbewerbsregeln durfte sie Fusionen auch außereuropäischer Unternehmen wettbewerbsrechtlich untersuchen, sofern das fusionierte Unternehmen einen Umsatz von insgesamt mindestens fünf Milliarden Euro oder einen Umsatz in der Europäischen Union von mindestens 250 Millionen Euro erzielte. Beides war bei Boeing und McDonnell Douglas der Fall.

Am Ende siegte, wie fast immer, die Vernunft. Auch wenn die Flugzeugindustrie hohe öffentliche und politische Bedeutung besitzt, riskieren ihretwegen weder Amerikaner noch Europäer einen regelrechten „Handelskrieg". Mitte 1997 genehmigte die Europäische Kommission gegen französischen Widerstand den Zusammenschluß von Boeing und McDonnell Douglas unter der Auflage, daß der Konzern auf Exklusivverträge mit Airlines verzichtet, was die Amerikaner in letzter Minute akzeptierten. Damit war der Friede erst einmal wiederhergestellt.

Flug in ein Luftloch

Boeing besaß nach der Eingliederung von McDonnell Douglas im Bau großer Passagierflugzeuge einen Marktanteil von mehr als 60 Prozent, Airbus nur von knapp 30 Prozent. Die Vermutung lag nahe, daß es den Amerikaner gelingen sollte, ihre führende Position mindestens zu halten, wenn nicht sogar auszubauen, auch wenn Airbus mittlerweile eine deutlich jüngere Flotte besaß. „Wir werden Airbus beerdigen", tönte der Chef der Sparte Passagierflugzeuge, Ron Woodard. Doch das Entgegengesetzte geschah: Nach dem Megadeal mit McDonnell Douglas geriet Boeing im zivilen Flugzeugbau in seine größte Krise seit Jahrzehnten und ebnete Airbus damit den Weg an die Spitze. Wie konnte das geschehen?

Zunächst einmal übernahm sich Boeing ausgerechnet in seinem vertrautesten Geschäft. Woodard hatte seinem Ansinnen, Airbus zu beerdigen, eine Verkaufsoffensive ohnegleichen folgen lassen, während er auf die Rentabilität der Aufträge wenig Rücksicht nahm. Sein Ziel bestand darin, den Marktanteil von Boeing bei den Neubestellungen kurzfristig erheblich zu steigern, was Woodard für das Jahr 1996 auch gelang. Airbus blieb nur, sein Auftragsbuch künstlich mit Kaufoptionen von Airlines aufzublähen, die nach aller Erfahrung nur zum Teil in feste Bestellungen umgewandelt würden.

Der ehrgeizige Amerikaner hatte jedoch etwas übersehen: Um die Flieger auch rasch ausliefern zu können, mußte Boeing seine Produktion innerhalb kurzer Zeit erheblich steigern. Doch damit waren die nicht mehr ganz modernen Fabriken um Seattle ebenso hoffnungslos überfordert wie viele Zulieferer. Schließlich unterbrach Boeing die Produktion des Jumbo-Jets und der kleinen B737 sogar für jeweils rund vier Wochen, um etwas Ordnung in das Chaos zu bringen, worauf die Airlines wegen der verzögerten Auslieferung ihrer Jets die Zahlung von Vertragsstrafen verlangten. Die ganze Geschichte kostete 2,6 Milliarden Dollar, Boeing einen Teil seines Prestiges – und Woodard seinen Job.

Den Versuch, die Produktion hochzufahren, obgleich die Voraussetzungen dafür nicht gegeben waren, verglich ein amerikanischer Journalist mit dem Versuch, bei einem mit 320 Stundenkilometer dahinrasenden Rennwagen den Motor zu wechseln. Aktionäre von Boeing führten bittere Klage, und erste Zweifel an der Kompetenz von Präsident Phil Condit stellten sich ein. „Phil sagte mir, daß er eine schwere Auseinandersetzung mit dem Aufsichtsrat hatte und daß man ihn beinahe selbst gefeuert hätte", erzählte Woodard nach seiner Entlassung. Indem er Woodard opferte, hielt sich Condit erst einmal selbst an der Macht. Wie üblich zahlte der normale Arbeiter einen erheblichen Teil der Zeche. Mehr als 40.000 Arbeitsplätze fielen nach dem Produktionsdesaster, dem eine Wirtschaftskrise in den asiatischen Schwellenländern gefolgt war, weg. Dennoch lief es im Flugzeuggeschäft immer noch nicht rund.

Diese Pleite ist um so bemerkenswerter, als Boeing nach Angaben des Luftfahrtjournalisten Scott Hamilton, der sich wiederum auf einen anonymen Boeing-Insider bezieht, seit den achtziger Jahren um seine geringe Produktivität im Vergleich zu Airbus gewußt habe. Demzufolge sollen Vertreter des mittleren Managements von Boeing ab den frühen neunziger Jahren ein Modernisierungsprogramm gefordert haben, um den auf fünf Jahre geschätzten Produktivitätsfortschritt von Airbus einzuholen. Wegen der hohen Kosten und der langen Dauer der Modernisierung entschied sich der Vorstand mehrheitlich dagegen, obgleich Präsident Phil Condit das Programm unterstützte. Einige Produktionsverfahren stammten zwar aus den dreißiger und vierziger Jahren, aber da Boeing mit weitem Abstand die Nummer eins am Weltmarkt war und gutes Geld verdiente, scheute die Mehrheit des Vorstands die für eine grundlegende Modernisierung notwendigen Milliardenausgaben.

Die gleichzeitig forcierte Förderung des Rüstungsgeschäfts ging mit einer Vernachlässigung des zivilen Flugzeugbaus einher. Boeing steckte nicht mehr viele Entwicklungsgelder in seine Passagierjets, sondern begnügte sich weitgehend damit, seine allmählich alternde Flotte der Kundschaft anzubieten und hier und da ein Modell ein wenig aufzufrischen. Aus kurzer Sicht war dies sogar lohnend, weil die alten Boeing-Flieger ihre Entwicklungskosten längst hereingeflogen hatten, während die moderneren Airbusse noch nicht soweit waren. Daher verdiente Boeing pro Flugzeug mehr als Airbus, aber die Rechnung konnte nur solange aufgehen, wie die Airlines bereit waren, die in die Jahre gekommenen Jets der Amerikaner zu kaufen.

Der Wendepunkt kam rasch. Bis Ende der neunziger Jahre ging die Rechnung von Boeing auf, doch dann stürzte der Marktanteil innerhalb kurzer Zeit von 70 auf nur noch 50 Prozent. Airbus war es gelungen, die beiden Mittelsteckenflugzeuge B757/B767 praktisch aus dem Markt zu drängen, und in der Oberklasse ließ die Nachfrage nach dem rund dreißig Jahre alten Jumbo-Jet nach. Boeing wirkte angeschlagen. Statt dessen kaufte Condit weiter Rüstungsunternehmen – nicht selten zu überhöhten Preisen.

Doch stand der Konzern noch vor einem sehr viel größeren und grundsätzlicheren Problem. Zu den schwierigsten Aufgaben bei einer Zusammenführung zweier Firmen gehört die Schaffung einer gemeinsamen Unternehmenskultur, vor allem, wenn sie, wie früher Boeing und McDonnell Douglas, Rivalen waren. Boeing sah sich gerne als eine im äußersten Nordwesten der Vereinigten Staaten abseits gelegene, von der Bundeshauptstadt Washington weit entfernte und eher locker geführte „Ingenieurfirma", deren einziges Sinnen und Trachten darin bestand, gute Flugzeuge zu bauen und zu verkaufen. Das war ein etwas naives Bild, weil Boeing seit langem auch im deutlich raueren Militärgeschäft vertreten und seiner Führung politisches Lobbying natürlich nicht fremd war. Dennoch bestanden erhebliche Unterschiede zu McDonnell Douglas, das sich hauptsächlich als Militärkonzern verstand, für ein ziemlich bulliges Management bekannt war und das politische Powerplay in Washington mit großem Einsatz betrieben hatte.

McDonnell Douglas war zwar als Juniorpartner in die Verbindung mit Boeing gegangen. Aber da der gemeinsame Großkonzern vor allem das Militärgeschäft vorantrieb, gelangten im Laufe der Zeit zahlreiche ehemalige McDonnell Douglas-Manager an Machtpositionen in Seattle, deren Stil auf den gesamten Konzern abfärbte. Alte Boeing-Leute begannen zu klagen, in Wirklichkeit habe McDonnell Douglas Boeing übernommen und nicht umgekehrt. Als der Konzern im Jahre 2001 seine Firmenzentrale nach Chicago verlegte, fühlten sich die in der Region von Seattle gebliebenen Flugzeugbauer verraten. Präsident Phil Condit schien machtlos gegenüber seiner Nummer zwei, dem von McDonnell Douglas gekommenen Harry Stonecipher, der für seinen hemdsärmeligen Managementstil gefürchtet war.

Condit und Stonecipher hatten den Zusammenschluß von Boeing und McDonnell Douglas vor seiner Bekanntgabe in einer Suite im zwölften Stock des Four Seasons Hotels in Seattle ausgearbeitet und sich auf eine Arbeitsteilung verständigt, die Condit später so formulierte: „Harry kümmert sich um das Tagesgeschäft, indem er sich fragt: ‚Wie machen wir das?'. Ich bin der Stratege, der sich die Frage stellt: ‚Wo wollen wir hin?'." In der Praxis lief der äußerst robuste Stonecipher durch die Boeing-Flure und konfrontierte erfahrene Manager mit Fragen wie: „Betreiben Sie Ihre Tochtergesellschaft eigentlich wie ein Geschäft oder wie ein Hobby?"

Stonecipher war das Musterbeispiel eines Aufsteigers aus ärmlichen Verhältnissen, der sich den amerikanischen Traum von der Karriere aus eigener Kraft wahrmachte. Der Sohn eines Minenarbeiters aus Tennessee begann mit gerade elf Jahren, neben der Schule für einen Dollar am Tag als Tellerwäscher in einer Autoraststätte zu arbeiten. Später absolvierte der extrem durchsetzungsstarke und nicht allzu zart besaitete Amerikaner eine steile Karriere in der Wirtschaft, die ihn an die Spitze von McDonnell Douglas führte und ihn zu einem reichen Mann machte. Stonecipher baute für zwei Millionen Dollar eine Villa in St. Petersburg in Florida, begann wie nicht wenige Neureiche Kunst zu sammeln und betrachtete mit Genugtuung sein Paket von Boeing-Aktien, dessen Wert kurz nach der Jahrtausendwende auf rund 70 Millionen Dollar geschätzt wurde. Doch auch Stonecipher gelang es nicht, die Krise, in die Boeing ab Mitte der neunziger Jahre stürzte, zu verhindern. Mit seinem bulligen Stil erleichterte er nicht gerade die Integration von McDonnell Douglas, und für die strategischen Irrfahrten Condits konnte er nichts. „Ich bin hier, um Phils Strategie umzusetzen", pflegte er zu sagen. „Für die Strategie ist Phil verantwortlich."

Die Geschäftsergebnisse wurden immer schlechter, und die Aktie von Boeing entwickelte sich deutlich ungünstiger als die Papiere anderer Industriekonzerne. Im Bau ziviler Passagierjets hatte Airbus mindestens gleichgezogen, aber auch in der Rüstungssparte lief es nicht richtig, und zu allem Überfluß waren Boeing-Leute in mehrere Skandale verstrickt. Ein „ungebührliches Verhalten" (eine Umschreibung für vermutlich Schlimmeres) im Zusammenhang mit dem Versuch, vom Verteidigungsministerium einen Auftrag über 18 Milliarden Dollar für 100 Tankflugzeuge zu erhalten, hatte den Finanzvorstand und einen weiteren Manager ihre Jobs gekostet. Der Finanzvorstand hatte eine Dame eingestellt, die zuvor in Washington mit der Vergabe des Tankerauftrags befaßt war und Boeing mit Informationen über das Gegengebot eines Wettbewerbers versorgt hatte. Außerdem lief eine Untersuchung über die wohl mindestens fragwürdigen Umstände, einen Auftrag in der Weltraumfahrt über zwei Milliarden Dollar zu erlangen, und schließlich hatte Boeing keine überzeugende Antwort auf die Frage parat, wie die Firma in den Besitz von rund 30.000 Seiten interner Dokumente des Konkurrenten Lockheed geraten war. Das erzürnte Verteidigungsministerium schloß Boeing daraufhin für längere Zeit von der Ausschreibung von Aufträgen aus. Das war nicht nur peinlich, sondern geradezu geschäftsschädigend.

Führungswechsel

Die Rechnung mußte Präsident Phil Condit zahlen, obgleich er in die Skandale nicht direkt verwickelt war. Aber die Verantwortung für die schlechte Geschäftslage trug er. Der 1941 geborene Amerikaner hatte sich in jungen Jahren als disziplinierter und phantasievoller Ingenieur hervorgetan und war folgerichtig die Karriereleiter steil emporgeklettert. Als Präsident von Boeing zeigte er sich jedoch unentschlossen und nicht genügend hart gegenüber Untergebenen, denen er auch dann Freiraum ließ, wenn deren Geschäfte nicht gut funktionierten. Wie es so geht, wenn ein Manager unter Beschuß gerät, begannen interne Kritiker Medienleute mit Details aus dem Privatleben des Gescholtenen zu füttern. Und da gab es allerdings einiges zu berichten. Daß Condit in seinem geräumigen Haus eine große Spielzeugeisenbahn installiert hatte, die Drinks durch die Räume transportierte, war dabei noch am harmlosesten. Denn der viermal verheiratete Condit war ein Womanizer, und auch das hätte man ihm vielleicht noch nachgesehen, wenn er sich nicht gerne mit Damen aus der eigenen Firma eingelassen hätte. Schließlich wurde der Druck unwiderstehlich und gegen Ende 1993 trat Condit zurück.

Als seinen Nachfolger verpflichteten die Aufsichtsräte den einige Zeit zuvor in Ruhestand getretenen 68 Jahre alten Harry Stonecipher. Bei Boeing waren zu viele Dinge aus dem Ruder gelaufen, und alles, was nun noch helfen konnte, war ein harter Hund. Der Rückkehrer sicherte zur Freude der angeschlagenen Flugzeugsparte zu, Mittel für die Finanzierung eines neuen Flugzeugs bereitzustellen: „Leute, die behaupten, Boeing habe seine Lust am Risiko verloren, irren sich. Wir werden dieses Flugzeug bauen." Endlich schienen sich die Dinge zum Besseren zu wenden, doch Stonecipher hielt sich nur 15 Monate an der Spitze. Im

März 2005 trat er schon wieder zurück – wegen einer Affäre mit einer viel jüngeren Managerin von Boeing, die den von Stonecipher selbst immer wieder beschworenen internen Regeln des Konzerns widersprach. Was war nur aus diesem einstmals so glorreichen Konzern geworden? Nach einigen Monaten verpflichtete der Aufsichtsrat mit W. James „Jim" McNerney den Chef des Technologiekonzerns 3M als neuen Präsidenten.

9   Die Geburt der Großkonzerne II

Europäische Einigungsversuche

Am 14. Oktober 1999 reichten sich in Straßburg vor einem in aller Eile zusammengerufenen Publikum fünf Männer die Hände. Bundeskanzler Gerhard Schröder, der französische Premierminister Lionel Jospin, sein Wirtschafts- und Finanzminister Dominique Strauss-Kahn sowie die Industriellen Jürgen Schrempp und Jean-Luc Lagadère strahlten um die Wette. Denn was es hier im Blitzlichtgewitter der Fotografen zu feiern gab, durfte mit Fug und Recht als ein historisches Ereignis gelten. Deutschland und Frankreich brachten ihre führenden Luft- und Raumfahrtunternehmen Daimler-Chrysler Aerospace (DASA) und Aérospatiale mit Wirkung vom 1. Juli 2000 in eine Ehe gleichberechtigter Partner ein. Aus ihrem Zusammenschluß entstand der führende europäische Luft- und Raumfahrtriese European Aerospace Defense and Space Company, kurz EADS genannt. Die in Amerika begonnene Welle der Großfusionen in der Branche hatte Europa erreicht, das mit der EADS nun ein Unternehmen beherbergte, das hoffen konnte, sich mit den amerikanischen Giganten Boeing und Lockheed zu messen. Zugleich erhielt Airbus als Tochtergesellschaft der EADS eine neue Heimat. Das Zeitalter des undurchsichtigen Konsortiums war endgültig vorüber.

Die strahlenden Gesichter der Politiker und Industriellen in Straßburg verdeckten, wie hart Deutsche und Franzosen ringen mußten. Erst in der Nacht zuvor hatten Schrempp und Strauss-Kahn in stundenlangen Verhandlungen eine Einigung erzielt, die für beide Seiten akzeptabel war. Vorausgegangen waren jahrelange verschlungene Manöver zwischen Franzosen, Deutschen und Briten, in denen es nicht zuletzt um die Frage ging, wer am Ende die Macht über die europäische Luft- und Raumfahrtindustrie ausüben würde. Dieser Streit ist, trotz der Gründung der EADS, immer noch nicht entschieden.

Schon bald nach der Allianz von Boeing und McDonnel Douglas im Jahre 1997 hatten die DASA und die Aérospatiale diskrete Gespräche über einen Zusammenschluß begonnen. Die Notwendigkeit, angesichts der Bildung von Kolossen in den Vereinigten Staaten die zersplitterte europäische Luftfahrt- und Militärindustrie zu bündeln, lag auf der Hand. Zudem mußte Airbus endlich in ein richtiges Unternehmen verwandelt werden, um gegenüber Boeing zusätzliche Schlagkraft zu erhalten. „So konnte man doch kein Unternehmen führen", erinnert sich Schrempp noch heute kopfschüttelnd an die chaotischen Sitzungen des Aufsichtsrats von Airbus zu Zeiten des Konsortiums.

Doch die Deutschen und die Franzosen fanden damals nicht zusammen. Neben der Machtfrage bildete der Einfluß des französischen Staats das entscheidende Hindernis, da Paris seinerzeit nicht bereit war, die Aérospatiale zu privatisieren. Die DASA und ihr Aktionär Daimler waren aber nicht willens, ein deutsch-französisches Unternehmen zu gründen, in dem der französische Staat einen erheblichen Einfluß ausüben würde.

Nach dem Scheitern der Gespräche mit der Aérospatiale wandte sich die DASA diskret an British Aerospace, um die Möglichkeit eines Zusammengehens auszuloten. Die Gespräche verliefen aus industrieller Sicht vielversprechend, bis sich die Machtfrage stellte. British Aerospace war größer als die DASA, die sich aber nicht an die Briten verkaufen, sondern eine Fusion gleichberechtigter Partner erzwingen wollte. Ein Zusammenschluß hätte den vereinigten Briten und Deutschen nebenher eine Mehrheit bei Airbus beschert und damit die Franzosen marginalisiert, die Airbus immer noch als ein französisch geprägtes Projekt verstanden.

Was hier ablief, erinnerte an die berühmte Maxime des österreichischen Kanzlers Metternich aus dem 19. Jahrhundert: „Wenn es drei gibt, möchte ich einer von beiden sein." Der Meisterdiplomat Metternich wußte genau, daß in Koalitionen dreier etwa gleichstarker Parteien für jeden Partner ein starker Anreiz besteht, sich mit einem anderen zulasten des dritten zusammenzutun. Genau das spielte sich in der zweiten Hälfte der neunziger Jahre in der europäischen Luft- und Raumfahrtindustrie ab.

Als die Franzosen von den Gesprächen der DASA mit British Aerospace erfuhren, schäumten sie vor Wut. Die Deutschen, und besonders Jürgen Schrempp, hatten sich aus ihrer Sicht als Verräter erwiesen. Aérospatiale-Chef Yves Michot hielt einen internen Vortrag vor Managern, der die historisch beladene Bezeichnung „Waterloo-Rede" erhielt. Darin warnte Michot düster vor den Folgen einer deutsch-britischen Allianz gegen die Franzosen.

Nun griff Paris zu einem probaten Mittel und verlagerte das Dossier von der Industrie auf die politische Bühne. Die französische Regierung beschwerte sich bei der Bundesregierung bitterlich über das Verhalten von Daimler und der DASA, die sich daraufhin aus Berlin unfreundliche Vorhaltungen anhören mußten, warum sie eine eigene Außenpolitik

betrieben und mutwillig die deutsch-französischen Beziehungen torpe-
dierten. Doch der Industrie gelang es, die Bundesregierung von der
Unhaltbarkeit der Pariser Vorwürfe zu überzeugen.

Um so mehr triumphierten die Franzosen, als die DASA um die Jahreswende 1998/99 ihre Verhandlungen in London abbrach, weil die Briten
auf einer dominierenden Position beharrten und den Deutschen keine
Gleichberechtigung einräumen wollten. Daraufhin suchten zur
Abwechslung französische Industrielle das Gespräch mit British Aerospace über eine Annäherung. Das Pegasus getaufte Projekt scheiterte
rasch am Widerstand der Regierungen in London und Paris. British
Aerospace schloß sich danach mit dem englischen Konkurrenten Gec-
Marconi zusammen und fühlte sich im Militärgeschäft nun so stark, um
alleine gegen die amerikanischen Konzerne zu bestehen. Die Briten fielen als Partner für eine europäische Allianz aus.

Damit blieben eigentlich nur noch die Deutschen und die Franzosen
übrig, doch das Klima zwischen ihnen war vergiftet. Dennoch gab Paris
im Februar 1999 nach: Der Staat reduzierte seinen Anteil an der Aérospatiale auf 48 Prozent und lud den im Medienwesen, im Automobilbau
und in der Verteidigungselektronik tätigen Pariser Mischkonzern Lagardère als bedeutenden Miteigentümer der Aérospatiale ein. Das war
ein von der Privatisierungen nicht gerade aufgeschlossen gegenüber-
stehenden sozialistischen französischen Regierung ungern unternom-
mener Versuch, die Initiative im Machtspiel der europäischen Verteidi-
gungskonzerne zurückzugewinnen. Paris fühlte sich von den Deutschen
unter Druck gesetzt, stimmte allerdings Geheimgesprächen zwischen
Daimler-Chrysler und Lagadère zu, in die bald auch die beiden Regierungen eingebunden wurden. Die Verhandlungsteilnehmer verwendeten abhörsichere Handys und trafen sich diskret zu Treffen an abgele-
genen Orten, über die nicht einmal alle Mitglieder des Topmanage-
ments der beiden Gruppen informiert waren

Doch die Spannungen zwischen beiden Parteien blieben erkennbar.
Als DASA-Chef Manfred Bischoff in einem Vortrag in dem feinen Pariser Club Cercle Interallié die Vorbehalte gegenüber dem Einfluß des
Staates auf die französische Luft- und Raumfahrtindustrie bekräf-
tigte, äußerten sich Manager der Aérospatiale während des anschließenden Glases Champagner äußerst verstimmt. Die Franzosen
wußten, daß ihnen nur noch eine Allianz mit der DASA blieb, doch
die Deutschen beharrten auf einem völligen Rückzug des Staates bei
der Aérospatiale.

Der Druck nahm bald dank eines deutschen Bluffs noch weiter zu.
Kurz vor der Luftfahrtschau von Le Bourget im Juni 1999 kursierten
plötzlich Spekulationen, die DASA wolle sich mit einem amerikani-

schen Luftfahrt- und Rüstungskonzern zusammenschließen. Das hätte aus der Sicht der Franzosen den endgültigen Verrat der Deutschen an der europäischen Idee bedeutet, aber Schrempp und Bischoff trauten sie mittlerweile alles zu. Als Bischoff während der Luftfahrtschau seine Teilnahme an einer Veranstaltung der DASA absagte, schossen sofort die wildesten Gerüchte ins Kraut. Bischoff habe einen Flieger in die Vereinigten Staaten bestiegen, um mit dem Rüstungskonzern Northrop Grumman Fusionsverhandlungen zu führen, hieß es. Das war halb richtig: Bischoff saß tatsächlich in einem Flugzeug nach Amerika – aber nur, um an einer turnusmäßigen Vorstandssitzung von Daimler-Chrysler in New York teilzunehmen. Doch das wußte in Le Bourget niemand.

Als Bischoff wenige Tage später auf dem Airbus-Empfang im Pariser Louvre erschien, wandte sich Michot, gleichermaßen wütend wie verunsichert, an den Deutschen: „Nun, Manfred, hast Du Northrop Grumman gekauft?" „Nein, Yves", gab Bischoff gutgelaunt zurück. „Ich habe Boeing gekauft." Das war natürlich nur ein Scherz (wenn auch ein schlechter aus Michots Sicht), aber die Franzosen waren so irritiert, daß diese Episode sogar in der Pariser Presse beschrieben wurde – verbunden mit Sorgen über die Pläne der unkalkulierbaren Deutschen. Dabei war an den Gerüchten über eine verräterische transatlantische Fusion der DASA gar nichts dran. „Wir haben damals überhaupt keine Verhandlungen mit amerikanischen Rüstungsunternehmen geführt", sagte Schrempp in einem Gespräch mit dem Autor. Die Tür für eine deutsch-französische Allianz in der Luft- und Raumfahrt blieb prinzipiell offen, aber noch war nichts entschieden.

Mitentscheidend für den späteren Abschluß war das enge Vertrauensverhältnis, das den Gründer und Präsidenten des Lagardère-Konzerns, Jean-Luc Lagardère, und Daimler-Chef Jürgen Schrempp verband. Lagardère war ein Selfmade-Multimillionär, der aus kleinen Anfängen eine große Firma aufgebaut hatte, ein glühender französischer Patriot und ein Vernunfteuropäer zugleich und ein umgänglicher, sportbegeisterter Mann, der, obgleich selbst Antialkoholiker, es liebte, seine Gäste mit vorzüglichen Weinen aus seinem erstklassigen Keller zu verwöhnen. So wie Schrempp – auch er ein Vernunfteuropäer – die Lebensleistung des Unternehmers Lagardère bewunderte, empfand der Franzose Respekt vor dem deutschen Topmanager eines Konzerns von Weltformat, der sich ebenfalls von unten an die Spitze durchgeboxt hatte. Die Allianz Schrempp–Lagardère hielt bis zum Tode des französischen Patriarchen im Jahre 2003.

Der 1944 geborene Schrempp war, was die Flugzeugbrache betraf, ein Spätberufener. Der energische und durchsetzungsstarke Schwabe hatte nach einem Studium der Ingenieurwissenschaften eine Karriere bei Daimler-Benz begonnen und viele Jahre für die wichtigste Konzernmarke Mercedes in Südafrika verbracht. In der zweiten Hälfte der achtziger Jahre wechselte Schrempp in das Nutzfahrzeuggeschäft, ehe ihn der Daimler-Aufsichtsratsvorsitzende (und Vorstandssprecher der Deutschen Bank) Alfred Herrhausen überredete, das Luftfahrt- und Rüstungsgeschäft des Konzerns zu übernehmen. Herrhausen und der damalige Vorstandschef von Daimler, Edzard Reuter, beabsichtigten, im Geiste der Zeit den Fahrzeugbauer in einen breit aufgestellten Technologiekonzern zu verwandeln.

„Ich fühlte mich wohl bei den Nutzfahrzeugen und wollte dort bleiben", erinnert sich Schrempp. „Aber Herrhausen überzeugte mich in einem zehnminütigen Gespräch von seinem Vorschlag." Damals schickte sich die Luftfahrtsparte von Daimler gerade an, den Rüstungskonzern MBB zu übernehmen – ein intern wie extern äußerst umstrittenes Geschäft, das aus wettbewerbsrechtlichen Gründen vom Bundeskartellamt abgelehnt wurde, worauf die Bundesregierung in einer heftig kritisierten Entscheidung das Votum des Kartellamts überstimmte. Selbst ansonsten unaufgeregte Kommentatoren sahen in Leitartikeln einen „militärisch-industriellen Komplex" im Nachkriegsdeutschland entstehen und warnten vor dessen Einflußmöglichkeiten auf die Politik. „Viele wollten damals bei uns nichts mit Rüstung zu tun haben", sagt Schrempp. „Und auch Herrhausen stimmte dem Deal im Aufsichtsrat nur unter der Bedingung zu, daß er die Vorstufe für ein späteres europäischen Projekt bilden würde."

Die neue Tochtergesellschaft erhielt den Namen Daimler-Benz Aerospace (DASA) und nahm die deutschen Interessen bei Airbus wahr, in deren Aufsichtsrat Schrempp mit seinem burschikosen Auftreten sich nicht nur Freunde machte. Der Schwabe wollte das Flugzeuggeschäft der DASA ohnehin nicht auf Airbus beschränken und suchte zu Beginn der neunziger Jahre das Gespräch mit potentiellen weiteren Partnern, unter anderem auch mit Boeing. Einige Zeit später kaufte die DASA das holländische Unternehmen Fokker, einen traditionsreichen, aber nicht sehr gesunden Hersteller von Regionalflugzeugen mit höchstens 100 Sitzen. Schrempp plante, Fokker als Regionalflugzeugsparte an Airbus anzubinden, aber die Franzosen wandten sich gegen diesen Vorschlag. Und wie sich bald zeigte, hatten sie völlig recht. Denn Fokker geriet in ernsthafte und schließlich unüberwindliche wirtschaftliche Schwierigkeiten – das Abenteuer kostete Daimler mehr als drei Milliarden DM, schadete Schrempp aber nicht, der im Jahre 1995 Edzard Reuter als Vorstandsvorsitzender von Daimler-Benz folgte. Später kokettierte Schrempp gelegentlich mit der Feststellung, außer ihm habe kein anderer deutscher Konzernchef vor seiner Berufung Milliarden verpulvern dürfen.

Als Vorstandsvorsitzender von Daimler-Benz in Stuttgart widmete sich Schrempp vor allem dem Ausbau von Daimler-Benz als Weltkonzern im Fahrzeugbau mit dem Zusammenschluß mit Chrysler zu Daimler-Chrysler als Krönung, doch auch in jenen Jahren blieb Schrempp an der DASA und an Airbus interessiert. Er förderte die Gründung der EADS und die Umwandlung von Airbus in eine Aktiengesellschaft und erfreute sich als mächtiger Mann hinter den Kulissen der Luftfahrtindustrie vor allem in Frankreich eines Heidenrespekts, der in auffälligem Gegensatz zu seinem immer ungünstigeren Image im Daimler-Kerngeschäft, dem Fahrzeugbau, stand. Nach jahrelanger herber Kritik an seiner Geschäftspolitik im Automobilbau als Daimler-Chef trat Schrempp im Jahre 2005 auf Druck wichtiger Aktionäre vom Vorstandsvorsitz zurück.

Die Verhandlungen zwischen Deutschen und Franzosen über die Gründung eines gemeinsamen Konzerns in der Luftfahrt und Rüstung verliefen trotz der guten Beziehungen zwischen Schrempp und Lagardère schwierig. Hinzu traten innerfranzösische Auseinandersetzungen zwischen Lagardère und der Regierung von Premierminister Lionel Jospin, der auf einen spürbaren Einfluß des französischen Staates in dem künftigen Konzern pochte. Zudem mußten sich Lagardère und seine Manager erst mit der zivilen Luftfahrt anfreunden. Sie stammten aus der Rüstungsbranche und fühlten sich im Militärgeschäft zuhause; Airbus bedeutete ihnen, trotz des mit dem Flugzeugbauer gerade in Frankreich verbundenen Prestiges, nicht so viel. Im Laufe langer und ermüdender Verhandlungsrunden kam man sich näher, begleitet von typischen männlichen Ritualen: So boten sich die beiden Franzosen Lagardère und Jospin nach einem heftigen Streit das „Du" an.

Spannend blieb es bis zum Schluß: Kurz vor der Bekanntgabe des Zusammengehens von Aérospatiale und DASA sollen die Franzosen in Paris anwesende Manager von British Aerospace aufgefordert haben, sich an dem deutsch-französischen Konzern zu beteiligen. Doch die Briten winkten ab. Und so traten anläßlich der Bekanntgabe der EADS-Gründung am 14. Oktober 1999 Bundeskanzler Gerhard Schröder und der französische Premierminister Lionel Jospin vor die Medien, nicht aber der britische Premierminister Tony Blair.

Deutsch-französische Doppellösungen

Die EADS entstand als eine komplizierte Konstruktion, in der künftige Konflikte von vornherein angelegt waren. Um das Prinzip völliger Gleichberechtigung zwischen Franzosen und Deutschen zu wahren, wurde sie als Aktiengesellschaft holländischen Rechts, aber mit zwei

Unternehmenssitzen in Paris und Ottobrunn bei München gegründet. Ihr wichtigstes Gremium bildet der Board, der grob mit einem deutschen Aufsichtsrat vergleichbar ist. Er wurde paritätisch mit Deutschen und Franzosen besetzt und mit einer Doppelführung ausgestattet, die der Franzose Jean-Luc Lagardère und der Deutsche Manfred Bischoff bildeten. Unter Aufsicht des Board nahm ein paritätisch besetzter Konzernvorstand die Geschäfte wahr, der mit dem Franzosen Philippe Camus (einem Zögling Lagardères) und dem Deutschen Rainer Hertrich ebenfalls eine Doppelspitze erhielt. Im Unterschied zu deutschen Aktiengesellschaften wurden die wichtigsten Vorstände auch Mitglieder des Board. Unterhalb der Ebene des Konzernvorstands befinden sich die Einzelgesellschaften für zivile Luftfahrt, Hubschrauber, Rüstung und Weltraum, von denen die damals von dem französischen Lagardère-Mann Noël Forgeard geführte Airbus die mit Abstand wichtigste bildete. Daran hat sich bis heute im Grundsatz wenig geändert; Airbus ist und bleibt der mit Abstand bedeutendste Umsatz- und Ertragsbringer der EADS.

Um die Parität auch im Eigentümerkreis zu sichern, beteiligten sich Deutsche und Franzosen mit jeweils 30 Prozent an der EADS, was die Kontrolle der Gesellschaft durch die verbündeten Partner gewährleistete. Kurze Zeit später stieg auch die staatliche spanische Firma Casa, die seit Jahrzehnten dem Airbus-Konsortium angehörte, mit 4 Prozent bei der EADS ein. Den deutschen Anteil von 30 Prozent übernahm Daimler-Chrysler, gegenüber stand die Pariser Dachgesellschaft Sogeade mit ebenfalls 30 Prozent, die zu gleichen Teilen vom Mischkonzern Lagardère und dem französischen Staat kontrolliert wurde und die Lagardère nach außen vertrat. Die Deutschen hatten vergeblich erbittert gegen eine Beteiligung des französischen Staats gefochten, weil sie durch ihn sachfremde Einflüsse auf die EADS befürchteten. „Leider mußten wir diese Kröte schlucken", sagen Schrempp und Bischoff unisono.

Um dem französischen Staat nicht wehrlos ausgeliefert zu sein, setzte Daimler-Chrysler eine Klausel durch, die es dem Stuttgarter Konzern erlaubt, bei unüberbrückbaren Differenzen zwischen den Aktionären ihre Beteiligung den Franzosen gegen Geld anzudienen. Ein solcher Verkauf würde zwar die Aufgabe der deutschen Interessen bei der EADS und Airbus bedeuten, aber gleichzeitig die Kassen von Daimler füllen. Außerdem war ein völliger Bruch zwischen Daimler-Chrysler und dem französischen Staat wenig wahrscheinlich, weil im Hintergrund die Bundesregierung bereitstand, in der größten Not ein ernstes Wort mit dem Elysée-Palast zu reden. Das Dossier EADS/Airbus ist auch ein politisches – in Berlin wie in Paris.

Doppelführungen von Unternehmen taugen, wie einem so ziemlich jeder erfahrene Manager bestätigen wird, meist nichts. Hin und wieder mag es eine glückliche Kombination von Topleuten geben, die vertrauensvoll miteinander einen Konzern führen können, aber die Gefahr gegenseitiger Blockaden und Machtkämpfe existiert immer. Die EADS besaß das außerordentliche Glück, zu Beginn mit Philippe Camus und Rainer Hertrich über zwei Vorstandsvorsitzende zu verfügen, die gedeihlich miteinander arbeiten konnten, weil sie eine gemeinsame Vision verband und beide auch nicht zu jener verhängnisvollen Spezies von Managern zählten, die zuerst an ihre Egos denken und erst danach an die Firma. Überdies besaß Camus eine für einen Franzosen nicht alltägliche Weltoffenheit; er legte nicht nur eine in Paris oft mißtrauisch vermerkte Sympathie für die Vereinigten Staaten an den Tag (wo er heute lebt), sondern kannte auch keine Vorbehalte gegenüber Deutschland.

In der Führung des Board entwickelten auch Jean-Luc Lagardère (nach seinem Tod im Jahr 2003 dessen Sohn Arnaud Lagardère) und der deutsche Daimler-Statthalter Manfred Bischoff eine gedeihliche Arbeitsbeziehung, wobei sich beide Männer durchaus immer bewußt waren, auch die Camps ihrer jeweiligen Länder in der EADS anzuführen.

Der 1943 geborene Schwarzwälder Bischoff hatte zwar schon als Kind mit Modellbauflugzeugen gespielt, aber ursprünglich nicht an eine Karriere in der Luftfahrtindustrie gedacht. Vielmehr blieb er nach seinem Studium zunächst an der Universität, von wo aus er eher zufällig zu Daimler-Benz gelangte. Der Stuttgarter Autokonzern pflegt seine Talente auf Auslandseinsätzen zu testen, und so verbrachte Bischoff längere Zeit in Österreich und in Brasilien, ehe ihn Ende der achtziger Jahre ein Ruf Jürgen Schrempps erreichte, der Bischoff vorschlug, als Finanzvorstand zur DASA, dem Daimler-Ableger für Luftfahrt und Militär, zu kommen. Bischoff stimmte zu, und so begann eine Zusammenarbeit der beiden Männer, die bis zu Schrempps Ausscheiden aus Daimler-Chrysler im Jahre 2005 andauerte, in der aber auch immer klar war, wer im Zweifel das letzte Wort haben würde: Jürgen Schrempp.

Als Schrempp im Jahre 1995 Vorstandsvorsitzender von Daimler-Benz wurde, folgte ihm Bischoff in der Führung der DASA nach; längere Zeit saß er auch im Konzernvorstand von Daimler-Chrysler. In den darauffolgenden Jahren profilierte sich der bisher vor allem als Finanzfachmann ausgewiesene, sehr disziplinierte Manager als ein Industrieller, und so war es nur folgerichtig, daß er anläßlich der Gründung der EADS den Co-Vorsitz im Board übernahm. Dort versucht Bischoff bis heute mit Erfolg, das deutsch-französische Gleichgewicht gegen französische Herrschaftsansprüche zu verteidigen. Im Frühjahr 2006 wurde zudem sein bevorstehender Eintritt in den Aufsichtsrat von Daimler-

Chrysler bekanntgegeben, dessen Vorsitz er nach wohl nicht abwegigen Spekulationen im kommenden Jahr übernehmen soll. Als Aufsichtsratschef von Daimler und Co-Vorsitzender des EADS-Board in Personalunion würde Bischoff noch mehr als heute zu einer Schlüsselfigur in der europäischen Luftfahrt- und Militärindustrie.

Die neue Airbus

Die EADS hatte ihre Gründung als Verneigung vor ihrem deutsch-französischen Ursprung mit großem Pomp in Straßburg angekündigt. Ihre Tochtergesellschaft Airbus begnügte sich für die Bekanntgabe ihrer Neugründung mit einem düsteren Versammlungsraum im Untergeschoß eines in der Pariser Innenstadt gelegenen Hotels. Wiederum wurden in aller Eile Journalisten aus mehreren Ländern zusammengetrommelt, ehe Jean-Luc Lagardère am Vormittag des 23. Juni 2000 mit allen Zeichen des Stolzes die Gründung von Airbus als Aktiengesellschaft bekanntgab. Diese Ankündigung war eigentlich keine Überraschung, da sie aus der Gründung der EADS einige Monate zuvor folgte – Airbus, das war schon damals klar, würde als Aktiengesellschaft die wichtigste Tochter der EADS. Die Journalisten wären jedoch sicher erstaunt gewesen zu erfahren, daß die Verträge zur Gründung von Airbus am Beginn der Pressekonferenz noch gar nicht unterschrieben waren – worüber sich besonders die Vertreter von British Aerospace aufregten.

In den vergangenen Monaten hatten sich die Verhandlungen überwiegend um die künftige Rolle der Briten in einer Airbus-Aktiengesellschaft gedreht. Von den alten Partnern des Airbus-Konsortiums hatten sich die Aérospatiale, die DASA und die Casa in der EADS zusammengefunden, die, entsprechend der ursprünglichen Anteile ihrer Gründer, 80 Prozent des Kapitals an Airbus verlangten – verbunden mit der alleinigen Macht.

Die Briten befanden sich in einer schwierigen Lage. Einige Führungsleute sahen British Aerospace auf dem Weg zum reinen Rüstungskonzern und betrachteten eine Beteiligung an Airbus nicht mehr als sehr wichtig. Ein anderer Teil der Führung wollte an Airbus festhalten und erwog sogar eine Beteiligung von mehr als 20 Prozent, um die Rolle der Briten als Lieferanten der Flügel festzuschreiben. Nach monatewährenden, sehr kontroversen Verhandlungen erhielt British Aerospace einen Anteil von 20 Prozent an der neuen Airbus-Aktiengesellschaft, aber im Grund keine Mitspracherechte im Aufsichtsrat, während die Briten mit ebenfalls 20 Prozent im ehemaligen Airbus-Konsortium noch ein Vetorecht besaßen. Die neue Airbus würde von der EADS kontrolliert, im

Gegenzug erhielt British Aerospace das Recht, seine Beteiligung an Airbus ab dem Jahr 2003 zu einem beliebigen Zeitpunkt zu verkaufen, wobei die Briten ihre Aktien zunächst der EADS anbieten mußten.

In den vergangenen Jahren kursierten mehrfach Gerüchte über einen Ausstieg der Briten, die sich jedoch lange nicht bewahrheiteten. Unmittelbar vor Redaktionsschluß dieses Buches kündigten die Briten im April 2006 an, sie wollten sich von ihrer Beteiligung an Airbus trennen, und führten daher Verhandlungen mit der EADS. Deren vom britischen Vorgehen völlig überraschte Führung versicherte, sie wolle Airbus ganz übernehmen, sofern sich beide Seiten über den Preis einigten. Die EADS hatte für den Fall der Fälle bereits eine Reserve von 3,5 Milliarden Euro gebildet, die nicht ganz reichen wird. Nach Ansicht von Fachleuten beträgt der Wert des Airbus-Anteils der Briten eher vier bis fünf Milliarden Euro, doch dürfte es der EADS nicht schwer fallen, auch diese Summe aufzubringen.

Der Ausstieg von BAE Systems (so der heutige Name von British Aerospace) bedeutet für Airbus wie für Großbritannien eine Zeitenwende. Die Briten waren zwar erst 1979 mit zehn Jahren Verspätung in das Airbus-Konsortium eingetreten, aber die später in British Aerospace aufgegangene Firma Hawker Siddeley hatte von Beginn an den größten Teil der Flügel geliefert. Von britischen Gewerkschaftern geäußerte Vermutungen, Airbus könne sich ganz aus Großbritannien zurückziehen, wurden von der EADS dementiert. Sie werde die bisher BAE Systems gehörenden Fabriken mit 13.000 Mitarbeitern übernehmen und weiterführen, versicherte Co-Vorstandschef Tom Enders. Die Flügelproduktion bei Airbus bleibt in britischer Hand.

Auch die Verwandlung von Airbus in ein richtiges Unternehmen nach immerhin dreißig Jahren als Konsortium hatte im Jahre 2001 bereits eine Zeitenwende bedeutet. Einige Altmeister wie der frühere Präsident Jean Pierson äußerten sich kritisch, weil sie fürchteten, Airbus könnte künftig nach dem in einer Marktwirtschaft üblichen Prinzip der Gewinnerzielung geführt werden und darüber seine Fähigkeiten als innovativer Flugzeugbauer vergessen. Auch war man sich in Toulouse über den bevorstehenden Machtverlust im klaren. Zu Zeiten des Konsortiums hatte die ursprünglich nur als Verkaufsabteilung gedachte Zentrale immer mehr an Macht gegenüber dem von den nationalen Partnern gestellten Aufsichtsrat gewonnen, und besonders von Pierson hieß es, dieser habe sich vom Aufsichtsrat so gut wie gar nichts sagen lassen. Derartige Extratouren waren nun vorüber.

Denn die Aktiengesellschaft Airbus war eine Tochter zweier an der Börse notierter Konzerne und vor allem für die EADS von enormer Bedeutung. Da die Führung der EADS darauf aus sein mußte, den Wert des eigenen

Unternehmens dauerhaft zu steigern, war auch Airbus gezwungen, seine Leistungsfähigkeit zu erhöhen. Dies gelang auch, und zwar in einem beeindruckenden Maße. Kauften früher vier nationale Partner jeder für sich Rohstoffe ein, kaufte nun der Vorstand in Toulouse für die gesamte Airbus-Aktiengesellschaft ein und konnte dadurch die Einkaufspreise erheblich senken. Auch ergab sich die Möglichkeit zu Personaleinsparungen, ohne die Qualität der Produkte zu gefährden. Airbus wurde als Aktiengesellschaft schlanker und straffer, und diese Kur bekam dem Unternehmen, das nun ansehnliche Gewinne einfuhr, außerordentlich gut. Im nachhinein läßt sich nur bedauern, daß Airbus nicht schon viel früher in eine gewinnorientierte Aktiengesellschaft verwandelt wurde, mit der sich vermutlich viele Milliarden Euro hätten sparen lassen – aber die politischen Rahmenbedingungen hatten es nun einmal nicht zugelassen. Die Verwandlung von Airbus in eine ertragreiche Aktiengesellschaft ließ zudem auf ein Ende der Subventionierung des Flugzeugbauers hoffen. Doch diese Hoffnung war zumindest verfrüht. Den Vorstandsvorsitz von Airbus übernahm der Franzose Noël Forgeard, der zuvor in der Nachfolge Piersons noch kurze Zeit der alten Airbus Industrie, der Zentrale des ehemaligen Konsortiums, vorgestanden hatte.

Der 1947 geborene Franzose ist der fraglos umstrittenste Topmanager in der europäischen Luftfahrtindustrie; er zieht Lob und bittere Kritik auf sich, und beides zu Recht. Der äußerlich ganz harmlos aussehende, dank eines verschmitzten Lächelns und leicht abstehender Ohren manchmal geradezu koboldhaft wirkende Forgeard hatte nach einem Ingenieurstudium mehrere Jahre in Ministerbüros und einige Zeit in der Stahlindustrie verbracht, ehe er Mitte der achtziger Jahre industriepolitischer Berater des damaligen Premierministers Jacques Chirac wurde. Die Bekanntschaft mit Chirac hegte und pflegte der junge Forgeard, auch nachdem er 1987 in den damals noch unbedeutenden privaten Mischkonzern Lagardère eintrat, wo er auf den etwa gleichaltrigen und ähnlich ehrgeizigen Philippe Camus traf. Unter den Augen des Firmenpatriarchen Jean-Luc Lagardère sorgten die beiden sogenannten „Lagardère-Boys" bald für Furore, wobei sich Forgeard besonders um den Ausbau des Militärgeschäfts kümmerte.

Mit der Gründung der EADS und der Umwandlung von Airbus in eine Aktiengesellschaft waren die beiden „Lagardère-Boys" zu Ruhm, Ehre und Macht gelangt. Camus teilte sich mit dem deutschen Rainer Hertrich den Vorstandsvorsitz der EADS, während Forgeard mit Airbus die mit weitem Abstand wichtigste Tochtergesellschaft Airbus leitete. Niemand wird Forgeard Anerkennung für seine Leistung als Airbus-Chef versagen, denn unter seiner Führung etablierte sich der Konzern aus Toulouse als ebenbürtiger Rivale von Boeing und legte zudem erheblich an Rentabilität zu. Gleichzeitig aber war Forgeard ein Getriebener seines eigenen Ehrgeizes, und als ein solcher schreckte er, der stillen Sympathie des alten Jean-Luc Lagardère und der diskreten Unterstützung Jacques Chiracs gewiß, vor Konflikten mit den EADS-Vorständen nicht zurück. Manchmal wurden die Konflikte in der Öffentlichkeit ausgetragen, zum Beispiel bei Luftfahrtschauen, und bis heute bleibt der nicht ganz unbegründete Verdacht, ein um das Jahr 2003 in der angesehenen Pariser Tageszeitung „Le Monde" lancierter, für Airbus extrem kritischer Artikel ging keineswegs auf Informationen von Boeing zurück (wie damals manche dachten), sondern auf Indiskretionen der EADS. Umgekehrt war allerdings auch Forgeard kein Waisenknabe, sondern ebenfalls völlig rücksichtslos im Umgang mit Medien.

Eigentlich konnte man sich nur wundern. Während Boeing eine schwere Führungskrise durchlebte, hätten EADS und Airbus eigentlich gemeinsam alle Kräfte anspannen müssen, um die Schwäche des alten amerikanischen Rivalen auszunutzen. Statt dessen verhakten sie sich in internen Rangeleien, die in der zweiten Jahreshälfte 2004 schließlich eskalierten. Es kam zum riesengroßen Krach.

Noël Forgeards verpaßter Coup

Die Verträge der EADS-Führung liefen, vom 1. Juli 2000 an gerechnet, fünf Jahre, und so standen im Jahre 2004 Verhandlungen über Vertragsverlängerungen an. Die Spitze des Board war unproblematisch: Auf der deutschen Seite erhielt Manfred Bischoff ein neues Mandat, und auf französischer Seite blieb Arnaud Lagardère, der Sohn des 2003 verstorbenen Jean-Luc Lagardère, an Bord. Das war ein gutes Zeichen, weil Bischoff und Lagardère sich gut verstanden. Aber dafür krachte es auf der Vorstandsebene.

Denn Noël Forgeard sah die Zeit gekommen, die Macht bei der EADS zu beanspruchen und endlich seine Lieblingsrolle anzustreben: sich als alleiniger EADS-Vorstandschef auf der gleichen Augenhöhe wie der Chef von Boeing zu befinden. Dazu bedurfte es allerdings einer völligen Umwälzung der EADS-Führung, die mit Unterstützung der Politiker beider Seiten im Jahre 1999 mühsam auf einem deutsch-französischen Gleichgewicht aufgebaut worden war. Diese Struktur eines ganzen, international ausbalancierten Konzerns wollte Forgeard, der offiziell nichts anderes war als ein Angestellter einer Tochtergesellschaft der EADS, kurzerhand beseitigen – ein vermutlich in der gesamten Wirtschaftsgeschichte einmaliger Vorgang! In jedem „normalen" Unternehmen hätte man einen Aufrührer wie Forgeard trotz seiner beruflichen Leistungen fristlos gefeuert, aber die EADS war nun einmal nicht normal. Gestützt auf die Aktionäre Lagardère und den Staat und auf die französischen Mitglieder des EADS-Boards war Forgeard unantastbar; alles was die Deutschen erzwingen konnten, war, seinen Machthunger zu zügeln.

Das stellte sich als nicht ganz einfach heraus, den Forgeard hatte den alten Bekannten Chirac für seinen Plan mit dem Argument gewonnen, mit seiner Machtübernahme werde die EADS endlich ein französisches Unternehmen, wie es sich eigentlich auch gehöre. Das vernahm Chirac ganz gerne, der einem erstaunten ausländischen Spitzenpolitiker einmal anvertraut hatte: „Für Frankreich sind nur zwei Dinge wichtig: die Kultur und die Luftfahrt." Andererseits besaß Chirac aber auch kein Interesse an einer Konfrontation mit Berlin.

Von deutscher Seite machte Bischoff den Franzosen klar, daß eine Änderung der EADS-Statuten nicht in Frage komme, und als dies Paris nicht ausreichte, reiste einmal auch Daimler-Vorstandschef Jürgen Schrempp diskret an die Seine, um den deutschen Standpunkt zu verdeutlichen. Die Franzosen hatten ein gutes Argument auf ihrer Seite: Als die EADS gegründet wurde, waren sich alle Beteiligten darüber einig, daß die Doppelführungen im Board und im Vorstand nur vorübergehende Lösungen sein würden. Daher schlugen die Franzosen nun vor, Forgeard solle alleiniger Vorstandschef der EADS werden, und stellten dafür den alleinigen Vorsitz des Board für die Deutschen in Aussicht. Bischoff hat wohl kurze Zeit mit dem Gedanken geliebäugelt, ein Deutscher und ein Franzose könnten sich im Vorstandsvorsitz abwechseln. Doch Schrempp lehnte jede Abkehr vom Prinzip der Doppelspitze entschieden ab.

Nach einer Reihe ziemlich unerfreulicher Gespräche akzeptierte Paris schließlich die Beibehaltung der Doppelspitzen im Board und im Vorstand, doch noch gab sich Forgeard in seinem Machthunger nicht geschlagen. Er besaß zwar die Zustimmung seiner Landsleute, anstelle seines alten Rivalen Philippe Camus den Co-Vorstandsvorsitz der EADS zu übernehmen, doch liebäugelte Forgeard mit dem Gedanken, zumindest vorübergehend auch noch die Führung von Airbus zu behalten (was er später öffentlich dementierte). Doch auch in dieser Hinsicht ließen sich die Deutschen auf nichts ein. Damit blieb noch die Frage, wer auf deutscher Seite den Co-Vorstandsvorsitz der EADS übernehmen sollte, da der bisherige Amtsinhaber Rainer Hertrich angekündigt hatte, im Falle einer Berufung Forgeards werde er das Unternehmen verlassen. Die Wahl fiel auf den Leiter der Rüstungssparte, den Mittvierziger Thomas „Tom" Enders, einen militärisch straff wirkenden, energischen Manager, der innerhalb des gesamten Konzerns ein hohes Ansehen besaß. „Dem Forgeard haben wir einen groben Klotz in den Garten gestellt", freute sich ein hochrangiger Daimler-Mann.

Den zweiten Gegenschlag führten die Deutschen ausgerechnet in Forgeards Hochburg Airbus. Daimler hatte die französische Forderung, auch nach Forgeards Wechsel in die Führung der EADS weiterhin den Vorstandsvorsitz von Airbus zu beanspruchen, prinzipiell gebilligt, aber auf der Berufung eines kompetenten Nachfolgers bestanden. Doch nun beging der Franzose einen schweren Fehler: Er schlug die Ernennung eines zweitrangigen Managers eines großen Pariser Baustoffkonzerns vor, der sich mit Flugzeugen nicht auskannte, aber, wie die verblüfften Deutschen nach einigen Recherchen herausfanden, Forgeard über die gemeinsame Mitgliedschaft in einer Freimaurerloge offenbar persönlich eng verbunden war. Eine solche Günstlingswirtschaft war völlig inakzeptabel; Airbus benötigte einen Profi an seiner Spitze. Der Baustoffexperte wurde von der Kandidatenliste gestrichen. Danach schickte Paris ein französisches Vorstandsmitglied von Airbus ins Rennen, einen respektablen Manager, der aber eigentlich nicht die Qualifikation für den Topjob besaß. Wieder wurde ein Kandidat gestrichen, aber nun war die Liste aus französischer Sicht leer. Wie sollte es weitergehen?

Da ergriff Bischoff die Initiative. Er schlug den Chef der Hubschraubersparte der EADS, einen jungen, äußerst talentierten, aber auch schon erfahrenen und zudem hochangesehenen Franzosen für die Führungsposition von Airbus vor. Damit brachte er Paris in eine verzwickte Lage. Der Kandidat war ein Franzose, ein fraglos qualifizierter dazu. Was konnte man sich Besseres wünschen? Doch der Vorschlag besaß aus französischer Sicht einen Haken (was Bischoff einkalkuliert hatte): Der Mann war mit Forgeard geradezu verfeindet und kam daher aus rein persönlichen Gründen für den Job bei Airbus nicht in Frage.

Nun hatte Bischoff die Franzosen da, wo er sie haben wollte: Wenn sogar ihr bester Mann ausschied, dann konnten sie ihren Anspruch, die Führung von Airbus zu beanspruchen, nicht aufrechterhalten. Zumal die Deutschen einen geeigneten Kandidaten vorweisen konnten: Gustav Humbert war bisher die Nummer zwei bei Airbus und fachlich wie persönlich fraglos geeignet, den Chefsessel zu übernehmen. Überdies hatte er in den vergangenen Jahren eng und weitgehend spannungsfrei mit Forgeard zusammengearbeitet. Nach einigem Hin und Her stimmten die Franzosen der Berufung Humberts zum Vorstandsvorsitzenden zu. Airbus besaß zum ersten Mal in seiner Geschichte einen deutschen Chefpiloten. Forgeard erhielt auf sein Drängen zwar innerhalb der EADS-

Führung die Aufsicht über Airbus, aber da sich Humbert auf die Deutschen im Board der EADS stützen kann, braucht er ein allzu aufdringliches Hereinregieren Forgeards nicht zu fürchten.

Gustav Humbert kennt die Flugzeugindustrie aus dem Eff-Eff. Nach einem Studium von Maschinenbau und Produktionstechnik in Hannover und einer Tätigkeit an einer Universität in Montreal trat der im Jahre 1950 in Celle geborene Deutsche zu Beginn der achtziger Jahre in Hamburg in die Flugzeugindustrie ein, wo er es bis zum Chef der Airbus-Produktion in Deutschland brachte. In dieser Position bewältigte Humbert in den neunziger Jahren eine schwierige Sanierung, die ihn für höhere Aufgaben im Vorstand von Airbus in Toulouse empfahl. Dort war der unaufdringlich und gelassen, auch etwas zurückhaltend wirkende Humbert mehrere Jahre lang Nummer zwei hinter dem quirligen Noël Forgeard, mit dem ihn eine gedeihliche Arbeitsbeziehung verband.

Humbert hat Land und Leute im französischen Südwesten schätzen gelernt, wo es ihn an Wochenenden in die Weinberge der nicht allzu weit gelegenen Region Languedoc-Roussillon zieht. Gleichwohl hat ihn erst die Berufung zum Vorstandsvorsitzenden von Airbus veranlaßt, richtig Französisch zu lernen. Seinerzeit waren in Toulouse, wo man sich in mehr als dreißig Jahren an Franzosen als Airbus-Chefs gewöhnt hatte, Vorbehalte gegenüber dem Deutschen zu hören. Doch mittlerweile haben sich Humbert und die Beschäftigten von Airbus in Toulouse aneinander gewöhnt.

Humberts Aufgabe ist außerordentlich schwierig, weil er den Vorstandsvorsitz in jenem Jahr erhielt, als Airbus einen historischen Rekord an Aufträgen vereinnahmte. Eine Steigerung erscheint kaum möglich, vielmehr muß Humbert sehen, daß Airbus nicht zurückfällt. Er wird daran gemessen werden, ob es ihm gelingt, Boeing in Schach zu halten und gleichzeitig die Rentabilität von Airbus weiter zu steigern. Humberts Prinzip lautet, lieber auf einen Auftrag zu verzichten als Flugzeuge ohne angemessenen Gewinn zu bauen, solange der Marktanteil von Airbus nicht unter 40 Prozent fällt. In jedem Falle wird sich der Deutsche nicht mit der Führung des Tagesgeschäfts begnügen können. Die Schwächen von Airbus im Segment für Langstreckenflugzeuge mit 200 bis 400 Sitzen rufen zumindest nach Modifikationen, eventuell sogar nach dem Bau neuer Modelle – für deren Finanzierung Humbert die Muttergesellschaft EADS gewinnen müßte. Der Deutsche hat fraglos schwierige Zeiten vor sich.

Diese höchst ärgerlichen Personalquerelen haben der EADS und Airbus fraglos nicht gutgetan, an der strategischen Bedeutung der Gründung der EADS und der Umwandlung von Airbus in eine gewinnorientierte

Aktiengesellschaft haben sie jedoch nichts geändert. Diese beiden Ereignisse bilden eine wichtige Wegmarke in der Entwicklung der europäischen Luftfahrtindustrie. Sie haben Airbus gestärkt und die Voraussetzungen geschaffen, große Beträge am Kapitalmarkt zu leihen. Gerade diese Fähigkeit war von enormer Bedeutung, denn etwa gleichzeitig mit der Gründung der EADS entschlossen sich die Europäer, ein äußerst wagemutiges Projekt zu lancieren: Den Bau des größten Passagierflugzeugs der Welt.

10   Europas Stolz

„Die A380 ist die Zukunft des Luftverkehrs.“
Scheich Ahmed Bin Saeed Al-Maktoum,
Präsident der Fluglinie Emirates, im Jahre 2005

Ein Pottwal mit Flügeln

Zu Beginn des Rundgangs zeigt er sich überwiegend verhüllt, so als schäme er sich seines Aussehens. Nur eine rote Nase sowie die weißen Enden der Flügel und des Leitwerks sind auf Station 40 der Fabrik „Jean-Luc Lagardère“ in der Toulouser Vorstadt Blagnac zu sehen. Eine Woche lang bauen hier die Airbus-Mechaniker die aus mehreren Partnerländern angelieferten Teile zu einem Flugzeug zusammen, von dem wegen der riesigen Gerüste so gut wie nichts zu erkennen ist.

Aber gewaltig muß der Flieger sein, denn ansonsten hätte Airbus kaum die größte Fabrikhalle Europas für seine Montage gebaut. 490 Meter lang, 250 Meter breit und 46 Meter hoch ist das nach dem verstorbenen Flugzeugindustriellen Jean-Luc Lagardère benannte Ungetüm, in dessen hell erleuchtetem Inneren es auffallend ruhig zugeht. Nur wenige Arbeiter sind zu sehen.

Eine Tür weiter befindet sich Station 30, auf der die Innenteile wie das Cockpit montiert werden. Hier stehen gleich drei Exemplare der neuen A380 von Airbus, und dieses Mal verdecken keine großen Gerüste den Blick auf den Riesen.

Der erste Eindruck ist eine leichte Enttäuschung. Die A380 sieht aus wie ein zu kurz geratenes Dickschiff oder wie ein überaus stattlicher Pottwal mit Flügeln. Wuchtig, massiv, kräftig, klotzig, stolz, dominierend, vielleicht auch majestätisch kommt er daher – aber weder revolutionär noch gar besonders schön. Die Proportionen scheinen etwas anders als auf den Computerbildern, die Airbus seit einigen Jahren verbreitet. Dann kommt die Erkenntnis: Die doppelstöckige A380 ist höher (24 Meter) und breiter (80 Meter Spannweite der Flügel) als Boeings Jumbo-Jet, aber mit 73 Metern kaum länger. Kein Wunder, daß Airbus' neuer Stolz etwas gedrungen und pummelig wirkt. Die deutschen Journalisten, die im Herbst 2004 die ersten im Bau befindlichen Riesenflieger sehen dürfen, schwanken zwischen Begeisterung, Respekt, Anerkennung und leichter Ernüchterung.

Und doch schreibt Airbus mit seiner A380 Luftfahrtgeschichte. Sie ist nicht das größte Flugzeug aller Zeiten, weil eine alte russische Transportmaschine sie noch ein wenig übertrifft. Aber als Passagierflugzeug bleibt die A380 unerreicht. Maximal 853 Passagiere wird sie aufnehmen können gegenüber 580 im Jumbo-Jet, wenn eine Fluggesellschaft ihre Gäste partout wie Flundern aneinanderpressen will. Ihr maximales Startgewicht beträgt 590 Tonnen gegenüber rund 400 Tonnen für die größte Boeing, und auch im Aktionsradius schlägt der Airbus den Jumbo: Die A380 soll 15.400 Kilometer weit fliegen, der alte Jumbo bringt es nur auf 13.500 Kilometer. Nie hat es ein auch nur annähernd so teures Passagierflugzeug gegeben wie die A380, deren Listenpreis rund 280 Millionen Dollar beträgt. Konkurrenzlos teuer war auch die Entwicklung des Fliegers, die mehr als zehn Milliarden Euro verschlang. Ob sich das Wagnis lohnt?

Derzeit befindet sich die A380 noch in der Erprobung. Nach Abschluß der Tests und der notwendigen Lizenzierung sollen Ende 2006 die ersten Exemplare an Singapore Airlines ausgeliefert werden. Damit fände eine Entwicklung einen vorläufigen Abschluß, die ihren Beginn schon vor vielen Jahren nahm. Denn ein so gigantisches Projekt wie die A380 entsteht nicht auf die Schnelle.

Rivalen an einem Tisch

Die Geschichte der zivilen Luftfahrt ist voller Überraschungen, und eine solche trug sich zu Beginn der neunziger Jahre zu. Damals fanden sich Boeing und Airbus allen Ernstes zu ausführlichen Gesprächen über den gemeinsamen Bau eines Großraumflugzeugs zusammen. Die Erzrivalen, die gerade über die Politik einen schweren internationalen Handelskonflikt austragen ließen, saßen friedlich vereint an einem Tisch? Was brachte sie dazu?

Etwas ganz Natürliches in der Wirtschaft: gesunder Geschäftssinn. Airbus und Boeing verband damals die Überzeugung, daß angesichts des Wachstums der Passagierzahlen auf Interkontinentalstrecken zwischen Asien, Nordamerika und Europa die Zeit reif wurde für ein Großraumflugzeug, das den Jumbo-Jet von Boeing an Kapazität noch einmal deutlich übertreffen würde. Für eine Zusammenarbeit sprachen zwei Gründe: Zunächst einmal die horrenden Entwicklungskosten für ein solches Flugzeug, die vermutlich mindestens zehn Milliarden Dollar betragen würden und damit einen einzelnen Hersteller zu überfordern drohten. Außerdem waren sich Airbus und Boeing in ihrer Einschätzung einig, daß der Markt für einen solchen Riesenflieger vermutlich nur für ein Modell Platz bieten würde, nicht aber für zwei. Warum sollte man sich dann in einen ruinösen Wettbewerb stürzen?

Nicht gerade schön, aber gewaltig: Die A380 von Airbus vor einer Bergkulisse.

Auch wenn solide ökonomische Gründe für eine Kooperation sprachen, standen ihr psychologische Erwägungen entgegen. Sind zwei Duopolisten, die seit zwanzig Jahren einen erbitterten Wettbewerb führen, wirklich in der Lage, sich an einen Tisch zu setzen? In beiden Lagern existierten daher erhebliche Widerstände. Bei Airbus waren vor allem die Franzosen anfangs nicht begeistert, da ihre Planungen spätestens seit dem Jahr 1998 vorsahen, Boeings Jumbo mit einem im Alleingang gebauten Riesen in Schwierigkeiten zu bringen. In Seattle war der damalige Chef der Flugzeugsparte von Boeing, Ron Woodard – der Mann, der Airbus „beerdigen" wollte –, gegen eine Kooperation, der Vorstandsvorsitzende des Boeing-Konzerns, Phil Condit, aber dafür.

Die Rolle des Türöffners spielte ein Deutscher – Jürgen Schrempp, der Vorstandsvorsitzende des Airbus-Partners DASA. Schrempp, von Werdegang und Naturell her eher den Amerikanern als den Franzosen nahestehend, sah das Projekt pragmatisch. Wenn höchstwahrscheinlich ein Markt für ein Großraumflug existierte, das aber am besten in einer Kooperation mit den Amerikanern gebaut werden konnte, why not? Zumal Schrempp weder mit dem Antiamerikanismus der Franzosen noch mit dem von Frankreich dominierten Konsortiumsmodell bei Airbus sympathisierte. Die DASA begann sogar diskrete Gespräche mit den Amerikanern, ohne zunächst die Airbus-Zentrale einzuweihen – was Schrempp später ein tiefes Mißtrauen der Franzosen einbrachte, die in ihm ein „U-Boot" der Amerikaner vermuteten. Schrempp hat in einem Gespräch mit dem Autor seine Rolle relativiert und betont, er habe lediglich ein wenig dazu beigetragen, Airbus und Boeing an einen Tisch zu bringen. Was dann auch geschah.

Die Gespräche zwischen den beiden Rivalen gingen über mehrere Jahre und verliefen in einer sachlichen Atmosphäre, solange die Ingenieure beider Seiten über die technischen Aspekte eines gemeinsamen Fliegers sprachen. Man kam sogar überein, ein gemeinsames Flugzeug mit zwei Cockpits zu bauen – einem für Airlines, die überwiegend Boeing flogen, und einem für Airbus-Kunden. Technisch war das machbar – ebenso, wie man dem Flugzeug wahlweise die Bezeichnung „Boeing" oder „Airbus" aufmalen konnte.

Schließlich gingen beide Parteien im Frühjahr 1995 doch ergebnislos auseinander. Über die Gründe des Scheiterns haben sich längst Legenden gebildet. Offenbar war man sich über die Größe des Fliegers nicht einig: Airbus dachte an ein Modell mit 550 Sitzen (das damit dem Jumbo Konkurrenz machen würde), Boeing an einen Flieger mit 650 Sitzen (der so groß war, daß er dem Jumbo direkt nur wenig Konkurrenz machen würde). Manche Airbus-Leute vertreten die Ansicht, Boeing habe nur Scheinverhandlungen geführt, um Airbus davon abzuhalten, das

Großraumflugzeug alleine zu bauen und um Kenntnisse über technologische Neuerungen der Europäer zu erhalten. Boeing wiederum hat, zumindest nach außen, seine Ansicht revidiert, daß überhaupt ein lukrativer Markt für einen Riesenflieger existieren könnte.

Wie auch immer: Am Ende überwog wohl das gegenseitige Mißtrauen. Die Idee, zwei Erzrivalen könnten ein Modell zusammen bauen, aber in allen anderen Marktsegmenten erbittert konkurrieren, war nicht sehr realistisch.

Die Europäer entscheiden sich

Airbus begann nach dem Scheitern der Gespräche mit Boeing, das Projekt seines Riesenvogels voranzutreiben, aber vorerst blieb es bei den Vorarbeiten von Konstrukteuren und Ingenieuren. Vor einer Entscheidung über den offiziellen Beginn der Entwicklung waren zunächst Gespräche mit potentiellen Käufern notwendig, und auch die Finanzierung blieb zu klären. Eines wurde schnell deutlich: Für das überkommene Airbus-Konsortium würde der ursprünglich A3XX genannte Flieger zu teuer. Erst die Gründung der EADS und die Umwandlung von Airbus in eine Aktiengesellschaft würde die Voraussetzung schaffen, die auf rund 12 Milliarden Dollar geschätzte Entwicklung zu bezahlen, auch wenn sich die Regierungen der Airbus-Partnerländer rasch bereit fanden, das nach dem Abkommen von 1992 mögliche Drittel der Ausgaben durch verzinsliche Staatskredite vorzufinanzieren. Nachdem die EADS ins Leben gerufen war, erhielt Airbus den Auftrag, nach Erstkunden Ausschau zu halten, und nachdem Airbus-Verkaufschef John Leahy rasch mehrere ernsthafte Interessenten präsentieren konnte, stimmte der Board der EADS im Dezember 2000 dem Bau der A380 (wie sie von nun an hieß) offiziell zu. Jetzt konnte es richtig losgehen.

Zu diesem Zeitpunkt hatte Airbus freilich schon 700 Millionen Dollar in die Entwicklung seines Riesen investiert und wesentliche Vorarbeiten geleistet. Im Jahre 1996 war in Toulouse die „Abteilung Großflugzeug" entstanden, die alle Arbeiten koordinieren sollte. Kurz vor seinem Ausstieg 1998 betonte Airbus-Chef Jean Pierson eine außerordentliche Sorgfalt der Planung: „Bei diesem Projekt muß alles perfekt sein. Unser Designteam war bis Ende 1997 nicht in der Lage, die Betriebskosten des Flugzeugs um 15 Prozent zu senken. Wir haben unsere Arbeit an dieser Zielsetzung jetzt um neun Monate verlängert, und wenn es sein muß, verlängern wir sie anschließend noch einmal. Wir wissen um die Eignung der A3XX für viele Fluggesellschaften, die viel Geld mit ihr verdienen werden. Aber dafür muß jedes Detail stimmen."

Im Jahre 2000 war auch die heiß umstrittene Entscheidung über den Ort der Endmontage gefallen. Mehrere Städte in Frankreich und Deutschland hatten sich mit unterschiedlichen Hoffnungen beworben und waren mehrheitlich schnell aus dem Rennen gewesen, darunter Rostock und das an der Atlantikküste gelegene La Rochelle (in dem Teile für den Airbus produziert werden). Am Ende standen sich Toulouse und Hamburg gegenüber, und damit war klar: Die Entscheidung über die Endmontage würde wieder einmal ein Airbus-internes deutsch-französisches Duell.

Toulouse betrachtete sich als Stammsitz von Airbus als natürlicher Favorit, aber Hamburg hatte in den neunziger Jahren nach schweren Auseinandersetzungen den Zuschlag für die Endmontage mehrerer kleiner Airbus-Modelle erhalten und verlangte nun nach mehr. Am Ende deutsch-französischer Streitigkeiten steht meistens ein Kompromiß, und so war es auch hier. Allerdings wurde er nach einer harten Auseinandersetzung erst eine Stunde vor dem offiziellen Startschuß des EADS-Boards für die A380 in einem Gespräch zwischen den beiden Vorsitzenden des Board, Manfred Bischoff und Jean-Luc Lagardère, gefunden:

Die A380 wird in Toulouse montiert, aber in Hamburg lackiert, wo dann auch die Kabineneinrichtung eingebaut wird. Die Auslieferung der Flugzeuge findet abhängig von der geographischen Herkunft des Kunden in Hamburg oder Toulouse statt.

Dieses Arrangement war zwar umständlich und betriebswirtschaftlich keineswegs effizient, aber politische Kompromisse verlangen nun einmal ihren Preis. Für die Arbeiten an der A380 entstand in Hamburg-Finkenwerder eine imposante, 228 Meter lange, 120 Meter breite und 23 Meter hohe, im Mai 2003 eingeweihte Halle. Das klingt fraglos beeindruckend, aber die Montagehalle in Toulouse ist mehr als doppelt so lang, mehr als doppelt so breit und mehr als doppelt so hoch. Toulouse bleibt unbestritten die „Hauptstadt von Airbus".

Mit dem offiziellen Programmstart wurde auch die Kalkulation der Kosten bekannt. Die Entwicklung der EADS würde demnach 10,7 Milliarden Dollar kosten, von denen die Regierungen in Deutschland, Frankreich, Großbritannien und Spanien ein Drittel als rückzahlbare Staatsdarlehen finanzieren wollten. Den Rest teilten sich Airbus sowie industrielle Partner des Flugzeugbauers wie die schwedische Saab.

Das Jahr 2001 verlief zunächst gut für Airbus, denn der umtriebige Leahy brachte Bestellungen über fast 100 Flugzeuge nach Hause, darunter einen Großauftrag von mehr als vierzig Maschinen durch die rasch expandierende Airline Emirates aus dem Scheichtum Dubai. Erstkunde wurde jedoch Singapore Airlines, die zehn Maschinen bestellte, während die Lufthansa fünfzehn kaufte. Das war ein verheißungsvoller Beginn, doch danach wurde es nicht zuletzt wegen der Terroranschläge in New York schwieriger. Die Attentate vom 11. September 2001 rissen in der Folge fast alle amerikanischen Fluggesellschaften in eine so schwere Krise, daß sich Washington gezwungen sah, die Branche mit mehreren Milliarden Dollar zu unterstützen. Dennoch haben die amerikanischen Airlines ihre Schwäche bis heute nicht abwerfen können und fallen schon seit Jahren als Käufer teurer Flotten aus.

Als sich die Amerikaner in den frühen siebziger Jahren weigerten, trotz anfänglichen Interesses die Concorde nicht zu kaufen, witterten die Franzosen einen politisch motivierten Verrat, um das europäische Prestigeprojekt zur Strecke zu bringen. Als die amerikanischen Airlines in den ersten Jahren nach dem Programmstart der A380 keine Maschinen in Toulouse bestellten, waren keine politischen Verdächtigungen zu hören. Die amerikanischen Airlines besaßen schlicht und ergreifend kein Geld.

Bowling im Jet?

Die im Passagierflugzeugbau unerreichte Größe der A380 verlockte von Beginn an zu Phantasien über die Innenausstattung des Fliegers. Natürlich lassen sich die insgesamt 511 Quadratmeter umfassenden zwei Eta gen mit den typischen Sitzen der „Holzklasse" zustellen, aber, so lautete das Kalkül von Airbus, wäre es für viele Airlines nicht interessanter, mit bislang unerreichtem Luxus eine zwar kleinere, aber dafür ungleich zahlungskräftigere Kundschaft anzulocken?

Das klang wie ein Appell an die vermeintlich goldenen Zeiten der dreißiger und vierziger Jahre des 20. Jahrhunderts, als das Fliegen noch ein Luxusgut war und betuchte Kunden in (für die damalige Zeit) voluminösen Flugbooten Schlafkabinen, Salons und ein Restaurant vorfanden. Nun war die A380 erheblich größer als eines der alten Flugboote und so war bald die Rede von dem Einbau von Kinos, Sitzungssälen, Restaurants und Geschäften. Experten hatten flugs ausgerechnet, daß sich grundsätzlich auch eine Bowlingbahn oder ein Schwimmbad in eine A380 einbauen ließe.

Kaum etwas davon wird aus Kostengründen jemals wahr werden. „Airbus hat Erwartungen geweckt, die man nicht erfüllen kann", heißt es bei der Lufthansa. Die einzelnen Airlines halten sich aus Konkurrenzgründen zwar bedeckt über die von ihnen gewählten Innenausstattungen, aber von einem Spielcasino abgesehen, das die Gesellschaft Virgin einzubauen gedenkt, dürften Sensationen ausbleiben, auch wenn der

Komfort besonders in der Ersten Klasse erheblich zunehmen dürfte. Gerüchteweise erwägt eine Airline den Einbau eines Wasserfalls. „Wir werden viele glamouröse und fortschrittliche Dinge an Bord haben", sagt Tim Clark von Emirates.

Geräumige Schlafkabinen, großzügige Essenstische, Bars und Lounges sowie moderne elektronische Ausrüstungen dürfen Passagiere wohl erwarten, die bereit sind, einen hohen Preis zu zahlen. Aber auch in der Economy Class werden sich die Passagiere über mehr Platz und vor allem über ein völlig neues Raumgefühl freuen können. Airbus unterhält in seinem Mock-up-Center den Nachbau eines Rumpfes der A380, dessen Begehung ganz erhebliche Unterschiede zur B747 zeigt. Der Jumbo-Jet ist und bleibt natürlich ein gewaltiges Flugzeug, aber die A380 spielt einfach in einer anderen Liga. Aber gerade weil der Airbus ein Massentransportmittel bleibt, kann er niemals die gleiche Exklusivität bieten wie ein Privatjet.

Der Bau eines Riesen

Die eigentliche Herausforderung der A380 bestand nicht so sehr darin, ein so großes Flugzeug überhaupt zu bauen. Das war technisch leicht möglich. Aber die A380 mußte so gebaut werden, daß sie den Fluggesellschaften einen rentablen Betrieb gestattete, und vor allem mußte sie im Vergleich günstiger zu betreiben sein als der gut dreißig Jahre alte Jumbo Jet von Boeing. Dafür durfte der Airbus nicht zu schwer werden. Vor allem die erfahrenen britischen Flügelbauer hatten wegen der strengen Vorgaben durch die Airbus-Zentrale manch harte Nuß zu knacken. Insgesamt entwickelten sie mehr als 300 verschiedene Konfigurationen für die riesigen Flügel, die einerseits stabil genug sein mußten, um den Flieger durch die Luft zu tragen, aber andererseits auch so leicht und so aerodynamisch sein sollten, um niedrige Verbrauchswerte zu garantieren. In der Folge entstanden schwere Auseinandersetzungen zwischen den Briten und den Deutschen, die ebenfalls einen Teil des Flügels bauten. Noch zu Beginn des Jahres 2000, als Airbus-Verkaufschef John Leahy längst diskret nach Kunden suchte, waren die Gewichtsprobleme nicht zufriedenstellend gelöst.

Auch bei der Konstruktion des Rumpfes war nach jeder Möglichkeit einer Gewichtsersparnis Ausschau zu halten, zum Beispiel durch die Verwendung moderner Verbundwerkstoffe anstelle des traditionellen Aluminiums, und daneben galt es, den Wünschen der Fluggesellschaften entgegenzukommen. Alleine die Lufthansa meldete mehrere hundert Änderungswünsche an, was nach Aussage von Insidern nicht selten höchst erregte Verhandlungen zwischen den Lufthanseaten und den Airbus-Entwicklern zur Folge hatte. Nicht nur der Lufthansa ging es so. „Es war schwierig, Airbus für Dinge zu gewinnen, die wir in die Kabine einbauen wollten", erzählte Emirates-Chef Tim Clark dem Buchautor Andreas Spaeth. „Heute ist Airbus aber glücklich, Dinge verkaufen zu können, die wir durchgesetzt haben – etwa die Anwendung der Wireless-Technologie. Viele der Bedienungselemente in unserer First und Business Class werden künftig drahtlos funktionieren."

Als hilfreich für die Entwicklung des Flugzeugs erwies sich die Umwandlung des alten Airbus-Konsortiums in eine schlagkräftige, zentral geführte Aktiengesellschaft. Früher, zu Zeiten des Konsortiums der vier Partner, hätte das Projekt vier nationale Programmdirektoren und vier Chefingenieure erhalten, deren Arbeit die Toulouser Zentrale mühsam koordiniert hätte. Nun gab es nur noch einen Chefingenieur, der dafür das gesamte Programm verantwortete. „Wir hätten auch in der alten Struktur die A380 entwickeln können", sagt der französische Projektleiter Charles Champion. „Aber ich bin nicht sicher, daß der Flieger ähnlich leicht und leistungsfähig geworden wäre. Im alten Konsortium benötigte man mehr Zeit, Mühe und Kosten, um Probleme zu lösen."

Eine Herausforderung bedeutete die A380 auch für die Fluggesellschaften und für viele Flughäfen. Das Topmodell von Airbus war zwar nicht der längste (eine Version der Airbus A340 ist noch ein paar Meter länger), aber mit einer Spannweite der Flügel von 80 Metern mit Abstand der breiteste Passagierjet der Welt. Das erforderte nicht nur breite Start- und Landebahnen auf den Flughäfen, sondern auch großzügig angelegte Terminals, an denen die A380 andocken kann, ohne den übrigen Verkehr lahmzulegen. Das Innere der Terminals muß daneben so ausgelegt sein, daß eine Be- und Entladung eines Fliegers mit einer maximalen Kapazität von 853 Passagieren in einer vertretbaren Zeit gewährleistet bleibt. Die Umbaukosten sind gewaltig. Nach einer Aufstellung des kanadischen Luftfahrtexperten Davis Gillen wird der Flughafen in Singapur 888 Millionen Dollar investieren, um die A380 angemessen abfertigen zu können. Der größte Flughafen Europas, London-Heathrow, gibt für den gleichen Zweck 820 Millionen Dollar aus und der Tokioter Narita-Flughafen immerhin noch 709 Millionen Dollar. Da fallen die Investitionen am Frankfurter Rhein-Main-Flughafen mit 194 Millionen Dollar geradezu bescheiden aus. Ob sich diese Ausgaben aus der Sicht der Flughafenbetreiber lohnen werden, bleibt umstritten.

Wenn die A380 zur Jahreswende 2006/07 ihren Liniendienst aufnehmen sollte, stehen für ihren Empfang rund zwanzig Flughäfen bereit, von denen sich fast die Hälfte in Asien befindet. In einer zweiten Welle dürften bis zum Jahr 2009 noch einmal etwa zwanzig Flughäfen dazu kommen. Vor allem in den Vereinigten Staaten war anfangs die Bereitschaft der Airports gering, Geld für Umbauten zu mobilisieren, was in Europa den Verdacht weckte, die Amerikaner wollten das Projekt A380 stillschweigend sabotieren. Doch haben sich die Gemüter in der Zwischenzeit wieder beruhigt.

Die eigentliche Produktion der A380 begann im Januar 2002 mit der Fertigung von Metallkomponenten im westfranzösischen Nantes. Kurz darauf nahm eine Fabrik in Bremen die Produktion von Aluminium-Bauteilen auf. Der Bau der großen Elemente verlangte danach viel Zeit: Im März 2004 schickte das Airbus-Werk in Broughton (Wales) den ersten kompletten Flügel per Schiffsreise nach Toulouse. Dort begann im Mai 2004 die Endfertigung der ersten beiden Maschinen. Um den Transport der großen Komponenten zu erleichtern, ließ Airbus sogar in China ein großes Frachtschiff bauen, die „Ville de Bordeaux". Die Idee, alternativ zwei überdimensionale Transportflugzeuge zu entwickeln, stieß auf keine Gegenliebe.

Am 18. Januar 2005 fand die offizielle Vorstellung des Flugzeugs, in der Fachsprache „Roll-out" genannt, vor 5.000 geladenen Gästen in der Halle „Jean-Luc Lagardère" in Toulouse statt. Die politische Prominenz mit Jacques Chirac, Gerhard Schröder, Tony Blair und José Zapatero an der Spitze hielt während der Feier, die der Hamburger Bürgermeister Ole von Beust als eine „gelungene Mischung aus Musical, Operette und Gottesdienst" bezeichnete, stolzerfüllte Reden. Fernsehsender aus mehreren Ländern übertrugen die Veranstaltung live und gaben damit Millionen Zuschauern die Gelegenheit, den neuen, weiß lackierten Riesenflieger zu sehen. „Grandios" und „gigantisch" lauteten an diesem Tag in Toulouse häufig gebrauchte Wörter.

Doch in die Feierstimmung mischte sich bald Ernüchterung, denn die Entwicklung der A380 verlief keineswegs so glatt wie erwartet. So kündigte Airbus-Vorstandschef zusätzliche Entwicklungsausgaben über knapp 1,5 Milliarden Euro an, die nach seinen Worten aber nur wenig an der Rentabilität des Fliegers ändern würden. Als einen Grund für die Zusatzkosten nannte er die Wünsche der Fluggesellschaften nach sehr individuellen Kabinenausstattungen, deren Auswirkungen auf die Kosten des Fliegers Airbus unterschätzt hatte. Budgetüberschreitungen sind nicht ungewöhnlich bei der Entwicklung von Flugzeugen, die sich nicht von vornherein bis ins Detail planen läßt. Aber der Aufschlag von annähernd 1,5 Milliarden Euro war schon happig.

Die Entwicklung der A380 wurde jedoch nicht nur teurer als erwartet, sondern verschlang auch mehr Zeit als gedacht. Damit mußte Airbus den Auslieferungstermin für seine Kunden verschieben – Singapore Airlines würde die ersten beiden Flugzeuge mit mehreren Monaten Verspätung erst zum Jahresende 2006 erhalten, hieß es aus Toulouse. Die Airline reagierte äußerst verschnupft und ihr Präsident Chew Choon Seng kündigte finster an, er erwäge eine Schadenersatzklage. Airbus kam die Verspätung teuer zu stehen – nach wohl nicht ganz abwegigen Spekulationen wird der Flugzeugbauer mehr als 100 Millionen Dollar Schadenersatz an die von den verzögerten Auslieferungen betroffenen Kunden zahlen müssen.

Die Erprobung

Der Wettergott hatte es gut gemeint am 27. April 2005, dem Tag des Erstflugs. Zigtausende Besucher waren auf den Flughafen Toulouse-Blagnac gekommen, darunter Ehrengäste aus Politik, Wirtschaft und Gesellschaft sowie eine stattliche Anzahl Journalisten, die diesen historischen Moment in der Geschichte der zivilen Luftfahrt live mitbekommen wollten. In mehreren Ländern hatten die Fernsehanstalten ihr Programm geändert, um der A380 mehrere Stunden zu widmen. Von der Öffentlichkeit weitgehend unbemerkt, hatte sich in den vergangenen Jahrzehnten eine „plane spotter" genannte Szene gebildet: Menschen, die voller Begeisterung Flugzeuge fotografieren, Fotos sammeln und überzählige ihrer Abbildungen dann untereinander tauschen. An diesem Tag Ende April 2005 ging, Fernsehzuschauer eingerechnet, die Zahl der „plane spotter" in die Millionen.

Ursprünglich sollte der Erstflug einige Wochen früher stattfinden, aber die Piloten und Ingenieure hatten während ihrer zeitraubenden Bodentests immer wieder kleinere Schwächen entdeckt, die Überarbeitungen erforderten. Diese Verzögerungen waren aus technischer Sicht nicht besorgniserregend, weil sich die Erstkonstruktion eines solch gewaltigen Fliegers nicht auf den Tag genau planen ließ und kleinere Komplikationen angesichts der Komplexität der Konstruktion unausweichlich erschienen, aber allmählich stellte sich die Frage, ob Airbus noch in der Lage sein würde, seine ersten Modelle gegen Jahresende 2006 fristgerecht an Singapore Airlines auszuliefern.

Als die weiß bemalte A380 gegen Mittag auf die breite Startbahn rollte, wußten alle Beteiligten, daß nun die Stunde der Wahrheit gekommen war. Ein Flugzeug läßt sich auf dem Boden bis zur Perfektion planen, entwickeln und bauen, aber ob es so funktioniert wie beabsichtigt, zeigt sich erst in dem Moment, in dem es sich in die Luft erhebt. Doch der Start der A380 verlief so, wie ihn sich ihre Schöpfer erhofft hatten: völlig unspektakulär. Das Flugzeug beschleunigte auf der Startbahn, erreichte seine kritische Geschwindigkeit, reckte die Nase in die Höhe, hob ab und stieg, wie von einer majestätischen Gelassenheit erfüllt, ohne jedes Schaukeln oder Zittern in die Luft, wo es nach wenigen Minuten hinter Wolken Richtung Atlantik verschwand. Auf dem Boden herrschte Partystimmung.

Schon wenige Stunden später kehrte die A380 zurück, und nach einer problemlosen Landung äußerte sich der Chef der Pilotencrew, Jacques Rosay, befriedigt: „Wir waren erstaunt, wie einfach sich die Maschine fliegen ließ. Wir zweifeln nicht, daß sich jeder Airbus-Pilot sofort in der A380 zu Hause fühlen würde." Rosay hätte alleine schon aus Marketinggründen kaum etwas Negatives über das neue Airbus-Topmodell geäußert, aber geflunkert hatte er wohl auch nicht. Bis heute sind keinerlei Berichte über ernsthafte Probleme bei Probeflügen bekanntgeworden. Gleichwohl waren Rosay und seine Besatzung auf dem Erstflug auch auf eine Katastrophe vorbereitet. Für den Fall, daß die Maschine außer Kontrolle geraten wäre, hätte die mit Fallschirmen ausgestattete Crew durch einen speziell angefertigten Notausgang im Bug aussteigen können. Man kann ja nie wissen.

Unmittelbar nach dem Erstflug begann das aufwendige Testprogramm, das jeder Lizenzierung durch die Flugaufsichtsbehörden vorangehen muß und während dessen auch Extremfälle geprobt werden, die in der Praxis nicht eintreten dürften. Die Testmaschinen waren aus Kostengründen noch nicht mit Sitzen ausgestattet und transportierten auch keine Passagiere. Um das Gewicht von Passagieren und Gepäck zu simulieren, befanden sich Wasserbehälter an Bord.

Daneben absolvierte der Flieger einige Demonstrationsflüge. Im Juni 2005 ließ sich der Airbus auf der Luftfahrtschau von Le Bourget blicken, und im Oktober landete er, von mehr als 10.000 zum Teil von weit angereisten „plane spotters" beobachtet und frenetisch gefeiert, auf dem Frankfurter Flughafen, um eine praktische Übung im Andocken an ein Terminal zu üben. Einige Wochen später ließ sich der Flieger erstmals über dem wichtigsten deutschen Airbus-Standort Hamburg blicken, anschließend zog es ihn auf eine Tournee nach Südostasien und nach Australien, den Heimatregionen von zweien seiner ersten Käufer.

Danach wurde es ernst. Im Januar 2006 landete eine A380 in Bolivien und Kolumbien, wo sie Höhentests absolvierte. Ein verantwortungsvoller Umgang mit dem Riesen setzt eine Kenntnis seines Verhaltens bei Starts und Landungen in der dünnen Luft hochgelegener Flughäfen voraus. Diese Tests finden üblicherweise in Südamerika statt, wo sich noch in 4.000 Meter Höhe Flughäfen befinden. Anfang Februar 2006 wurde ein Exemplar der A380 im nordkanadischen Iqaliut fotografiert, wo es sich bei Temperaturen von 30 Grad unter dem Gefrierpunkt einem fünftägigem Kältetest stellen mußte. Seine Hitzeresistenz hatte der Flieger zuvor in Afrika mit Erfolg erprobt.

Die Prüfungen verliefen allesamt zufriedenstellend, bis ein Mißgeschick geschah. Anfang 2006 traten bei einem extremen Belastungstest Risse in einer Tragfläche auf. Bei diesem Test müssen die Flügel anderthalbmal stärker gebogen werden, als es selbst bei allerschlechtestem Wetter in einem wirklichen Flug vorkommen kann. Der Flügel des Airbus riß, als die Testgrenze nahezu erreicht war, was Vermutungen weckte, er sei auf der Suche nach einer maximalen Gewichtsersparnis möglicherweise zu leicht gebaut worden. „Eventuell müssen wir den Flügel ein wenig optimieren", sagte eine Sprecherin von Airbus. Eine fristgerechte Auslieferung der ersten Maschinen an Singapore Airlines gegen Ende des Jahres 2006 sei nicht gefährdet.

Am 26. März 2006 erlebt die A380 eine weitere Schicksalsstunde: In einer abgedunkelten Halle in Hamburg findet der sogenannte Evakuierungstest statt, eine unausweichliche Etappe auf dem Weg zur Lizenz als Passagierflugzeug. Getestet wird die Geschwindigkeit, mit der die Passagiere und die Besatzung das Flugzeug im Falle einer Havarie verlassen können. Dafür wird ein Unfall simuliert, in dessen Verlauf das Licht im Flieger erlischt und sich nur die Hälfte der Türen öffnet. Um ein realistisches Szenario zu gewährleisten, liegen in den Gängen der Maschine Zeitungen und Decken. Während die Besatzung aus Profis besteht, die solche Tests immer mal wieder simulieren, dürfen die Passagiere vorher nicht üben. Es handelt sich ausschließlich um Freiwillige, zur Hälfte sind es Beschäftigte von Airbus. Gefahrlos ist die Übung nicht: Wenn 853 Passagiere und zwanzig Besatzungsmitglieder in höchstens 90 Sekunden ein in einer dunklen Halle befindliches Flugzeug über bis zu acht Meter hohe Notrutschen verlassen sollen, lassen sich böse Verletzungen nicht ausschließen. Die Probanden sind sich des Risikos bewußt. Um das Testergebnis zu beurteilen, haben die Vertreter der Flugaufsichtsbehörde nachtsichttaugliche Filmkameras installiert.

Ein Sprecher von Airbus hat sich im Vorfeld bescheiden gezeigt. Getestet werde zwar die Maximalauslastung mit 853 Passagieren, aber bislang habe keine Airline ein Modell in dieser Konfiguration bestellt. Man könne auch alle vorliegenden Kundenwünsche erfüllen, falls nur 650 Passagiere in der Zeit von 90 Sekunden den Flieger verlassen hätten, sagt er. Das mag so sein. Dennoch wäre ein Scheitern des Tests gleichbedeutend mit einer öffentlichen Blamage und nach dem Zwischenfall mit dem gebrochenen Flügel bedenklich, auch wenn der Test wiederholt werden darf.

„Plötzlich ging das Licht aus und das Kabinenpersonal schrie ‚raus hier!'", erinnert sich ein britischer Teilnehmer. „Das war schon eine intensive Erfahrung." Dennoch war er leicht enttäuscht: „Es fühlte sich nicht realistisch an, es gab keinen Knall und keinen Rauch." Die Evakuierung verläuft viel besser als erwartet. Schon nach 80 Sekunden haben alle 873 Insassen die Maschine verlassen, und abgesehen von einem Schenkelbruch eines älteren Teilnehmers und mehreren kleineren Wehwehchen haben die meisten Beteiligten das Abenteuer glimpflich überstanden. „Das ist ein neuer Weltrekord", freut sich der Vorstandsvorsitzende von Airbus, Gustav Humbert. „Sie sehen hier nur zufriedene Gesichter. „Das hat einen sehr guten Eindruck gemacht", bemerkt Norbert Lohl, ein Direktor der europäischen Flugaufsicht. „Ich möchte Airbus gratulieren." Sollten die Europäer dem großen Airbus die Lizenz erteilen, dürften sich ihre Kollegen in Amerika nach aller Erfahrung anschließen. Am Tag darauf steigt der Aktienkurs der EADS. Airbus kann einen großen Erfolg auf seine Fahnen schreiben.

Die Känguruh-Route

Singapore Airlines will die A380 auf einer typischen „Rennstrecke" einsetzen, wie vielbeflogene Routen im Luftfahrtjargon heißen. Die sogenannte „Känguruh-Route" zwischen Europa und Australien mit Zwischenlandungen in Singapur, Kuala Lumpur, Bangkok oder Dubai hatte Airbus von Beginn an als eine wichtige Einsatzmöglichkeit für seinen Riesenflieger erkannt, weil auf dieser Strecke bislang täglich eine größere Zahl von Jumbo-Jets im Einsatz sind. Die Känguruh-Route will nicht nur Erstkunde Singapore Airlines bedienen, sondern auch die australische Airline Quantas und Emirates aus dem Mittleren Osten – mit einem Auftrag von mehr als vierzig Exemplaren der bislang größte Kunde für die A380. Die Araber wollen ihren Heimatflughafen Dubai zu einem der größten Luftfahrtzentren der Welt ausbauen. Es ist kein Zufall, daß sich die meisten Erstkunden der A380 in Asien befinden.

Neben der Känguruh-Route zwischen Europa und Australien bieten sich auch stark beflogene Strecken zwischen Europa und Asien, Europa und Nordamerika sowie zwischen Asien und Nordamerika für die A380 an. Die Lufthansa will die von ihr georderten Riesen zwischen Frankfurt und München einerseits und New York, New Delhi, Singapur und Bangkok einsetzen. Weniger häufig dürfte die A380 zumindest in den ersten Jahren über dem Pazifik zu sehen sein. Zu den wenigen Ausnahmen zählen die Erwägungen von Korean Air, Seoul mit New York oder Los Angeles zu verbinden.

Denkbar erscheint der Einsatz der A380 auf vielbeflogenen Regionalrouten in Asien, die auch als Zubringer für die interkontinentalen „Rennstrecken" dienen. Ein Manager von Thai Airways rechnet vor: „Unsere Flüge nach Europa starten nachts. Wenn wir hier um Mitternacht abheben, erreichen wir Europa am kommenden Vormittag. Wenn wir am Vormittag des nächsten Tages wieder hier landen, bleibt uns der Rest des Tages übrig, bis die Maschine um Mitternacht wieder nach Europa startet. Diese Zeit können wir für regionale Flüge nutzen. Zum Beispiel kann die Maschine um zehn oder elf Uhr vormittags nach Shanghai aufbrechen und rechtzeitig von dort zurückkommen, ehe sie nach Europa aufbricht."

Derzeit hat Airbus Bestellungen für 159 seines Riesenvogels in den Büchern. Das ist, auch angesichts der für viele Airlines schwierigen Jahre seit den New Yorker Anschlägen vom September 2001, ein respektables Ergebnis, aber natürlich noch nicht ausreichend. Zum Teil erklärt sich die gegenwärtige Flaute mit der ausgelasteten Produktion in den kommenden Jahren. „Ich könnte sofort dreißig Maschinen verkaufen, wenn eine Auslieferung bis 2008 möglich wäre", sagte Airbus-Verkaufchef John Leahy vor einigen Monaten. So würden chinesische Fluggesellschaften den gewaltigen Flieger gerne während der Olympischen Spiele 2008 in Peking einsetzen. Doch Airbus kann seine Produktion kurzfristig nicht steigern.

Eine entscheidende Frage für die Zukunft der A380 lautet, wie sich die großen Airlines verhalten werden, die zwar ebenfalls hart umkämpfte und damit sehr wettbewerbsintensive „Rennstrecken" bedienen, der ersten Kundenwelle aber ferngeblieben sind. Unter ihnen befinden sich mit British Airways oder Japan Airlines langjährige treue Boeing-Kunden, die riesige Flotten der B747 fliegen – allein British Airways besitzt 57 Jumbo-Jets – und ihre Großraumflugzeuge nicht notwendigerweise durch den gigantischen Airbus ersetzen wollen, sofern sich eine Alternative bietet.

Diese Alternative existiert mittlerweile – wenn auch nicht richtig. Wie es zu ihr kam, ist eine vertrackte Geschichte, die es verdient, erzählt zu werden.

Boeing sucht nach einer Antwort

Der erfolgsverwöhnte Konzern in Seattle tat sich mit einer Reaktion auf das europäische Großprojekt schwer. Die Amerikaner versicherten zwar, es bestehe überhaupt kein Markt für einen Riesenflieger wie die A380 und Airbus werde das Monstrum entweder gar nicht bauen oder an den hohen Kosten des Projekts zugrunde gehen, aber sehr wohl fühlten sie sich offenbar nicht.

Um die Unwirtschaftlichkeit der A380 nachzuweisen, griff Boeing auf einen alten Verbündeten zurück. Professor Aaron Gellman, der schon den im Jahre 1990 erschienenen, die Subventionierung von Airbus anprangernden Gellman-Report verantwortet hatte, griff mit einigen Co-Autoren zur Feder, um einen ziemlich deprimierenden Ausblick für die A380 zu verfassen. Die im Jahre 2002 verfaßte, aus unbekannten Gründen aber erst 2004 vorgestellte Studie wurde von Boeing finanziert, allerdings nahm der Konzern aus Seattle angeblich keinen Einfluß auf ihren Inhalt. Das versicherte jedenfalls Gellman treuherzig.

Nach den Berechnungen seiner Arbeitsgruppe wird Airbus zwischen den Jahren 2006 und 2025 mit der A380 wahrscheinlich einen Verlust von 8,1 Milliarden Dollar erleiden und auch nicht in der Lage sein, die für die Entwicklung des Riesen erhaltenen Staatskredite zurückzuzahlen. Der Clou der Analyse von Gellman & Co. liegt in der Annahme, daß sich die A380 auch dann nicht rechnen wird, wenn sie sich gut verkauft! In der Studie wird bis zum Jahr 2025 ein Absatz von insgesamt 496 Passagierflugzeugen und Frachtern angenommen, was vielleicht gar kein geringer Erfolg für das Projekt wäre. Der Verlust, den Airbus trotzdem erzielen dürfte, erklärt sich aus der zweiten Annahme Gellmans: Der Flieger läßt sich nicht zu einem kostendeckenden Preis verkaufen. So habe Airbus für die ersten Exemplare der A380 Stückpreise von 130 bis 145 Millionen Dollar verlangt gegenüber Produktionskosten von 199 Millionen Dollar je Stück und einem Listenpreis von etwa 280 Millionen Dollar.

Selbst unter der Annahme, daß Airbus seinen Verkaufspreis allmählich erhöhen werde, verfehle das Projekt A380 die Gewinnschwelle, schließen die amerikanischen Autoren. Airbus hat diese Behauptungen prompt in aller Form zurückgewiesen, und tatsächlich beruhten die Projektionen des Berichts auf zum Teil fragwürdigen Annahmen. Aber auf ein beachtliches Interesse stieß die Veröffentlichung der Arbeitsgruppe in der Branche dennoch. Denn selbst wenn Gellman vielleicht nicht der unparteilichste Autor und unfehlbarste Prognostiker aller Zeiten sein mag, so genießt er doch einen Ruf als Kenner der Flugzeugbranche.

Der Professor ließ jedenfalls nicht locker. Als die A380 sich, von einem gewaltigen Medieninteresse begleitet, im Juni 2005 auf der Luftfahrtschau in Le Bourget blicken ließ, konnte Airbus nur einen kleinen Auftrag für den Flieger abschließen. „Die A380 ist für Airbus ein häßliches Baby geworden", ließ sich Gellman prompt vernehmen. „Sie werden sie einfach nicht los, und mit jedem Exemplar, das sie verkaufen, werden sie Geld verlieren." Der Professor jedenfalls schien sein Geld wert zu sein.

Die A380 totzureden oder niederzuschreiben konnte als alleinige Strategie gegen das Prestigeprojekt der Europäer natürlich nicht reichen. Boeing brauchte ein Flugzeug, das in der Lage war, gegen die A380 anzutreten. Daher stellten die Amerikaner in den vergangenen 15 Jahren mehrfach eine vergrößerte Version ihrer mittlerweile etwas betagten B747 in Aussicht, die sich mit überschaubarem finanziellen Aufwand entwickeln ließ. Die erste Andeutung eines neuen Fliegers entfuhr Boeing-Managern im Jahre 1992 auf der Luftfahrtschau im britischen Farnborough, die jedoch kein eigenes Projekt, sondern die bis 1995 dauernden Gespräche mit den Europäern über einen gemeinsamen Flieger zur Folge hatten.

Nachdem Airbus im April 1996 eine Abteilung für die Entwicklung eines Großraumflugzeugs ins Leben gerufen hatte, kursierten bald Gerüchte in der Branche, Boeing wolle den Europäern mit zwei größeren und moderneren Ausgaben des Jumbo-Jets zuvorkommen, die bis 490 beziehungsweise 550 Passagiere aufnehmen könnten und um die Jahrtausendwende verfügbar sein würden. Das klang für Airbus gefährlich, denn in diesem Falle würden die Amerikaner mit einer billigeren, auf fünf bis sieben Milliarden Dollar geschätzten Doppellösung schneller am Markt sein: Das Aufpeppen eines vorhandenen Modells wie der B747 kostete weniger und ginge sehr viel schneller als die Entwicklung eines völlig neuen Fliegers wie der A380. Doch die Erwartung, Boeing werde sein Projekt im Herbst 1996 auf der Luftfahrtschau in Farnborough zusammen mit drei großen Airlines als Erstkäufern vorstellen, trog.

Schon im Januar 1997 Jahr beerdigte Boeing, nun inmitten des komplizierten Zusammenschlusses mit McDonnell Douglas, seine beiden angedachten Super-Flieger. In der Folge äußerten sich führende Boeing-Manager wie Präsident Phil Condit und Flugzeugchef Ron Woodard öffentlich überzeugt, Airbus werde seinen Giganten wegen hoher Kosten und einer niedrigen Nachfrage niemals bauen. Sehr wahrscheinlich dachten die Amerikaner damals, was sie sagten. Aber sie sollten sich täuschen.

Im September 1999 überraschte Boeing die Fachwelt mit der Ankündigung, man wolle nun doch den Jumbo-Jet erneuern, und zwar in Gestalt einer Version mit 520 Sitzen, die im Jahre 2004 und damit zwei Jahre früher als die A380 an den Markt kommen solle. Die Entwicklungskosten wurden auf vier Milliarden Dollar veranschlagt. Es war ein fast schon verzweifelter Versuch, der A380 zuvorzukommen, deren Bau zwar noch nicht offiziell beschlossen, aber allmählich absehbar war. Denn entgegen ihrer sonstigen Übung präsentierten die Amerikaner zusammen mit ihrem Projekt keine Airline als Erstkunden. In der Folge blieb das Interesse für den neuen Jumbo-Jet mehr als bescheiden. Die Fluggesellschaften wollten zunächst wissen, ob der große Airbus überhaupt gebaut und wie er beschaffen sein würde. Vorher wollten sie sich nicht festlegen. Der modernisierte Jumbo starb nach 1996 einen zweiten Tod.

Der Jumbo-Jet im neuen Gewand

Doch so leicht ließ sich der majestätische Jumbo-Jet nicht beerdigen. Wie ein Phönix aus der Asche erhob er sich plötzlich im Jahre 2005, um noch einmal gegen die A380 anzutreten – dieses Mal in einer Passagier- und in einer Frachtversion. Interessanterweise hat gerade die Lufthansa Boeing hierzu sehr ermuntert. Die Gründe hat ein Manager der Lufthansa im Herbst 2004 einer Gruppe deutscher Journalisten ausgerechnet im Hauptquartier von Airbus in Toulouse erläutert. Die Lufthansa betreibt derzeit eine stattliche Flotte von 29 Jumbo-Jets, die noch nicht sehr alt sind und noch einige Jahre fliegen werden. Aber irgendwann wird sich auch für die Lufthansa die Frage einer Erneuerung dieser Flotte stellen. Die Lufthansa fliegt den Jumbo in der traditionellen Ausstattung mit drei Klassen (First, Business und Economy) mit 390 Sitzen. Auf einigen der mit der B747 heute bedienten Strecken wird in ein paar Jahren die A380 fliegen, die in einer normalen Ausstattung zwischen 550 und 650 Passagiere beherbergen dürfte. Aber für viele andere Verbindungen ist der riesige Airbus einfach zu groß, um einen wirtschaftlichen Betrieb zu gewährleisten. Hierfür existiert nach Ansicht der Lufthansa eher ein Bedarf für einen Flieger mit rund 450 Sitzen, den nach Lage der Dinge in absehbarer Zeit ausschließlich Boeing mit einer etwas vergrößerten und modernisierten Version der B747 bereitstellen könnte. Airbus hält in seinem Schrank zwar auch Pläne für eine verkleinerte Version der A380 parat, aber es ist aus heutiger Sicht eher unwahrscheinlich, daß dieses Flugzeug in absehbarer Zeit das Licht der Welt erblicken wird. Die Priorität von Airbus besteht darin, erst einmal die Normalversion der A380 zu verkaufen.

Dennoch hat Boeing bislang keine Airline gefunden, die bereit war, die Passagierversion des B747-8 genannten neuen Jumbo-Jets zu bestellen, obgleich die Amerikaner mit Angaben über sehr günstige Betriebskosten locken und wie bei der A380 auch den Luxuscharakter des Fliegers betonen. Die neue B747-8 bietet mit 450 Sitzen etwas mehr Platz als das bisherige Modell, nach den Angaben des Herstellers eignet sich das etwas verlängerte Oberdeck auch für Schlafkabinen oder eine Boutique. Auch wenn Boeing noch keine Kunden präsentieren kann, so bleibt doch die Genugtuung, daß nach der Vorstellung des Projekts mehrere potentielle Airbus-Kunden ihre Verhandlungen über den Kauf der A380 erst einmal zurückstellten. Zur Zeit zeigt sich Boeing zuversichtlich, im Laufe des Jahres 2006 eine erste Airline als Kunden für den Flieger zu nennen, der 2010 in den Liniendienst gehen soll. Airbus zeigt sich heute zumindest nach außen gelassen. „Ich glaube nicht, daß die neue B747 jemals den Zeichentisch verlassen wird", sagt Verkaufschef John Leahy voraus, der auf das fast schon biblische Alter des Jumbo-Jets anspielt. „Es wird hart, eine B747 zu nehmen und in Anbetracht der technologischen Neuerungen der A380 zu sagen: ‚Wir hängen ein paar neue Triebwerke dran und sehen, ob wir sie noch ein paar Jahre am Leben lassen können‘.“

Bis heute äußert sich Boeing widersprüchlich zu diesem Flieger. Natürlich soll er der A380 Konkurrenz machen, aber andererseits behaupten die Flugzeugbauer aus Seattle, ihr neuer Jumbo sei, da ein Stück kleiner, kein direkter Wettbewerber für den großen Airbus. Nach ihrer Vision wird in den kommenden zwanzig Jahren eine Nachfrage für jeweils 300 Exemplare der beiden Riesen entstehen – was bedeutete, daß sich die A380 für Airbus nicht lohnen dürfte und auch Boeing wohl kein phantastisches Geschäft mit seiner in der Entwicklung deutlich billigeren B747-8 machen dürfte. Nach einer in der Branche verbreiteten Meinung wird die Passagierversion der B747-8 im Laufe der Jahre fraglos ihre Käufer finden, aber vermutlich kein großer Erfolg; sie mag Airbus ein wenig ärgern, aber kaum mehr. Eine wirklich überzeugende Alternative zur A380 müßte wohl anders aussehen.

Dagegen könnte die B747-F getaufte Frachtversion vor einer schönen Zukunft stehen, denn Boeing hat von den Firmen Cargolux und Nippon Cargo Airlines Aufträge über 18 Maschinen zum Listenpreis von knapp fünf Milliarden Dollar in den Büchern – mag der tatsächliche Verkaufspreis an die Erstkunden auch deutlich niedriger liegen. „Wir haben uns nach langen und gründlichen Erwägungen in erster Linie aus wirtschaftlichen Gründen für die neue Boeing und gegen den Airbus A300 entschieden“, sagte der Präsident der großen luxemburgischen Luftfrachtgesellschaft Cargolux, Ulrich Ogiermann, nach der Entscheidung. Cargolux fliegt sechzig Ziele in 55 Ländern an, und nicht alle der Zielflughäfen eignen sich für einen Anflug mit der riesigen A380. „Wir können es uns nicht erlauben, zwei unterschiedliche Flotten zu betreiben“, stellte Ogiermann klar.

Es erscheint somit durchaus möglich, daß, anders als bei der Passagierversion, der neue Jumbo-Frachter Airbus wehtun wird. Boeing sieht die beiden Frachter denn auch als direkte Konkurrenten. Denn die B747-F verfügt über eine Nutzlast von 140 Tonnen und das ist für die Zwecke der meisten Airlines ausreichend. Außerdem schleppt die A380 in ihrer Frachtversion wegen ihrer Größe ein spezielles Problem mit sich: Nicht alle Kunden besitzen die notwendige Ausrüstung, um das Oberdeck des Riesen mit Paletten zu beladen. Die Beladung des Jumbo-Jets ist einfacher, weil dessen Pilot nur die riesige Bugklappe öffnen muß – die Verwandtschaft der B747 mit einem Militärtransporter läßt grüßen. Boeing liegt im Frachtergeschäft ohnehin seit langem in Führung, weil Airbus in der Vergangenheit weder Zeit noch Geld fand, um den Amerikanern attraktive Modelle entgegenzustellen. Die Europäer betrachteten es als vordringlich, im sehr viel umsatzstärkeren Geschäft mit Passagierjets zu Boeing aufzuschließen. Die Frachterversion der A380 ist der erste ernstzunehmende Versuch von Airbus, auch in diesem Markt Zeichen zu setzen. In der Diskussion befinden sich zudem zwei weitere, auf der Basis kleinerer Modelle beruhende Frachter. Dennoch dürfte es den Europäern schwerfallen, die Spitzenstellung von Boeing in absehbarer Zeit zu erschüttern.

Für das Duell zwischen Airbus und Boeing um die Marktführerschaft im Segment der Großraumflugzeuge spielen die wegen ihrer im Vergleich deutlich niedrigeren Absatzmengen nicht so wichtigen Frachtversionen aber keine entscheidende Rolle. Die Auseinandersetzung zwischen der A380 und der B747 findet hauptsächlich zwischen den Passagierversionen statt. Und hier liegt Airbus klar vorne, auch wenn zu berücksichtigen bleibt, daß in einer Branche wie dem Flugzeugbau erst nach einigen Jahren ein Zwischenfazit möglich ist. Die großen Flotten mit dem bisherigen Spitzenmodell B747-400 sind noch nicht so veraltet, daß sich ihre Erneuerung aufdrängt.

Dennoch fällt auf, wie unsicher Boeing seit vielen Jahren ausgerechnet in seiner alten Domäne, dem Bau der allergrößten Jets, reagiert. Insgesamt drei Mal hat Boeing eine neue Version der B747 angekündigt, aber jedes Mal nicht vergessen herauszuheben, daß man das Segment der Riesenflieger überhaupt nicht mehr für besonders vielversprechend halte. Der Eindruck bleibt, daß die neue B747 ihre Existenz hauptsächlich der Absicht verdankt, Airbus das Leben möglichst schwer zu machen. Ob die B747, selbst wenn sie noch an Beliebtheit gewinnen sollte, jemals ein rentables Projekt werden kann, bleibt zweifelhaft.

Die Crux des Shareholder Value

Im Laufe der Jahre haben sich mehrere versierte Industrieökonomen mit der Frage befaßt, ob Boeing nicht eine völlig falsche Strategie verfolgt hat und ob es nicht besser gewesen wäre, das Projekt einer modernisierten Version der B747 schon Mitte der neunziger Jahre durchzuziehen, als die A380 noch ein europäisches Wunschschloß, aber noch kein realistisches Projekt war. Das offensichtliche Gegenargument lautet, daß damals nur wenige Airlines Interesse an der neuen B747 zeigten und damit die Gefahr bestand, ein finanziell unrentables Projekt zu lancieren, das den Wert des Unternehmens reduzierte und damit den Aktionären Schaden zufügte.

So lautet eine nachvollziehbare Begründung im Geiste des Shareholder Value, der modernen Ausrichtung der Geschäftspolitik eines Unternehmens alleine an den meist kurzfristigen Interessen der Aktionäre. Bloß, und darauf weisen die Ökonomen Benjamin Esty und Pankaj Ghemavat hin, wer dieser Art von schnell denkendem Krämergeist huldigt, ist im hochriskanten und sehr langfristig ausgerichteten Bau von Flugzeugen falsch aufgehoben. Hätte Boeing sich früher alleine am Shareholder Value orientiert, wären weder in den fünfziger Jahren die B707 noch in den sechziger Jahren die B747 entstanden. Beides waren hochriskante, unkalkulierbare Projekte, von denen die B747 Boeing bekanntlich beinahe in den Abgrund gerissen hätte, ehe der Flieger Milliarden über Milliarden einflog. Esty und Ghemavat zitieren den Autor James Collins, der in den neunziger Jahren ein Buch über visionäre Unternehmen (Built to Last) verfaßt hat:

„Eine Sache hat Boeing vor allem über die ganze Zeit groß gemacht. Sie haben immer gewußt, daß sie eine vom Ingenieurwesen und nicht vom Finanzwesen getriebene Firma waren. Sie haben sich immer gefragt ‚Was für ein Flugzeug können wir bauen?' und nicht ‚Was für ein Flugzeug sollten wir sinnvollerweise bauen?'. Wenn sie jetzt ihre zentrale Mission aufgeben, werden sie im Laufe der Zeit ein Unternehmen wie jedes andere."

Natürlich sind solche Stellungnahmen nicht frei von Nostalgie und Idealisierung. Aber das Faktum bleibt unbestreitbar, daß Boeing spätestens in den neunziger Jahren im Flugzeugbau weniger Wagemut zeigte als in den fünfziger und sechziger Jahren. Dafür lassen sich viele Gründe anführen: Ein saturierter Marktführer agiert vorsichtiger als ein Aufsteiger (der Boeing noch vor vierzig Jahren war), und in den neunziger Jahren verlagerte sich das Interesse der Konzernspitzen weg vom Flugzeugbau zur höhere Renditen versprechenden Rüstung.

Airbus hatte es da leichter als Boeing. Zu Zeiten des alten Konsortiums war Shareholder Value wie überhaupt Gewinnorientierung ein Fremdwort. Als Tochtergesellschaft der EADS mußte Airbus ab dem Jahr 2000 zwar renditeorientiert arbeiten, aber die Kernaktionäre der Muttergesellschaft – Daimler-Chrysler, Lagardère sowie der französische Staat – waren bereit, das Großprojekt A380 zu unterstützen und zu begleiten, ohne kurzfristig auf maximale Gewinne zu schielen. Vorteilhaft für Airbus waren natürlich auch die rückzahlbaren Staatskredite, wobei, wie das nächste Kapitel zeigen wird, Boeing Staatshilfen auch zu schätzen weiß.

Die wechselvolle Geschichte des modernisierten Jumbo-Jets als Alternative zum Airbus A380 eignet sich auch, ein verwandtes Thema zu streifen: Ist es in einem Markt mit nur wenigen Teilnehmern immer vorteilhaft, als erster mit einem neuen Flugzeugmodell auf den Markt zu kommen? Wenn ja, wäre dies ein guter Grund für Boeing gewesen, mit einer neuen B747 in den neunziger Jahren vorzupreschen. Denn über das zur Finanzierung eines ehrgeizigen Projekts notwendige Geld verfügten die Amerikaner immer: Alleine zwischen den Jahren 2000 und 2005 kauften sie für neun Milliarden Dollar eigene Aktien zurück. Der Rückkauf eigener Aktien entspricht der Ausschüttung von Geldern aus dem Unternehmen an die Aktionäre und beinhaltet das Eingeständnis des Managements, daß es mit dem Geld nichts Rentables anzufangen weiß.

Es existiert keine allgemeingültige Antwort auf die Frage nach dem richtigen Moment für die Lancierung eines neuen Flugzeugs. Der Autor Stephen Aris zitiert das von ihm bezeichnete „Mehdorns Gesetz", benannt nach dem heutigen Vorstandschef der Deutschen Bahn und früheren Airbus-Manager Hartmut Mehdorn: „Die Luftfahrtindustrie verlangt nicht nach Geschwindigkeit an sich. Viel wichtiger ist, es als erster richtig zu machen. Wenn man etwas falsch macht, sind Änderungen schwierig. Aber wenn man es richtig macht, kommt es auf sechs Monate nicht an." In einem ähnlichen Sinne äußerte sich in den neunziger Jahren Boeing-Präsident Phil Condit: „Mir macht es nichts aus, den Markt von hinten anzugreifen." Es existieren Beispiele im Flugzeugbau, in denen sich diese Strategie des Nachholens bewährt hat. Im Falle der A380 mag sie sich jedoch als wenig erfolgversprechend erweisen.

Für die Amerikaner ist das aber vielleicht gar nicht einmal so wichtig, denn der Jumbo-Jet stellt für Boeing heute ohnehin nur einen Nebenkriegsschauplatz dar. (Wenigstens behauptet Boeing das.) Die frontale Konkurrenz findet in einem anderen, vermeintlich sehr viel attraktiveren Marktsegment statt. Und dort befinden sich die Amerikaner in der Offensive.

11   Das Comeback von Boeing

„Der Mann, der keine Vorstellungskraft besitzt,
hat auch keine Flügel."
Muhammad Ali, Boxchampion

Das Phantom Sonic Cruiser

Das Zauberwort der Luftfahrtschau Le Bourget des Jahres 2001 hieß Sonic Cruiser. Boeing hatte eine Revolution auf dem Gebiet der zivilen Luftfahrt angekündigt, und nicht wenige Journalisten sahen in dem Projekt einen energischen Versuch der Amerikaner, endlich wieder die Initiative zu ergreifen. In den vergangenen Jahren hatte Airbus einen Gleichstand bei den Neubestellungen erreicht und mit seiner A380 die Diskussionen geprägt. Boeing wirkte dagegen wie ein gelähmter Gigant, unfähig, dem Eroberungsdrang der Europäer Paroli zu bieten. Seinerzeit kursierten sogar Gerüchte, Boeing werde sich über kurz oder lang aus dem Geschäft mit Passagierflugzeugen zurückziehen, um sich ausschließlich dem rentableren Rüstungsgeschäft zu widmen. Im Zeitalter des Shareholder Value, der alleine an der Rendite für die Aktionäre ausgerichteten Geschäftspolitik, erschienen solche Spekulationen sogar halbwegs plausibel. Realistisch waren sie nicht, denn der zivile Flugzeugbau bleibt für die Amerikaner eine strategisch wichtige Branche.

Die Idee von Boeing war, mit einem völlig neu konstruierten, von riesigen Flügeln getragenen und mit zwei gewaltigen Triebwerken im Heck angetriebenen, vor allem aber schnelleren Jet die Flugzeiten auf Interkontinentalstrecken zu verkürzen. Zeit ist schließlich Geld für die vielen Manager, die solche Flugzeuge bevölkern. Ein Überschallflugzeug blieb zwar aus technischen Gründen keine Option, aber zwischen der üblichen Reisegeschwindigkeit eines Fliegers zwischen 850 bis 900 Stundenkilometern und der Schallgeschwindigkeit bestand eine Lücke. (Die Schallgeschwindigkeit ist abhängig von der Temperatur. Bei arktischen Temperaturen, wie sie in Reiseflughöhen von 10.000 Metern anzutreffen sind, beträgt sie rund 1.100 Stundenkilometer). Der Sonic Cruiser sollte rund 250 Passagiere transportieren; rein rechnerisch ergab sich auf einer Strecke von 5.000 Kilometern eine Ersparnis von etwa einer Stunde gegenüber einem traditionellen Jet. War das der Gegenschlag von Boeing?

Die Europäer wollten ihren Ohren nicht trauen, denn Airbus hatte ein ähnliches Projekt längst geprüft und als unrealistisch verworfen. Folgerichtig hieß der Sonic Cruiser in Toulouse hämisch Sonic Loser. „Ich habe den Sonic Cruiser niemals ernstgenommen", erzählte der ehemalige Co-Vorstandschef des Airbus-Hauptaktionärs EADS, Philippe Camus, in einem Gespräch mit dem Autor im Februar 2006. „Als gelernter Ingenieur wußte ich, daß der Flug in der Nähe der Schallgeschwindigkeit wegen starker Luftverwirbelungen instabil zu werden droht. Das Problem läßt sich zwar prinzipiell in den Griff bekommen, aber seine Lösung erfordert eine sehr teure Konstruktion, und außerdem wären auch die Betriebskosten sehr hoch. Dieser Flieger konnte gar nicht wettbewerbsfähig sein." Camus äußerte seine Zweifel auch in einem Gespräch mit Boeing-Chef Phil Condit: „Phil, Du weißt doch genau, daß so etwas gar nicht funktioniert." Worauf Condit, selbst ein hochkompetenter Ingenieur, ausweichend antwortete: „Warte es doch einfach ab, Philippe."

Der Sonic Cruiser starb, bevor er überhaupt geboren wurde. Nachdem die großen Fluggesellschaften abgewinkt hatten, stellte Boeing das Projekt im Herbst 2002 wieder ein. „Wir haben noch keine Antwort", sagte der Chef der Flugzeugsparte, Alan Mulally, damals. „Wenn es uns nicht gelingt, unseren Kunden den Wert des mit dem Sonic Cruiser verbundenen Zeitgewinns zu verdeutlichen, werden wir sehen, wie unser nächster Entwicklungsschritt aussehen wird." Kurz danach gaben die Männer in Seattle ihr Projekt auf. Seinerzeit wirkte dieser Flop wie ein weiterer Beleg der tiefen Krise, in der sich Boeing seinerzeit befand.

Aber vielleicht war alles ganz anders. Philippe Camus hält es im nachhincin für möglich, daß der Sonic Cruiser nichts anderes war als ein geschicktes Täuschungsmanöver der Amerikaner, um Airbus einzulullen und über ihre wahren Absichten zu täuschen. Falls Boeing tatsächlich eine solche Strategie fuhr, ging sie glänzend auf. Denn als die Amerikaner einige Zeit später mit einem neuen Projekt an die Öffentlichkeit traten, fielen die überraschten Strategen in Toulouse aus allen Wolken. Denn nun schickte sich Boeing an, den Traum von einem Flugzeug zu bauen. Und dieses Mal war es ihnen ernst.

Die Überraschung der Europäer

„Wir haben ihn nicht erwartet", sagt Philippe Camus. „Der Ausblick von Airbus sah ihn überhaupt nicht vor." Auch andere Führungskräfte der europäischen Luftfahrtindustrie räumen ihre Verblüffung noch heute offen ein. Boeing hatte sich nach seinem Fehlschlag mit dem Sonic Cruiser schnell entschlossen, rund neun Milliarden Dollar lockerzumachen und mit einem neuen Modell die Initiative zu ergrei-

fen. Es trägt die Typenbezeichnung B787, hört auf den verheißungs-
vollen Namen Dreamliner und greift Airbus dort an, wo es den
Europäern am wehesten tut: Auf ihrem Heimatmarkt der kleinen Mit-
tel- und Langstreckenflugzeuge, der Widebodies mit 200 bis 300 Sitzen. In diesem Segment hatte Airbus mit der A300 sein Abenteuer
begonnen. Seit den frühen neunziger Jahren schickten die Europäer
ihre deutlich modernere A330 ins Rennen, die sich sehr gut verkaufte
und hohe Gewinne erzielte. Ausgerechnet die A330, die sich aus der
Sicht von Airbus noch viele Jahre verkaufen sollte, griff Boeing nun
frontal an. Unter normalen Umständen hätten die Europäer nicht so
überrascht sein dürfen, denn Boeing prognostizierte seit Jahren
gerade für Langstreckenjets mit 200 bis 300 Passagieren ein starkes
Wachstum, ohne dort selbst über ein konkurrenzfähiges Angebot zu
verfügen. Da lag es nicht allzu fern, eine Initiative von Boeing zu
erwarten, zumal viele Fluggesellschaften die Amerikaner ansprachen,
da ihnen die Monopolstellung der A330 nicht gefiel.

Das Versagen von Airbus hatte zwei Ursachen: Überheblichkeit und
Überforderung. Die Airbus-Leute standen seit jenen fernen Tagen, als sie
mühsam versuchten, ihre ersten Flieger an den Kunden zu bringen, im
Rufe der Überheblichkeit. Die Airbus-Werbung neigte besonders anfangs
nicht selten zu einer Art Marktschreierei, und unter ihren frühen Repräsentanten befanden sich viele Männer mit einem äußerst ausgeprägten
Selbstbewußtsein. Nachdem sich Airbus mühsam emporgearbeitet und
mit Boeing Gleichstand erreicht hatte, sah man sich in Toulouse in seinen Ambitionen endlich bestätigt. Einer ging dieses „Wir sind wer"-
Gefühl mit einer Geringschätzung des bisherigen Platzhirsches. Boeing
wirkte schwer angeschlagen, und einige Airbus-Leute begannen von
einer marktbeherrschenden Stellung zu träumen. Airbus beging den
gleichen Fehler wie Jahrzehnte zuvor Boeing und unterschätzte seinen
Konkurrenten.

Hinzu trat die eigene Überforderung, denn nun rächte sich die außerordentliche Belastung von Airbus mit zwei Großprojekten. Neben der
A380, deren Entwicklung länger dauerte und komplizierter war als
gedacht, hatte sich der Flugzeugbauer auch noch die Entwicklung eines
militärischen Transportflugzeugs, der A400M, aufgehalst. Viele Airbus-
Mitarbeiter verstanden sich als Beschäftigte eines Zivilkonzerns und
wollten von dem Militärflieger nichts wissen, aber die Konzernleitung
sah in dem Projekt, das die aus den sechziger Jahren stammende,
betagte deutsch-französische Transall endlich ablösen sollte, eine Möglichkeit, die Abhängigkeit vom in Zyklen verlaufenden Zivilgeschäft zu
verringern. Zeigte die Geschichte nicht, wie sehr Boeing immer wieder
von seinem Militärgeschäft profitiert hatte, wenn sich der Bau von Passagierjets gerade in einer Flaute befand? Allerdings tat sich Airbus mit

der Entwicklung seines Militärtransporters wegen eines Mangels an Erfahrung schwerer als geplant, und so schauten die Strategen in Toulouse überall hin – nur nicht nach Seattle.

Die Herausforderung war ernst, denn in keinem anderen Marktsegment hat sich in den vergangenen Jahrzehnten ein so harter Modellwettbewerb abgespielt. Airbus war in den siebziger Jahren mit seiner A300 und, etwas später, der etwas kleineren A310 der Pionier und vorübergehend der einzige Anbieter solcher Flugzeuge. In den frühen achtziger Jahren brachte Boeing dann seine B767, die als „Königin des Nordatlantiks" den Airbus-Modellen allmählich die Luft abschnürte. Toulouse nahm die Herausforderung an und präsentierte in den frühen neunziger Jahren seine A330, die sich als äußerst erfolgreich erwies und die B767 regelrecht „killte". Auch wenn Boeing dieses ehemals sehr erfolgreiche Modell – zu seinen Glanzzeiten war jeder zweite der fünfhundert Flieger, die täglich den Atlantik überqueren, eine B767 – noch nicht offiziell eingestellt hat, wird es seit einigen Jahren als Passagierflugzeug nicht mehr verkauft. Mit dem Dreamliner schickt sich nun Boeing an, den wichtigen Airbus-Ertragsbringer A330 zu überholen, und der Erfolg dieses Unterfangens steht schon heute außer Zweifel, auch wenn die A330 (wie übrigens auch die B767 von Boeing) als Basis für ein militärisches Kampfflugzeug und vielleicht noch als Frachter erhalten bleiben mag. Airbus war in seinem alten, immer noch sehr rentablen Ursprungsmarkt bedroht. Das klang um so unangenehmer, als Boeing in den kommenden zwanzig Jahren ein Potential von 3.500 Maschinen im Segment der Widebodies mit 200 bis 300 Plätzen erwartet. Sollte es einem Hersteller gelingen, diesen Markt zu dominieren, wären Milliardengewinne die sichere Folge.

Der Dreamliner

Der Dreamliner ist ein Phänomen, wie es der Airbus A380 lange Jahre war. Es wird über den Flieger geredet, nicht wenige Airlines haben ihn sogar bestellt – aber in der Realität existiert er noch gar nicht. Bei Drucklegung dieses Buches im Frühjahr 2006 wurde noch kein einziges Exemplar des Dreamliner montiert. Sein Erstflug ist für das Jahr 2007 geplant, ein Jahr später soll er dann in Dienst gehen. Doch schon seit Jahren versorgt Boeing die Öffentlichkeit mit Computeranimationen, in denen ein ungemein schnittig wirkender Jet mit einer Haifischflosse und einem geschwungenen, tiefblauen Farbzug über die Wolken düst. In einem von vier Fachjournalisten geschriebenen, üppig bebilderten Buch springt dem Leser das Äußere wie das Innere des Dreamliner in den buntesten Farben ins Auge. Doch der Flieger mit den auffallend großen Fenstern, der Airbus das Fürchten lehrt, ist bislang eine Illusion und ein Hoffnungswert, auch wenn seine Entwicklung auf Hochtouren läuft.

Im Grunde ist der Dreamliner als ein herkömmliches Flugzeug konzipiert, allerdings unter Nutzung des gegenwärtigen Stands der Technologie. So werden der Rumpf und die Flügel zur Hälfte aus Verbundwerkstoffen, einer Art Kunststoffen, bestehen, die den Anteil des bisher vor allem verwendeten Aluminiums verringern. Die Verwendung von Kunststoffen ist im Flugzeugbau keineswegs neu und sie findet auch bei der A380 Anwendung, aber ein so hoher Anteil dieser Materialen hatte es bislang nicht gegeben. Moderne Kunststoffe weisen gegenüber dem traditionellen Aluminium vor allem zwei Vorteile auf: Sie sind leichter und stabiler zugleich. Durch ihre großzügige Verwendung gelingt es zum einen, das Gewicht des Fliegers niedrig zu halten, was einen günstigen Treibstoffverbrauch mit sich bringt. Die Stabilität des Materials wiederum erlaubt, den Luftdruck in der Kabine zu erhöhen und die Luft etwas anzufeuchten.

Viele Fluggäste empfinden vor allem auf Langstrecken die dünne und sehr trockene Luft in einem herkömmlichen Passagierjet als wenig angenehm. Der Luftdruck in einem Langstreckenflugzeug entspricht üblicherweise einem Aufenthalt in 2.400 Metern Höhe, während Boeing zusagt, den Luftdruck in der Kabine des Dreamliner so zu erhöhen, daß er einem Aufenthalt in nur noch 1.800 Metern Höhe gleicht. Das wäre eine deutliche Verbesserung, die der Verwendung von Kunststoffen geschuldet ist. Wenn ein Jet seine Reiseflughöhe von rund 10.000 Metern erreicht hat, gleicht seine Kabine einem aufgeblasenen Ballon, in dem ein höherer Luftdruck herrscht als außerhalb. Der Innendruck einer Flugzeugkabine kann mit zunehmender Stabilität der den Rumpf bildenden Materialien wachsen, und in dieser Hinsicht sind Kunststoffe dem herkömmlichen Aluminium weitaus überlegen.

Kunststoffe besitzen noch einen weiteren Vorzug: Anders als Aluminium kennen sie keine Korrosion. Die Angst vor Korrosion ist der Grund, warum die Luft in den Kabinen heutiger Flugzeuge so extrem trocken ist. Besteht der Rumpf dagegen aus Kunststoffen, wird eine Anfeuchtung der Luft möglich, mit der Boeing für seinen Dreamliner auch wirbt. Airbus hält das alles nicht für wesentlich und mag in einer Hinsicht recht haben: Flugkomfort ist zwar schön und gut, aber da nach aller Erfahrung die wenigsten Fluggäste dafür zusätzliches Geld zahlen, entscheiden am Ende des Tages die Betriebskosten über den Erfolg eines Flugzeugs.

Aber auch da sieht der Dreamliner zumindest auf dem Papier ziemlich gut aus, denn neben seinem geringen Gewicht kann er als weiteren Trumpf auf neue Triebwerke der Hersteller General Electric und Rolls-

Mit der neuen B787, auch Dreamliner genannt, will Boeing den Markt für kleine Langstreckenflugzeuge erobern. Bisher existiert der Flieger nur als Computeranimation.

Royce verweisen, die einen niedrigen Verbrauch und damit auch eine große Reichweite begünstigen. Der Dreamliner kann, und das ist nicht die geringste seiner Stärken gegenüber der A330 von Airbus, mit einer Reichweite von maximal 16.300 Kilometern sehr viel weiter fliegen.

Ein internationales Projekt

Der neue Flieger von Boeing weist noch weitere Eigentümlichkeiten auf. So wurde bislang kein Modell aus Seattle derart hoch subventioniert wie der Dreamliner, für den die (umstrittenen) Schätzungen der Staatshilfen bis 5,5 Milliarden Dollar reichen – in Anbetracht von Entwicklungskosten, die mit neun Milliarden Dollar veranschlagt wurden, ist das eine stolze, von Boeing im übrigen abgestrittene Summe. Das Thema Subventionen wird uns wieder im nachfolgenden Kapitel ausführlich beschäftigen.

Ziemlich einzigartig fiel auch das Maß der Ausgliederung von Arbeiten an ausländische Partner aus. Der in den neunziger Jahren entwickelte Großraumjet B777 war schon zu 25 Prozent japanisch, doch für den Dreamliner stieg der Anteil der japanischen Zulieferungen für das Flugzeug auf 35 Prozent, darunter Teile des Flügels und des Rumpfs. Die italienische Flugzeugindustrie steuert 15 Prozent des Flugzeugs bei. Rechnet man alle ausländischen Zulieferungen zusammen, ist der Dreamliner nur noch zu etwa 35 Prozent ein amerikanisches Flugzeug. Die Fahrwerke werden aus französisch-englischer Fabrikation stammen. Auch deutsche Unternehmen profitieren von dem Projekt; so stammt die Kabinenbeleuchtung von der Firma Diehl Elektronik. Und sogar der Airbus-Mehrheitsaktionär EADS hat mit Boeing einen Vorvertrag über die Lieferung eines Teils für den Rumpf des Dreamliner zugesagt – so viel zum Thema unerbittliche Konkurrenz zwischen Europäern und Amerikanern. Beide machen dort Geschäfte, wo es sich lohnt.

Diese Ausgliederung eines großen Teils der Produktion findet gerade in den Vereinigten Staaten nicht nur Beifall, wo die Furcht grassiert, mit der Auslagerung großer Teile der Produktion verbinde sich der Export technologischen Wissens, vom Verlust an Arbeitsplätzen in der heimischen Industrie ganz zu schweigen: „Innerhalb und außerhalb von Boeing wächst die Sorge, daß der Konzern seine Fähigkeit verlieren könne, Flugzeuge zu bauen", schrieb die Tageszeitung Chicago Tribune im Februar 2005. „Die Verlagerung von Produktionen ins Ausland könnte eines Tages auch die Bildung eines neues Wettbewerbers zu Folge haben, wie es einst Airbus war." Die Globalisierung, zu der kaum eine Branche mehr beigetragen hat als die Flugzeugindustrie, schlägt zurück.

Angesichts der erheblichen Bedeutung der japanischen Industrie als Zulieferer wird es kaum erstaunen, daß die der Boeing ohnehin seit jeher sehr gewogenen Fluggesellschaften All Nippon Airways und Japan Airlines zu den ersten und größten Kunden des Dreamliner zählen. Boeing ist es mit seinem neuen Modell auch gelungen, in bisherige Airbus-Domänen vorzudringen. So bestellte Air Canada in Seattle, und auch ein außergewöhnlich hart umkämpfter Großauftrag aus Indien ging an Boeing. Bis heute haben die Amerikaner 386 Bestellungen – verbindliche Aufträge und Optionen addiert – für den Dreamliner in ihren Büchern. Es existiert zumindest im Segment der Widebodies kein anderes Flugzeug, das sich nach seiner Ankündigung so schnell verkauft hat. In Seattle sprechen die Boeing-Leute von einer „ekstatischen Stimmung", denn sie hatten selbst einen solchen Erfolg nicht erwartet. Die Produktionskapazitäten des Dreamliner sind bis zum Jahre 2011 ausgebucht, aber noch immer gilt der Vorbehalt, daß dieser Flieger bis heute real noch gar nicht existiert und er während seiner Erprobung erst einmal zeigen muß, ob er wirklich alle jene vortrefflichen Eigenschaften besitzt, die ihm Boeing nachsagt.

Das Gegenmodell der Europäer

Als Boeing das Projekt seines Dreamliner im Jahre 2003 präsentierte und Airbus damit überraschte, versuchten die Europäer erst einmal, den Flieger klein zu reden. Eigentlich sei er nichts anderes als eine Version des eigenen Erfolgsmodells A330, sagte der Vorstandsvorsitzende von Airbus, Noël Forgeard, der, um sich über den Namen Dreamliner lustig zu machen, mit Blick auf die Amerikaner von „Dreaming in Seattle" sprach. Doch als viele Airlines unverhohlenes Interesse für den Dreamliner zeigten, dämmerte den Europäern, daß sie einer starken Antwort auf die amerikanische Herausforderung bedurften, denn das kampflose Räumen eines sehr rentablen Marktsegments kam natürlich überhaupt nicht in Frage. „Wir haben Aufträge an Boeing verloren und gratulieren dem Wettbewerber dazu", meinte Forgeard. „Ich hoffe, die Amerikaner haben diese Zeit genossen, denn sie ist vorbei."

Zunächst glaubte Airbus, es genüge, die bewährte A330 mit neuen Triebwerken auszustatten. Doch dieser Vorschlag beeindruckte die Airlines nicht. Dann dachte Airbus-Verkaufschef John Leahy, Airbus könne die Herausforderung durch Boeing mit einem neuen Flügel für die A330 beantworten. Doch auch dieser Vorschlag kam bei der Kundschaft nicht gut an. Nun endlich verstanden die Europäer, daß sie die Amerikaner besser ernstnehmen sollten.

Prinzipiell besaßen die Europäer zwei Möglichkeiten: Sie konnten dem Beispiel des Dreamliner folgen und ein völlig neues Flugzeug bauen, dessen Entwicklung acht bis zehn Milliarden Euro verschlingen und viel Zeit kosten würde. Oder sie konnten ihr bisheriges Erfolgsmodell A330 für rund 4,5 Milliarden Euro umbauen. Der Board der EADS erwog beide Optionen und entschloß sich für die „kleine Lösung". Der A350 getaufte Konkurrent zum Dreamliner sollte trotz einer erheblichen Modernisierung und Weiterentwicklung letztlich auf der A330 beruhen und im Jahre 2010, also zwei Jahre später als der Dreamliner, auf den Markt kommen. „Wir haben die Entwicklung eines völlig neues Modells nicht wegen der Kosten abgelehnt", berichtet ein Beteiligter. „Das Geld hätten wir mobilisieren können. Aber der Zeitverlust erschien uns zu groß." Die Entscheidung war damals vielleicht verständlich – aus heutiger Sicht war sie mit einer großen Wahrscheinlichkeit jedoch falsch.

Immerhin gelang es Airbus, mit seiner Ankündigung der A350 im Jahre 2004 Boeing ein paar Steine in den Weg zu legen. Einige Airlines, die einen Kauf des Dreamliner ernsthaft erwogen, ließen sich nunmehr Zeit mit Bestellungen, um sich das Alternativangebot aus Toulouse näher anzuschauen. Airbus packte in der Eile in sein neues Modell alles, was an neuen Werkstoffen verfügbar ist: So werden die Flügel der A350 aus modernen Kunststoffen bestehen, die eine Gewichtsersparnis versprechen. Allerdings dürfte nach den vorliegenden Berechnungen der Dreamliner etwas spritsparender unterwegs sein, denn den Rumpf übernimmt die A350 vom Vorgänger A330 und dessen Rumpf besitzt Ähnlichkeiten mit jenem der A300, dem Ursprungsmodell von Airbus aus den siebziger Jahren. Sehr innovativ klang das nicht.

Zum Ausgleich stellte Airbus den zwei Langstreckenversionen des Dreamliner zwei Versionen der A350 mit etwas mehr Platz entgegen. Der Dreamliner, so argumentierte Airbus, sei ja vielleicht ein ganz nettes Flugzeug, aber leider etwas zu klein geraten. Das sahen einige Fluggesellschaften ähnlich und bedachten Airbus mit Aufträgen, obgleich die Europäer laut Liste für ihre Flieger auch mehr verlangten: Die Listenpreise der A350 betrugen im Frühjahr 2006 zwischen 170 und 190 Millionen Dollar gegenüber einer Spanne von 142 bis 150 Millionen Dollar für die verschiedenen Versionen des Dreamliner. Wobei die Flugzeuge in der Praxis mit Abschlägen auf die offiziellen Preise verkauft werden.

Die Strategie der Europäer trug, wenn auch eher bescheidene, Früchte: Im Frühjahr 2006 sah sich Boeing veranlaßt, eine etwas größere Version des Dreamliner anzukündigen, die ab dem Jahr 2012 zur Verfügung stehen soll. Gerne haben die Amerikaner das nicht gemacht, weil die Entwicklung der neuen Version Geld verschlingt und überdies den größeren und sehr erfolgreichen Langstreckenjet B777 zu kannibalisieren droht. Aber mit der Fluggesellschaft Emirates beharrte ein Großkunde auf der Entwicklung einer weiteren Version des Dreamliner, dem sich weitere Airlines anschlossen, und solchen Forderungen kann sich ein Flugzeughersteller nur schwer entziehen.

Im Frühjahr 2006 besaß Airbus Aufträge über 182 Maschinen (Festbestellungen und Optionen) in seinen Büchern. Das wäre für einen Flieger, der erst in vier Jahren in den Liniendienst gehen soll, an sich gar kein schlechtes Ergebnis, hätte Boeing für sein Konkurrenzmodell nicht mehr als doppelt so viele Aufträge vereinnahmt. Und nachdem die Kundschaft lange Zeit über die Strategie von Airbus nur gegrummelt hatte, brach der Unmut schließlich offen aus.

Es ist sehr ungewöhnlich, wenn Airlines Hersteller von Flugzeugen öffentlich hart kritisieren. Gewöhnlich bringen sie ihre Vorbehalte hinter geschlossenen Türen vor. Und besonders bedenklich wird es, wenn die Kritiker sehr große Airlines und damit wichtige Kunden vertreten. Den ersten Schuß gegen Airbus feuerte im März 2006 auf einer Konferenz in Orlando/Florida der Vorstandsvorsitzende der größten Leasingfirma für Flugzeuge ILFC, Steven Udzar-Hazy, ab. Wenn Airbus so weiter mache, werde Boeing im Markt für große Mittel- und Langstreckenflugzeuge, der Widebodies, einen Anteil von 25 Prozent erreichen, sagte Udzar-Hazy voraus. Anstatt die unterlegene A350 weiter gegen den Dreamliner ins Rennen zu schicken, solle Airbus ein völlig neues Modell entwickeln, auch wenn dessen Kosten acht bis zehn Milliarden Dollar betragen wurden. Mister Udzar-Hazy und seine Firma ILFC sind nicht irgendwer, sondern mit einer Flotte von mehr als 500 Airbus-Jets der größte Kunde der Europäer. Der auf der Konferenz anwesende Airbus-Verkaufschef John Leahy kommentierte Udzar-Hazys Kritik nachlässig mit: „Wir verkaufen reale Flugzeuge, keine Träume." Aber diese Anspielung auf den Dreamliner als einen Traum war vielleicht nicht ganz ausreichend. Ebenso wenig überzeugte der Hinweis von Airbus-Chef Gustav Humbert, die A350 sei gegenüber der A330 zu 90 Prozent ein neues Flugzeug.

Wenige Tage später legte der Vorstandsvorsitzende von Singapore Airlines, Chew Choon Seng, in einem Interview nach: „Nachdem Airbus mit viel Mühe für die A350 ein neues Heck entwickelt hat und viele neue Werkstoffe verwenden wird, könnten sie so konsequent sein und gleich auch einen völlig neuen Rumpf entwickeln." Mit anderen Worten: Auch der Chef von Singapore Airlines rät Airbus, die verwandtschaftlichen Beziehungen der A350 zur A330 zu kappen und ein völlig neues Flugzeug zu entwickeln – auch wenn diese Konstruktion viel Geld und Zeit erfordern mag.

Soll dem Dreamliner von Boeing Konkurrenz machen: Eine Computeranimation der A350 von Airbus.

Kampf um Zentimeter

Wie kurios und widersprüchlich Flugzeughersteller argumentieren, wenn sie sich in die Enge getrieben fühlen, zeigt ein Bericht des amerikanischen Luftfahrtjournalisten Scott Hamilton, der auf der Konferenz in Orlando anwesend war. Dort brachten die Boeing-Leute eines ihrer besten Argumente für den Dreamliner gegenüber der A350 vor: Der Rumpf des Dreamliner sei breiter und biete daher einen besseren Komfort für die Passagiere. Worauf das Airbus-Camp zurückgab, die Differenz der beiden Rumpfdurchmesser betrage auf der Höhe der Armlehnen gerade einmal elf Zentimeter, und das sei so vernachlässigbar wenig, daß sich daraus nun wirklich kein Verkaufsargument für den Dreamliner herleiten lasse.

Dazu bemerkt Hamilton mit Hinweis auf das Duell von Airbus und Boeing im Bereich der Kurzstreckenflugzeuge (die von ihm verwendete amerikanische Maßeinheit Inch ist in Zentimeter umgerechnet):

„Über dieser Debatte hängt eine große Ironie. Seit fast zwanzig Jahren prahlt Airbus damit, sein Kurzstreckenjet A320 sei 18 Zentimeter breiter als die B737 von Boeing und biete daher einen größeren Komfort. Dem hält Boeing entgegen, daß die B737 auf Höhe der Schultern mehr Platz bereithalte als der Airbus, was wichtig sei, denn Untersuchungen belegten, daß Passagiere Schulterfreiheit am höchsten schätzten. Wir halten dieses Argument für lächerlich – unser Hintern kennt den Unterschied zwischen dem engeren Sitz der B737 und dem breiteren Sitz der A320, und so geht es jedem, mit dem wir sprechen. Jetzt (gemeint ist die aktuelle Debatte über Dreamliner versus A350) hat Boeing das Airbus-Argument übernommen und Airbus das Boeing-Argument."

Das ist nicht untypisch. Sowohl Airbus als auch Boeing suchen überall nach Argumenten für ihre Produkte – und sei es im Lager des Gegenspielers.

Airbus reagiert

Anfang April 2006 kommentierte Airbus-Chef Gustav Humbert. „Einige Kunden haben uns ihre Besorgnis mitgeteilt und bitten uns, unsere Wettbewerbsfähigkeit bei den Langstrecken-Maschinen zu verbessern", teilte der Deutsche mit. „Die Verkaufszahlen unseres Wettbewerbers bei Langstreckenflugzeugen beginnen, besser als unsere auszusehen. Es bleibt jedoch unser langfristiges Ziel, in Führung oder zumindest in einem Kopf-an-Kopf-Rennen zu bleiben." Daher werde Airbus alle Optionen prüfen. Was das konkret bedeuten sollte, verriet Humbert allerdings nicht, allerdings scheint Airbus eine völlige Neukonstruktion auszuschließen, sondern sich mit einigen Modifikationen begnügen zu wollen. Offenbar denken die Europäer daran, den Rumpf der A350 zu vergrößern, um Boeing Paroli bieten zu können.

Jedenfalls muß Airbus reagieren, bevor die großen amerikanischen und europäischen Fluglinien anfangen, Maschinen zu bestellen. Die großen amerikanischen Airlines wie American, United oder Delta können derzeit ihre Flotten nicht erneuern, da sie sich noch inmitten eines wirtschaftlichen Gesundungsprozesses befinden, während Europäer wie Lufthansa, Air France oder British Airways zwar Aufträge finanzieren könnten, aber noch keinen Zwang sehen, ihre Flotten umzubauen. In Amerika erwarten Fachleute mit großer Sicherheit Aufträge von American und Delta für Boeing, während sich der potentielle Großkunde United bisher keinem Lager zuordnen läßt. In Europa halten es Experten nicht für ausgeschlossen, daß die Lufthansa den Dreamliner bestellt, falls Airbus keine überzeugende Alternative anbietet. Und British Airways besitzt ohnehin traditionell eine große Nähe zu den Amerikanern.

Vielleicht schreckt Airbus bislang mit einem ganz großen Wurf zurück, weil sich die Probleme der Europäer nicht auf das Duell zwischen dem Dreamliner und der A350 beschränken. Auf dem Markt für die noch größeren Langstreckenjets zwischen 300 und 400 Passagieren sieht es für Airbus mittlerweile auch ziemlich düster aus.

Zwei Triebwerke sind besser als vier

Große Passagierjets werden konstruiert, um sich anschließend während mehrerer Jahrzehnte zu verkaufen. Aber kein Hersteller kann sicher voraussehen, ob ein von ihm entwickeltes Modell nicht schon einige Jahre später als Folge neuer Technologien überholt sein wird. Nun kennt die Entwicklung des Flugzeugbaus seit dem Beginn des Jetzeitalters nicht viele Quantensprünge: Im Grunde sehen die Flugzeuge heute nicht anders aus als eine Boeing B707 Ende der fünfziger Jahre, und trotz aller Fortschritte funktionieren sie im Prinzip auch unverändert, mögen sie auch größer, sicherer, schneller und komfortabler geworden sein. Für Veränderungen sorgten vor allem die Hersteller von Flugzeugmotoren, die im Laufe der Jahrzehnte immer leistungsfähigere, gleichzeitig aber auch treibstoffeffizientere Triebwerke entwickelten.

Als Airbus zu Beginn der neunziger Jahre sein Doppelmodell A330/A340 vorstellte, galt diese Entwicklung als ein Geniestreich. Auf der Basis verwandter (und damit kostengünstig herzustellender) Rümpfe und Flügel bot Airbus mit den beiden Versionen der vierstrahligen A330 einen Flieger, der zwischen 250 und 300 Passagieren auf Strecken bis zu einer Länge von 12.500 Kilometern transportieren konnte. Die A340 war als vierstrahliger Jet für Distanzen bis 16.700 Kilometer und nahezu 400 Passagiere ausgelegt und kam damit schon sehr nahe an den Jumbo-Jet von Boeing heran. Eine Version der A340 fliegt derzeit nonstop über 18 Stunden von Singapur nach New York, was nach Angaben von Airbus den Längenrekord im Liniendienst bedeutet, wobei solche Angaben mit einer gewissen Vorsicht zu genießen sind: Nach anderen Quellen fliegt eine B777 von Boeing auf der Strecke zwischen Karatschi (Pakistan) und Toronto (Kanada) noch ein wenig länger.

Eine andere Version der A340 ist mit 75,30 Metern bis heute und wohl noch auf lange Zeit das längste Verkehrsflugzeug der Welt – länger als der Jumbo-Jet von Boeing und auch als die neue A380 von Airbus. Bis heute haben sich die verschiedenen Versionen der A340 in rund 400 Exemplaren verkauft, was für ein Flugzeug dieser Größe nach 15 Jahren ganz ordentlich ist. Allerdings müßte die A340, um sich wirklich als ein bedeutender Ertragsbringer für Airbus zu erweisen, noch einige Jahre gut verkäuflich sein. Aber das ist nicht länger der Fall.

Die A340 glich einer Herausforderung für Boeing, weil der Konzern aus Seattle in den frühen neunziger Jahren überhaupt kein Langstreckenflug mit 300 bis 400 Sitzen besaß, obgleich dieser Markt als zukunftsträchtig galt. Der Jumbo-Jet war zu groß für dieses Segment, und die in den achtziger Jahren entwickelte B767 (gegen die sich die A330 richtete) war zu klein. Boeing tat sich mit einer Antwort zunächst schwer, weil sich die Flugzeugbranche in den frühen neunziger Jahren eine ihrer konjunkturbedingten Krisen gönnte und generell das Rüstungsgeschäft als attraktiver galt. Daher überlegte Seattle zunächst, die B767 zu verlängern, aber diese Versuche fruchteten nichts. Am Ende beschloß Boeing, mit der B777 ein völlig neues Großraumflugzeug für Langstrecken zu bauen, das mit einer bis dahin unerhörten Neuheit für Furore sorgen sollte. In gewisser Weise nahmen sich die Amerikaner dabei ausgerechnet Airbus zum Vorbild.

Die Europäer hatten mit ihrem Ursprungsmodell A300 in den sechziger Jahren die Welt der Verkehrsflugzeuge revolutioniert, indem sie zeigten, daß ein stattliches Flugzeug mit mehr als 200 Sitzen mit nur zwei Triebwerken fliegen konnte anstatt mit drei oder vier, wie es die Amerikaner bis dahin praktizierten. Der Vorteil der Beschränkung auf zwei Triebwerke lag in einer spürbaren Treibstoffersparnis, allerdings durften Zweistrahler damals aus Sicherheitsgründen nicht über Ozeane fliegen. Nach der Lockerung der Vorschriften bauten Boeing in den achtziger Jahren (mit der B767) und Airbus in den frühen neunziger Jahren (mit der A330) zweimotorige Maschinen, die gut 300 Passagiere über mehr als 10.000 Kilometer und damit auch über Ozeane transportieren konnten. Als Airbus jedoch zeitgleich mit der A330 daran ging, einen Jet mit größerem Fassungsvermögen und größerer Reichweite zu bauen, griffen die Europäer bei ihrer A340 nicht zuletzt nach Aufforderungen durch die Lufthansa auf die traditionelle viermotorige Ausstattung zurück, wie sie auch den noch gewaltigeren Jumbo-Jet kennzeichnete.

Boeing konterte, indem die Amerikaner ihr Konkurrenzmodell B777 mit nur zwei Motoren ausstatteten. Triebwerke mit der notwendigen Leistungskraft existierten zwar, aber dennoch war diese Entscheidung anfangs höchst umstritten. Einen zweimotorigen Flieger mit mehr als 300 Passagieren auf extreme Langstrecken zu schicken, setzte ein unerhörtes Vertrauen in die Zuverlässigkeit der Triebwerke voraus. Ein viermotoriges Flugzeug kann seine Reise auch dann ohne Risiko fortsetzen, wenn ihm über dem Nordpol oder dem nördlichen Pazifik ein Motor ausfällt. Wenn einem zweistrahligen Flieger in einer einsamen Gegend ein Antrieb ausfällt, braucht der Pilot Gottvertrauen in die Funktionsfähigkeit seines zweiten Triebwerks – und einen nicht allzu weit entfernt liegenden Ausweichflughafen. Außerdem fragten seinerzeit Piloten, was denn eigentlich geschehe, wenn einer vollbesetzten B777 während des Starts ein Triebwerk ausfalle. Um mit nur einem Triebwerk zu starten, benötigte dieses eine ganz ungeheure, bis dahin ungekannte Schubkraft.

Diese Bedenken haben sich bis heute als völlig unbegründet herausgestellt. Von den etwa 600 in Dienst gegangenen Exemplaren der B777 ist kein einziges verlorengegangen, da sich die Triebwerke als außerordentlich leistungsfähig und zuverlässig erwiesen haben. So wie sich die kleinere B767 als „Königin des Nordatlantiks" profilierte, entpuppte sich die B777, die in ihren ersten Jahren gar nicht leicht zu verkaufen war, als „Königin des Nordpazifiks". Die modernen Triebwerke gelten als so sicher, daß die Behörden heute Routen gestatten, auf denen sich in drei Stunden Entfernung kein Ausweichflughafen befindet. Bis zu dieser Regelung konnte Airbus seine A340 mit dem Argument bewerben, der Vierstrahler dürfe unabhängig von den Witterungsbedingungen so gut wie immer die kürzeste Route wählen, während die Boeing zumindest gelegentlich einen Umweg fliegen müsse.

Aber dieses Argument überzeugt die Airlines heute nicht länger. „John Leahy und andere Airbus-Leute behaupten, man sollte besser mit vier Triebwerken über den Nordpol fliegen, aber ich weiß nicht, auf welche Statistiken sie da schauen", sagt Boeing-Marketingchef Randy Baseler. „Die B777 ist bis heute mehr als 4.300mal über den Pol geflogen. Airbus hat auch einmal behauptet, zweimotorige Maschinen seien für Flüge über den Pazifik nicht gut geeignet. Heute überqueren mehr als 450 dieser Flugzeuge jeden Tag den Pazifik."

Nachdem sich die A340 einige Jahre sehr ordentlich verkaufte, ist sie 2005 gegenüber der B777 deutlich ins Hintertreffen geraten. Die Verantwortlichen der EADS und von Airbus versichern zwar, das Ergebnis eines Jahres müsse noch keine langfristige Tendenz bedeuten, aber als im Frühjahr 2006 die Fluglinie Emirates einen A340-Auftrag bis auf weiteres zurückstellte, waren die Probleme der Europäer endgültig offensichtlich.

Ein Flugzeug mit vier Triebwerken verbraucht etwas mehr Treibstoff als ein vergleichbares Modell mit nur zwei Triebwerken: Das ist die grundsätzliche Schwierigkeit, mit der die A340 von Airbus heute kämpft und die in den vergangenen Jahren an Dramatik gewonnen hat, weil die Fluggesellschaften in Zeiten stark steigender Treibstoffpreise noch genauer auf die Kosten schauen, als sie es früher ohnehin schon getan haben. Airbus hat angekündigt, man sei bereit, eine Milliarde Euro für Modifikationen der A340 auszugeben, aber ob sich der Flieger damit retten läßt, bleibt vorerst offen. „Wir bräuchten völlig neue Motoren, die aber noch nicht existieren", sagt ein EADS-Stratege unverblümt.

Derweil schüttelt die Konkurrenz in Amerika verständnislos den Kopf. Daß Airbus das in den späten achtziger Jahren konzipierte Ursprungsmodell seiner A340 mit vier Motoren entwarf, war im Kontext der damaligen Zeit verständlich. Aber die Entscheidung der Europäer, zwei moderne Versionen der A340 noch zu Beginn dieses Jahrzehnts mit vier Triebwerken auszustatten, versteht auf der anderen Seite des Atlantiks niemand. „Zu diesem Zeitpunkt war doch angesichts des Erfolges unserer zweistrahligen B777 offensichtlich, daß sich das Airbus-Konzept mit vier Triebwerken überlebt hatte", meint ein hochrangiger Boeing-Manager. „Airbus hätte bei dieser Gelegenheit die A340 mit überschaubarem finanziellen Aufwand als Zweistrahler an den Markt bringen können. Dann hätten sie heute überhaupt keine Probleme mit diesem Modell."

Die Malaise der Europäer bei den sehr rentablen Widebodies mit 200 bis 400 Sitzen gibt vor allem Deutschen Anlaß zu der Frage, ob das Wirken Noël Forgeards während seiner Zeit als Airbus-Chef von 1998 bis 2005 wirklich so segensreich gewesen sei wie immer behauptet. Zu jener Zeit hatte Airbus bei den Neubestellungen von Flugzeugen Boeing erst eingeholt und dann sogar leicht übertroffen, wofür sich Forgeard ebenso gerne feiern ließ wie für seine die Rentabilität steigernde Reorganisation von Airbus nach der Umwandlung in eine Aktiengesellschaft. Während das Verdienst des Franzosen als Reorganisator unbestritten und ganz erheblich bleibt, geben seine Kritiker zu bedenken, daß der Aufschwung der Neubestellungen Modelle betrifft, die allesamt unter Forgeards Vorgänger Jean Pierson entwickelt und an den Markt gebracht wurden. Dagegen habe Forgeard weder die Bedrohung durch den Dreamliner vorausgesehen noch die Schwierigkeiten der A340 erahnt, und überdies trage er auch die Verantwortung für die weitaus höher als geplant ausgefallenen Entwicklungskosten der A380. „Die Folgen der Ära Forgeard werden wir erst in den kommenden Jahren sehen", sagt ein Kritiker, und er klingt dabei reichlich finster.

Auch wenn diese Einwände sachlich richtig sein mögen, so bleibt doch die Feststellung, daß Forgeard nicht im Alleingang handeln konnte. Die Airbus betreffenden strategischen Entscheidungen wurden vom Board der EADS getroffen, der sich daher von einer Mitverantwortung nicht frei machen kann. Die Überforderung von Airbus durch die zeitgleiche Entwicklung der A380 und des Militärtransporters A400M wurde von der EADS zumindest billigend in Kauf genommen. Airbus macht heute eine Erfahrung, die Boeing seit vielen Jahren kennt: Ein Flugzeughersteller, der eine ganze Flotte im Programm hat, besitzt nicht die Ressourcen, um an allen Modellen gleichzeitig zu arbeiten. Die betriebswirtschaftliche Logik des Flugzeugbaus besteht ja gerade darin, einen Flieger, der mit sehr hohen Kosten über einen langen Zeitraum entwickelt wurde, anschließend über viele Jahre unverändert zu verkaufen, um die hohen Entwicklungskosten zu amortisieren. Vorübergehende Schwächen einzelner Modellreihen muß ein großer Hersteller einkalkulieren und aushalten können – solange sie nicht zu lange dauern.

Das Duell der Verkäufer

Gegen Ende des Jahres 2005 schrieb John Leahy einen Brandbrief an seine Vorstandskollegen von Airbus. Darin beklagte er sich über die Schwächen im Produktportfolio und forderte nachdrücklich Verbesserungen. Wie es so geht mit internen Brandbriefen, die eine Reaktion erzwingen wollen, fand das Schreiben seinen Weg aus dem Airbus-Hauptquartier heraus – durch eine Indiskretion gegenüber der Presse. Da ließ ein angesichts mehrerer entgangener Aufträge nicht sehr glücklicher Chefverkäufer seiner Enttäuschung freien Lauf und teilte der Öffentlichkeit nebenher indirekt mit, die Verantwortung für das Comeback von Boeing trügen die Produktstrategen von Airbus, aber nicht der für den Verkauf der Flieger verantwortliche Vorstand.

Es ist eine Sache, Flugzeuge zu entwickeln und zu bauen. Anschließend gilt es, sie zu verkaufen. Airbus und Boeing können sich beide glücklich schätzen, außerordentliche Talente als Chefverkäufer bzw. Marketingexperten zu beschäftigen. John Leahy und Boeings Randy Baseler wetteifern seit Jahren um die Gunst von Airlines, und beide zeigen darin eine Menge Einsatz und Einfallsreichtum.

John Leahy verdankt seinen Einstieg bei Airbus der Entscheidung des früheren Präsidenten Jean Pierson, sein Team zu internationalisieren, um die Märkte außerhalb Europas besser zu bedienen. Pierson war zwar ein glühender französischer Patriot, aber auch unbefangen genug, um zu akzeptieren, daß sich Flugzeuge in Amerika am ehesten von Amerikanern verkaufen lassen. Der New Yorker Leahy hatte einige Jahre bei dem Hersteller von Kleinflugzeugen Piper verbracht, ehe er Mitte der achtziger Jahre zu Airbus stieß, wo er bald mit mehreren Verkäufen an amerikanische Airlines auffiel. Seit Mitte der neunziger Jahre ist der gelernte Pilot und Flugausbilder, der in der Branche als aggressiver, gelegentlich fast zur Besessenheit neigender Mann beschrieben wird, Verkaufschef von Airbus und heute einer der führenden Manager im Konzern.

Chefverkäufer können Einfluß auf die Entwicklung von Produkten nehmen. Die A330 von Airbus, die zu Beginn der neunziger den Markt betrat und als Widebody mit maximal 300 Sitzen für Mittel- und Langstrecken der damals etablierten B767 von Boeing das Lebenslicht auspustete, gilt in der Branche als „Leahys Flugzeug", weil der Amerikaner seine europäischen Kollegen davon überzeugte, endlich einen Flieger zu bauen, der auf die Bedürfnisse amerikanischer Airlines zugeschnitten war. Das Vorgängermodell, der Airbus-Ursprungsjet A300, war zwar eigentlich auch für den amerikanischen Markt gedacht, hatte dort aber trotz einzelner spektakulärer Erfolge letztlich nicht reüssiert. Auch auf die Gestaltung der A380 wirkte der Amerikaner ein.

Leahys Gegenspieler Randolph S. „Randy" Baseler ist ein Eigengewächs von Boeing, das nach seinem Studium an einer Universität in Seattle bei dem Flugzeughersteller anheuerte und ihm bis heute treugeblieben ist. Baseler arbeitete erst viele Jahre als Marktanalyst, ehe er als Verkäufer für Frachtflugzeuge begann. Seit 1998 leitet der wie Leahy graumelierte Mittfünfziger das Marketing für alle Zivilflugzeuge von Boeing, für die eigentlichen Verkaufsverhandlungen ist sein Kollege Scott Carsons zuständig. Wie sein Gegenpart Leahy, mit dem ihn nach eigenen Worten ein „herzliches Verhältnis" verbindet, gilt Baseler als aggressiv, hartnäckig und selbstbewußt. Er betreibt seit einiger Zeit einen Weblog, den er dazu nutzt, Gutes über Boeing und gelegentlich nicht ganz so Gutes über Airbus zu schreiben.

Man kann die öffentlichen Auseinandersetzungen der beiden Amerikaner durchaus als Ausdruck eines extrem harten Wettbewerbs verstehen, aber ganz frei von Übertreibungen und Showelementen sind sie wohl nicht. So kommentierte Leahy in einem Interview mit dem Fachmagazin Airline Fleet & Network Management im November 2005 die Kritik von Boeing an der neuen A350 ätzend: „Ein Grund, warum unser Marktanteil von 18 Prozent im Jahre 1995 auf mehr als 50 Prozent in den vergangenen fünf Jahren gestiegen, besteht in der Tatsache, daß Boeing es einfach nicht kapiert. Sie geben uns dauernd Ratschläge, wie unsere Produkte aussehen sollen, und sagen, warum das, was wir tun, nicht das ist, was sie tun. Tatsache ist: Wir tun das, was nötig ist, um einen Marktanteil von mehr als 50 Prozent zu erreichen. Vielleicht sollte uns Boeing folgen, anstatt uns zu kritisieren."

In Anbetracht der Schwierigkeiten der A350 gegenüber dem Dreamliner fiel es Baseler leicht, zwei Monate später in der gleichen Publikation ebenso ätzend zu antworten: „Wir hoffen sehr, daß Airbus bei seiner Strategie bleibt! Wir finden, daß sie wunderbar ist, vor allem bei den Widebodes. Für uns sieht sie aus wie ein absolutes Durcheinander." Auf diese Weise unterhalten Airbus und Boeing ein amüsiertes Fachpublikum schon seit vielen Jahren, wobei die Schärfe eher noch zugenommen hat, seitdem Boeing seine führende Marktposition einbüßte. In anderen Branchen ziehen Konkurrenten öffentlich nicht derart rüde übereinander her – die Flugzeugbranche ist schon einmalig.

Nun sind die Marketingstrategen lediglich die Aushängeschilder für ganze Verkäufertruppen, die bei Airbus rund 120 Personen umfassen und in der Branche für ihr zupackendes Verhalten bekannt sind. „Ihr Marketing ist sehr aggressiv, so daß wir von ihnen lernen können", sagte vor einiger Zeit sogar Baseler von Boeing. „Aber wir wollen einmal sehen, ob sie das Tempo längere Zeit durchhalten." Airbus-Verkäufer (für Boeing gilt ähnliches) verbringen fast ihre gesamte Zeit bei Kunden, um sie möglichst gut kennenzulernen, ihren künftigen Bedarf an Flugzeugen zu erahnen und ihnen rechtzeitig ein Angebot zu unterbreiten.

Meistens laden Airlines Vertreter von Airbus und Boeing zu Verhandlungen über den Kauf von Flugzeugen ein. Solche Gespräche können sich über ein bis zwei Jahre hinziehen, ehe sie in die „heiße Phase" eintreten, und verlangen von den Verkäufern gute Nerven, eine stark ausgeprägte Hartnäckigkeit und ein gerütteltes Maß an Flexibilität. Die Dauer der Verhandlungen mag erstaunen, aber hier geht es nicht selten um Milliardenbeträge und um Geschäfte, die eine Fluggesellschaft während vieler Jahre an bestimmte Modelle binden. Da schaut jede Airline natürlich ganz genau hin, was und zu welchem Preis sie kauft.

Kurz vor der Entscheidung kann es vorkommen, daß sich die Bewerber, Flugzeugbauer wie Motorenhersteller, zu Gesprächen in das Hauptquartier einer Airline begeben müssen, wo die Airline-Manager manchmal während Tagen abwechselnd von Camp zu Camp schreiten, um zusätzliche Konzessionen herauszupressen. Viele Fluggesellschaften haben im Lauf der Jahre gelernt, Boeing und Airbus mit beachtlichem Erfolg gegeneinander auszuspielen. Der Verkauf von Flugzeugen ist in einem heiß umkämpften Wettbewerbsmarkt kein Zuckerschlecken.

Zu den Standardvorwürfen der unterlegenen Seite gehört es, dem Sieger einen Verkauf zu einem unrentablen Preis vorzuwerfen – was nicht verboten ist, aber ein wenig einen Verstoß gegen die guten Sitten bedeutet. Seitdem Airbus bei den Kurzstreckenflugzeugen Boeing abhängt, klagen die Amerikaner über viel zu niedrige Preise der Europäer. Wogegen Airbus umgekehrt Boeing nachsagt, die Amerikaner würden ihren Dreamliner um nahezu jeden Preis in den Markt drücken. Gleichzeitig versichern die Topmanager der beiden Unternehmen ungerührt, ihnen sei ein solides Gewinnwachstum lieber als eine Umsatztreiberei zu Lasten des Ertrags.

Wir steht es nun mit dem Comeback von Boeing? Die B787 ist zunächst einmal eine höchst erfolgreiche Marketingkampagne gewesen, in der es Boeing gelang, die verheißungsvolle Bezeichnung Dreamliner in der Öffentlichkeit zu verankern – keine geringe Leistung, wo, mit Ausnahme des Jumbo-Jets, Flugzeuge gewöhnlich nur mit ihren Typenbezeichnungen in den Medien auftauchen. Mit dem Dreamliner hat Boeing seinen europäischen Konkurrenten auf dem falschen Fuß erwischt, allerdings halten selbst die Amerikaner ihren Vorsprung bei den Bestellungen selbst für möglicherweise nur vorläufig, falls es Airbus gelingen sollte, ein adäquates Konkurrenzprodukt auf den Markt zu bringen. Denn den großen Fluggesellschaften liegt daran, zwischen zwei etwa gleichwertigen Produkten wählen zu können. Insofern mag das Luftloch, in das Airbus bei den kleinen Widebodies ganz offensichtlich fliegt, nicht von langer Dauer sein.

Zumal der Dreamliner seine Leistungsfähigkeit erst noch in der Praxis belegen muß. Der Flieger stellt eine außerordentliche technische und organisatorische Herausforderung dar. Die Entscheidung, einen erheblichen Teil des Flügels und des Rumpfs aus Kunststoffen herzustellen, senkt das Gewicht des Fliegers und reduziert seinen Treibstoffverbrauch. Aber manche Fachleute sind sich über die Lebensdauer solcher Kunststoffe, die zwar härter sind als Aluminium, aber möglicherweise auch anfälliger für Verschleißerscheinungen, nicht einig. Im Frühjahr gab die amerikanische Flugaufsichtsbehörde neue Wartungsvorschriften für zwei Modelle von Airbus bekannt, weil ein Airbus während eines Flugs Teile seines aus Kunststoffen bestehenden Ruders verloren hatte. Das Flugzeug konnte trotzdem sicher landen. Als problematisch gilt auch die rechtzeitige Entdeckung von Alterungsprozessen bei den im Flugzeugbau verwendeten Kunststoffen. Boeing versichert, die für den Dreamliner verwendeten Kunststoffe seien völlig unbedenklich, und es existiert keinerlei Grund zu glauben, die routinierten Flugzeugbauer aus Seattle würden ein Flugzeug auf den Markt bringen, von dessen Sicherheit sie nicht absolut überzeugt wären. Aber vor der Lizenzierung des Dreamliner stehen noch zahlreiche Tests und Überprüfungen durch die Aufsichtsbehörden.

Offen bleibt vorerst auch, ob der Dreamliner zeitgerecht aufsteigen wird. Verzögerungen bilden fast den Normalfall bei der Entwicklung von Flugzeugen, und so kursieren schon seit einiger Zeit Gerüchte, Boeing werde seinen Zeitplan nicht einhalten können. In jedem Falle bedeutet die Montage eines Flugzeugs, dessen Teile aus vier Kontinenten angeliefert werden, Schwerstarbeit für die Planer von Boeing. Der Dreamliner ist, sofern er wie geplant an den Markt kommen wird, sicherlich geeignet, Airbus einige Probleme zu bereiten. Aber er verkörpert auch ein nicht unerhebliches Risiko für Boeing. Sollten sich die Amerikaner mit ihrem anspruchvollen Modell übernehmen, besäßen sie überhaupt keinen einigermaßen modernen Flieger in ihrem Programm.

Vorne bleiben werden die Amerikaner fraglos mit ihrer größeren B777 gegenüber der veralteten A340 von Airbus, und hier werden sich die Europäer etwas einfallen lassen müssen. Von einem Comeback der Amerikaner zu reden, wäre allerdings verfehlt, denn die B777 befindet sich schon seit mehr als zehn Jahren auf dem Markt. Allerdings beginnt sie erst jetzt, eine dominante Marktstellung gegenüber der Konkurrenz zu erlangen – ein weiterer Beweis für die extreme Langfristigkeit des Flugzeugbaus.

Flugzeuge zu bauen und zu verkaufen ist nach Auskunft von Boeing und Airbus die Lieblingstätigkeit der beiden Unternehmen, der sie gerne ungestört nachgehen würden. Doch übt in diesem Metier bekanntlich auch die Politik einen nachhaltigen Einfluß aus. Und so bildete der Aufschwung von Airbus Ende der neunziger Jahre den Amerikanern Anlaß, sich wieder einmal mit der Frage der Subventionierung des Flugzeugbaus zu befassen. Dabei gelangten sie zu Schlußfolgerungen, die den Europäern überhaupt nicht zusagten.

12   Runde drei im Handelsstreit

„Ich bin kein Pokerspieler.
Aber ich weiß genug von dem Spiel, um zu wissen,
daß Airbus als Pokerspieler aus jedem Casino in Las Vegas
geworfen würde."
Randy Baseler, Marketingchef von Boeing, im Jahre 2005

Vorspiel

Das Abkommen von 1992 zwischen den Vereinigten Staaten und der Europäischen Union über die Subventionierung des Baus von Großraumflugzeugen hatte die Amerikaner nicht lange befriedigt gelassen. Der Aufschwung von Airbus ab Mitte der neunziger Jahre und der gleichzeitige Niedergang von Boeing warfen in Washington Fragen nach der Wettbewerbsfähigkeit der amerikanischen Luftfahrtindustrie auf, die insgesamt mehrere hunderttausend Arbeitsplätze bot und immer noch eine sehr wichtige Exportbranche war. Erste Überlegungen, gegen die Subventionierung der Europäer vorzugehen, entstanden gegen Ende der zweiten Amtszeit von Präsident Bill Clinton im Jahre 2000, als deutlich wurde, daß Airbus ein Drittel der Entwicklungskosten seines neuen Riesenfliegers A380 durch rückzahlbare Staatskredite finanzieren würde. Außerdem hatte die Welthandelsorganisation (WTO) gerade amerikanische Steuererleichterungen für Exporteure als nicht vereinbar mit den internationalen Handelsregeln erklärt. Eine der wichtigsten Profiteure dieser Steuervergünstigungen wäre Boeing gewesen.

Das Weiße Haus konsultierte den Kongreß und Boeing und verzichtete anschließend, den Fall vor die Welthandelsorganisation (WTO) zu bringen. Die Gewährung rückzahlbarer Staatskredite über ein Drittel der projektierten Entwicklungskosten eines neuen Modells stand im Einklang mit dem Abkommen von 1992; überdies lehnte Boeing damals eine Konfrontation ab, als deren Folge beide Seiten im schlimmsten Falle Handelsbarrieren aufziehen würden. In Europa flogen weitaus mehr Maschinen von Boeing und McDonnell Douglas als umgekehrt Airbus-Flieger in Nordamerika. Für Boeing, das seine europäischen Absatzmärkte nicht verlieren wollte, stand bei einer Konfrontation mehr auf dem Spiel als für Airbus.

In den Jahren 2001 bis 2003 nahm der amerikanische Unmut angesichts der Erfolge von Airbus weiter zu, aber noch immer war die Industrie nicht für einen politischen Feldzug gegen Airbus zu gewinnen. Erst 2004 eskalierte der Konflikt – nicht zufällig vielleicht inmitten eines amerikanischen Präsidentschaftswahlkampfes. Zunächst präsentierte Boeing das Projekt seines neuen Dreamliner, der nach den Europäern vorliegenden Hinweisen erheblich subventioniert wird. Die Europäische Kommission wollte gegen diese Subventionen nicht direkt vorgehen, munitionierte sich jedoch im Stillen für einen neuen Handelskonflikt und überließ die Antwort Airbus. Der Flugzeugbauer aus Toulouse begann ab dem Sommer 2004 immer lauter über ein Konkurrenzmodell für den Dreamliner, die eigene A350, nachzudenken. Airbus verwies auf das Abkommen von 1992, das eine Finanzierung eines Drittels der Entwicklungskosten der A350 durch rückzahlbare Staatskredite gestattete, legte sich aber nicht fest. Die vier betroffenen europäischen Regierungen versicherten in der Folge, die Staatskredite bereitzustellen, falls Airbus auf sie zurückgreifen wolle.

Damit wurde das Dossier immer politischer. Präsident George W. Bush beorderte, mitten im Wahlkampf befindlich, seinen Handelsbeauftragten Robert Zoellick, alle denkbaren Maßnahmen gegen die Subventionierung von Airbus zu ergreifen, eine Klage vor der WTO eingeschlossen. Mehrere Gesprächsrunden zwischen amerikanischen und europäischen Unterhändlern scheiterten, weil die Amerikaner eine Neuverhandlung des Abkommens von 1992 verlangten, die Europa aber kategorisch zurückwies. Aus den Vereinigten Staaten drangen daraufhin Gerüchte über einen bevorstehenden Handelskonflikt über den Atlantik, die von den Europäern als Wahlkampfgetöse verlacht wurden. „Natürlich hat der Zwist zwischen Airbus und Boeing einen hohen Unterhaltungswert", kommentierte EU-Handelskommissar Patrick Lamy in einem Gespräch mit der Hamburger Wochenzeitung Die Zeit. „Es ist einfach verrückt, uns einreden zu wollen, das habe nichts mit den Wahlen zu tun." Gleichzeitig versicherte Lamy, die Europäische Kommission sei auf eine Auseinandersetzung vorbereitet.

Ende September 2004 deutete Airbus-Chef Noël Forgeard in einem Interview an, daß Airbus die A350 bauen wolle und dafür auf Staatskredite zurückgreifen werde. Kurz danach versuchten Zoellick und Lamy noch einmal, sich über eine gemeinsame Lösung zu verständigen. Vergeblich.

Die Doppelklage

Am 6. Oktober 2004 reichte die amerikanische Regierung bei der WTO eine Klage gegen die Europäische Union sowie Deutschland, Frankreich, Großbritannien und Spanien ein. Die Amerikaner begründeten ihre Klage mit der Behauptung, die Finanzierung von Flugzeugen durch rückzahlbare Staatskredite verstoße gegen eine aus der Mitte der neunziger Jahre stammende Vereinbarung der WTO-Mitgliedsstaaten über unzulässige Subventionen. Gleichzeitig kündigten die Vereinigten Staaten einseitig das Abkommen von 1992 mit der Europäischen Union über die Subventionierung großer Passagierflugzeuge.

Die Europäische Union zeigte sich nur mäßig überrascht. Sie antwortete unverzüglich mit einer längst vorbereiteten Klage vor der WTO gegen die ihres Erachtens mit den Regeln der Welthandelsorganisation nicht zu vereinbaren indirekten Subventionen durch Militärgeschäfte, mit denen in den Vereinigten Staaten der Bau ziviler Flugzeuge unterstützt werde.

Die dritte Runde des Handelsstreits war eröffnet.

Zunächst einmal tat sich nicht viel. Die Regeln der WTO sehen zunächst eine sechzig Tage während Konsultationsperiode vor, während der sich die beiden Streithähne unter sich einigen können. Diese Konsultationsperiode kann auf beiderseitigen Antrag verlängert werden. Europäer und Amerikaner trafen sich Anfang November erstmals zu Gesprächen am Sitz der WTO in Genf, in denen sie ihr Anliegen deutlicher machten. Die Amerikaner führten den herben Marktanteilsverlust von Boeing seit 1996 ins Feld, um die nachteilige Wirkung der europäischen Subventionen zu verdeutlichen. Die Europäische Kommission wiederholte die ihres Erachtens unzulässige indirekte Subventionierung des Flugzeugbaus durch Militärgeschäfte in den Vereinigten Staaten.

Danach kehrte für einige Zeit Ruhe ein. Man konnte den Eindruck gewinnen, als ob zwei Indianerhäuptlinge mit lautem Geschrei ihre Kriegsbeile ausgegraben hatten, um sich anschließend zu fragen, was sie mit ihren Waffen eigentlich anfangen wollten.

Der Charme rückzahlbarer Staatskredite

Das Ansinnen der Amerikaner war von Beginn an klar: Sie wollten endlich und ein für allemal die Teilfinanzierung neuer Airbus-Modelle durch rückzahlbare Kredite europäischer Regierungen abgeschafft wissen. Das war ihnen in dem Abkommen von 1992 noch nicht gelungen, aber dieses Mal waren sie finster entschlossen.

Ihr Einfallstor bildeten die Staatskredite für die A380. In den Anfangsjahren von Airbus hatten die Amerikaner solche Hilfen mit der Begründung akzeptiert, junge und kleine Teilnehmer in einer Industrie könnten vorübergehenden staatlichen Schutz gegenüber den arrivierten Mächtigen beanspruchen. Das entsprach, wie bereits erwähnt, einer von dem deutschen Ökonomen Friedrich List im frühen 19. Jahrhundert formulierten, weit verbreiteten wirtschaftspolitischen Position. Doch Airbus war längst kein junger Springinsfeld mehr, argumentierten die Amerikaner nun. Immerhin hätten die Europäer Boeing mindestens eingeholt, wenn nicht sogar überholt. Seit wann bedürfe ein Marktführer eines besonderen staatlichen Schutzes? Die Frage war berechtigt.

Konkret versuchten die Amerikaner die Unvereinbarkeit der Staatskredite für die A380 sowohl mit dem Abkommen von 1992 wie auch mit dem reichlich schwammig verfaßten WTO-Kodex aus der Mitte der neunziger Jahre zu belegen – Behauptungen, die von den Europäern selbstverständlich entschieden zurückgewiesen wurden. Der Angriffspunkt der Amerikaner bildete die Bindung einer Tilgung der Staatskredite an den kommerziellen Erfolg der A380. Bewährte sich der Riesenflieger nicht am Markt, mußte Airbus die Kredite nicht zurückzahlen. Daraus folgerten die Amerikaner, daß nicht Airbus das Risiko eines Scheiterns des Projekts trage, sondern der Staat. Im Kodex der WTO steht allerdings, Subventionen dürften nicht gegen die Prinzipien eines Wettbewerbsmarktes verstoßen, in dem nun einmal die Eigentümer eines Unternehmens das Risiko eines geschäftlichen Scheiterns tragen müssen. Airbus habe durch die Staatskredite einen ungerechtfertigten Vorteil erhalten, klagten die Amerikaner. Das klang nicht völlig abwegig.

In eine ähnliche Kategorie wie die Regierungshilfen gehörten nach Ansicht der Amerikaner zinsgünstige Kredite der Europäischen Investitionsbank (EIB), einer von europäischen Regierungen getragenen Bank mit Sitz in Luxemburg, die Airbus im Laufe der Jahre mehr als eine Milliarde Euro zur Verfügung gestellt hat, darunter alleine 700 Millionen Euro für die Entwicklung der A380.

Unter den direkten Staatshilfen führte Washington daneben frühere Einschüsse der Regierungen (zum Teil durch die Einschaltung von Staatsbanken) vor allem aus Frankreich und Deutschland in staatliche Unternehmen aus der Luftfahrtindustrie an, deren Höhen die Amerikaner aber nicht beziffern.

Es lassen sich durchaus auch Europäer finden, die hinter vorgehaltener Hand die amerikanische Position teilen und die staatlichen Starthilfen für Airbus als überholt bezeichnen. Dennoch fällt die Trennung von ihnen offenbar allen Beteiligten schwer, denn Airbus sind diese niedrigverzinslichen Kredite natürlich hochwillkommen. Und auch den europäischen Regierungen gefällt diese Art der Unterstützung von Airbus besser als das amerikanische Modell einer großzügigen Alimentierung des Militärgeschäfts, das über schwer kalkulierbare Technologietransfers indirekt auch den Bau von Passagierflugzeugen stützt. Zumal seit dem kommerziellen Erfolg von Airbus die Rückzahlungen früher ausgegebener Kredite an die Staaten ins Laufen gekommen sind, auch wenn eine vollständige Rückzahlung vor allem sehr alter Kredite aus den Anfangsjahren von Airbus nicht mehr zu erwarten steht. Als Beleg führt Washington eine Vereinbarung der Bundesregierung mit der DASA aus den späten neunziger Jahren an, in der sich die Bundesregierung mit der Rückzahlung von Krediten über 3,1 Milliarden DM begnügte, obgleich sie seit den siebziger Jahren gut 10 Milliarden DM für Airbus mobilisiert hatte.

Um eine Deeskalation herbeizuführen, erklärte Airbus einen freiwilligen Verzicht, die bereits genehmigten Staatskredite für die A350 bis auf weiteres abzurufen. Gleichzeitig machte Toulouse jedoch klar, daß dieses Entgegenkommen nicht als grundsätzlicher Verzicht auf Staatskredite zu verstehen sei. Sollte dieses Instrument in einem künftigen Abkommen wie im Jahre 1992 genehmigt werden, wolle Airbus auf die von den Regierungen für die A350 bereitgestellten Mittel auch zurückgreifen.

Die Rolle des Militärs und der NASA

Um die Forderung der Amerikaner nach der Abschaffung der Staatskredite für Airbus zu kontern, hatten die Europäer im Gegenzug die Vorteile angeprangert, die der amerikanischen Flugzeugindustrie durch die Förderung des Militärgeschäfts durch das Pentagon zufließen – und die im Unterschied zu den europäischen Staatskrediten nicht rückzahlbar seien. Für Boeing errechneten sie seit dem Jahre 1992 militärische Subventionen über 21 Milliarden Dollar.

Die Amerikaner wenden sich jedoch bis heute gegen die Vorstellung, hier lasse sich eine Art Gegengeschäft „Europäische Hilfen durch Staatskredite versus amerikanische Subventionen des Militärgeschäfts" aufbauen. Denn von Militärsubventionen profitiere nicht nur die amerikanische, sondern auch die europäische Industrie, sagen sie. Insofern besäßen amerikanische Unternehmen wie Boeing überhaupt keine Vorteile gegenüber der europäischen Konkurrenz.

Die Bedeutung des Militärgeschäfts für die zivile Luftfahrt war lange Zeit umstritten. Als die Europäer in früheren Subventionsdebatten dieses Thema auf die Tagesordnung brachten, wiesen es die Amerikaner zunächst zurück. Es existieren auch ältere Arbeiten liberal geprägter europäischer Ökonomen, die einen engen Zusammenhang zwischen militärischen Forschungsprojekten und technologischen Fortschritten im zivilen Flugzeugbau wenn auch nicht völlig abstreiten, so aber doch relativieren. Diese Position ist unhaltbar. Es ist zwar nicht möglich, die positiven Beiträge militärischer Forschung im zivilen Flugzeugbau auf Heller und Pfennig zu quantifizieren, ihre Existenz läßt sich aber nicht abstreiten. Ob es sich um die Verwendung moderner Verbundwerkstoffe handelt, um elektronische Cockpitsysteme oder um leistungsstarke Triebwerke – der Einfluß von Militärtechnologie ist offensichtlich und wird auch weder von der Industrie noch von der Politik abgestritten.

So arbeitete Boeing in den achtziger Jahren als Zulieferer für einen vom Konkurrenten Northrop Grumman gebauten Bomber und entwickelte dafür Teile aus hochmodernen Verbundwerkstoffen. Den kommerziellen Nutzen dieses Projekts beschrieb der Boeing-Manager Dale Shelhorn in einem Beitrag für die Fachzeitschrift Aviation Week: „Verbundwerkstoffe bilden die nächste Generation von Materialen in der Luftfahrtindustrie, und das Bomberprogramm hat uns bei der Herstellung dieser Werkstoffe weit vorangebracht ... Wir haben einige sehr bedeutende Fortschritte in der Luftfahrttechnologie erzielt, die sich für zivile Flugzeuge verwenden lassen." Die Bedeutung des Militärgeschäfts erhellen auch Umsatzzahlen: So erhielt Boeing alleine in den Jahren 1998 bis 2003 vom amerikanischen Verteidigungsministerium Aufträge über 82 Milliarden Dollar, von denen die Hälfte auf die Lieferung von Komponenten aus der Luftfahrtindustrie entfiel und ein knappes Viertel auf Forschung und Entwicklung.

Mittlerweile haben die Amerikaner ihre Position verändert. Sie ziehen nicht länger den Nutzen des Militärgeschäfts für den Bau von Passagierflugzeugen in Zweifel, sondern spielen den Ball ins Lager der Europäer zurück. Diese profitierten selbst viel stärker von militärischen Forschungsergebnissen als sie einräumten, lautet das von Washington vertretene Argument. Die Airbus-Aktionäre EADS und BAE Systems setzten gemeinsam im Militärgeschäft sogar mehr um als Boeing.

Den Gegeneinwand, Washington gebe sehr viel mehr Geld für militärische Forschung aus als die Europäer, kontern die Amerikaner mit dem Hinweis, europäische Rüstungsunternehmen besäßen längst einen Zugang zum amerikanischen Markt und damit auch zu Forschungsmitteln des Pentagon. Das ist weder ganz falsch noch ganz richtig. Das einzige europäische Rüstungsunternehmen mit einer nennenswerten Präsenz in den Vereinigten Staaten ist der britische Konzern BAE Systems, die alte British Aerospace. Die war zwar lange Aktionär und industrieller Partner von Airbus, will aber nun aus dem europäischen Flugzeugbauer aussteigen. Selbst wenn BAE Systems in den vergangenen Jahren aus seinen amerikanischen Militärprojekten Nutzen für seine Airbus-Flügelproduktion gezogen haben sollte, so findet diese Episode bald ein Ende. Die EADS tut sich dagegen schwer, auf dem amerikanischen Rüstungsmarkt Fuß zu fassen. Sie ist dabei, mit dem amerikanischen Partner Northrop Grumman für einen Auftrag der US Air Force über die Lieferung militärischer Tankflugzuge zu bieten, um den sich auch Boeing bewirbt. Ob sie zum Zuge kommen wird, ist völlig offen.

Die Europäer halten auch noch ein weiteres Argument parat, um ihre Unterlegenheit im Militärgeschäft zu dokumentieren: Das Pentagon sichert seinen Abnehmern von Militärgerät im Interesse dieser Unternehmen eine stattliche Rendite von 14 Prozent auf deren Geschäfte zu, was sich durchaus als Subvention begreifen läßt. In Kontinentaleuropa kann sich ein Rüstungsfabrikant glücklich schätzen, wenn er in seinen Geschäften mit den Regierungen eine Rendite von 6 bis 7 Prozent erzielt. Hier werden unterschiedliche politische Präferenzen erkennbar. Die amerikanische Supermacht kann es sich offenbar leisten, mit Billigung ihrer Bürger gewaltige Beträge für das Militär zu mobilisieren, die nicht nur den Streitkräften eine reichhaltige Ausstattung mit Material gewährleisten, sondern den Lieferanten mit Verweis auf das nationale Interesse auch noch konkurrenzlos hohe Gewinnmargen sichern. In Europa existiert dagegen kein politischer Konsens, der eine Aufblähung der Rüstungshaushalte und die daraus folgende großzügige Alimentierung der Militärindustrie erlaubt.

Die industriellen Verbindungen zwischen dem militärischen und dem zivilen Geschäft vermag kein internationales Abkommen aus der Welt zu schaffen. Abhilfe könnte nur eine Zerschlagung von Konzernen wie Boeing oder EADS/Airbus in getrennte Unternehmen für die militärische und die zivile Produktion bringen, aber das ist reine Theorie. Keine Regierung, weder in Europa noch in den Vereinigten Staaten, denkt an eine solche Zerschlagung, und sie wäre aus ökonomischer Sicht wohl auch kaum empfehlenswert. Ein Unternehmen muß selbst entscheiden, welche Geschäfte es betreiben will. „Man bekommt die indirekte Subvention des Flugzeugbaus durch das Militär nicht weg", heißt es denn auch in der europäischen Industrie.

Ähnliches gilt für den Nutzen, den der Bau von Passagierflugzeugen aus der zivilen Weltraumforschung erfährt. Die Europäer haben den Amerikanern immer wieder vorgehalten, die staatlich finanzierte NASA fördere mit ihren Geldern nicht nur die Raumfahrt, sondern auch die zivile Flugzeugindustrie. Das bestätigt eine aus dem Jahre 1991 stammende Studie für den Kongreß in Washington: „Die Forschungs- und Entwicklungsprogramme der NASA helfen der Luftfahrtindustrie, neue Technologien zu entwickeln und anzuwenden ... Die Verfügbarkeit von

Technologien, die auf Kosten und Risiko der NASA entwickelt und erprobt werden, helfen den Flugzeugbauern, neue Kompetenzen in ihre Produkte zu ermäßigten Kosten und Risiken einzubauen, so wie es militärische Entwicklungen tun. Diese technologischen Vorsprünge resultieren oft in Wettbewerbsvorteilen für die Unternehmen, die sie nutzen." In ihrem Jahresbericht 1996 nennt die NASA einige konkrete Anwendungen ihrer Forschungen im zivilen Flugzeugbau, darunter neuartige Flügel für die Modelle B757 und B767 von Boeing, Triebwerksaufhängungen für mehrere Modelle von Boeing und McDonnell Douglas, ein neuartiges Kühlsystem für die Turbinen des Jumbo-Jets und fortschrittliche Cockpit-Displays für vier Modelle von Boeing. Über das gigantische Triebwerk von General Electric, das die zweimotorige B777 über Langstrecken trägt, heißt es bei der NASA: „Auch wenn General Electric jahrelang an Verfeinerungen arbeitete – die grundlegenden Verbesserungen beim Treibstoffverbrauch und der Umweltverträglichkeit stammten aus der Beteiligung des Unternehmens an zwei Forschungsprogrammen der NASA."

Selbstverständlich halten die Amerikaner auch hierzu ein Gegenargument bereit. Demnach stünden die Erkenntnisse aus den Forschungen der NASA allen interessierten Unternehmen zur Verfügung, und damit auch den Europäern. Als Beispiel einer aus den Forschungen der NASA entwickelten Innovation nennen die Amerikaner völlig neuartige Flügel-Enden, die Airbus Mitte der achtziger Jahre erstmals für seinen Kurzstreckenjet A320 verwendet hatte. Umgekehrt besäßen amerikanische Unternehmen keinen Zugang zu den Ergebnissen der zivilen europäischen Weltraumforschung, ist aus der Industrie zu hören.

Ein Flugzeug, das eigentlich unbeabsichtigt, aber unzweifelhaft von staatlicher Forschung profitiert hat, ist der mit 107 bis 120 Sitzen kleinste, in Hamburg endmontierte Airbus A318, dessen Erstflug Anfang 2002 stattfand. Leider entsprachen die Leistungen der von dem amerikanischen Hersteller Pratt & Whitney gelieferten Triebwerke in keiner Weise den hohen Erwartungen, und so sprangen mehrere Kunden ab. Das war, wie der Luftfahrtjournalist Karl Morgenstern geschildert hat, die Stunde des deutschen Triebwerkherstellers MTU, der über ein Hochdruckventil verfügte, mit dessen Hilfe die Leistung der Pratt & Whitney-Motoren gesteigert werden konnte. MTU baut seit Jahren Verdichter für Militärjets und sah sich nun in der Lage, seine durch ein Technologieprogramm der Bundesregierung geförderte Expertise für den Airbus zur Verfügung zu stellen.

Subventionen ohne Ende

Die Klagen der Europäischen Union beschränkten sich jedoch keineswegs auf die staatliche Unterstützung des Militärgeschäfts von Boeing und die daraus folgenden Vorteile im Bau ziviler Jets. Brüssel hatte auch noch andere Pfeile im Köcher.

Der Dreamliner, mit dem Boeing wieder an die Spitze zu fliegen hofft, ist offenbar hoch subventioniert. So hat der an der Pazifikküste gelegene amerikanische Bundesstaat Washington (nicht die im District of Columbia gelegene Hauptstadt der Vereinigten Staaten), in dem Boeing seinen Sitz hat, etwa zeitgleich mit der Entwicklung des Dreamliner für die in dem Staate ansässige Flugzeugindustrie äußerst lukrative Steuervergünstigungen beschlossen, von denen Boeing nach Berechnungen New Yorker Ökonomen in Höhe von rund 3,2 Milliarden Dollar über einen Zeitraum von zwanzig Jahren profitieren dürfte. Dies entspräche etwa einem Drittel der geschätzten Entwicklungskosten des Dreamliner.

Boeing verweist zwar darauf, daß diese Steuervergünstigungen für alle im Bundesstaat Washington ansässigen Unternehmen aus der Luftfahrtindustrie gültig seien. Airbus müsse nur seinen Sitz an die amerikanische Westküste verlegen und käme dann genauso in den Genuß der Regelung! Das ist natürlich nicht ernst zu nehmen. Auch wenn de jure alle in Washington ansässigen Luftfahrtfirmen (und darunter auch ein paar kleine Airbus-Zulieferer) Steuervergünstigungen erhalten, handelt es sich de facto natürlich um eine massive und ganz bewußte Subventionierung von Boeing durch den Heimatstaat, dessen Senatorin Patty Murray in der amerikanischen Öffentlichkeit den etwas zweifelhaften Spitznamen „Senatorin von Boeing" trägt.

Mit Interesse nahmen die Europäer auch Nachrichten aus dem Fernen Osten über die Praxis japanischer Industriepolitik zur Kenntnis. Boeing will ein Drittel an der Produktion des Dreamliner an die japanische Industrie vergeben, die zur Finanzierung der Entwicklung dieser Produktion unter anderem rückzahlbare Kredite der Regierung in Tokio über maximal 1,6 Milliarden Dollar erhalten soll. Rückzahlbare Staatskredite!? Das erinnert sehr stark an die Finanzierung neuer Modelle von Airbus, gegen die sich die Amerikaner so vehement wehren. An den japanischen Praktiken finden sie jedoch nichts Anstößiges; statt dessen verweist Boeings Marketing-Chef Randy Baseler trocken darauf, daß auch europäische Zulieferer von Airbus subventioniert würden. In der Luftfahrtindustrie argumentieren alle Beteiligten seit jeher, wie sie es gerade brauchen. Auch wenn ihre Schlußfolgerungen nicht immer sehr kohärent erscheinen mögen.

Ansonsten existieren noch jede Menge Beihilfen, die sich die Kontrahenten mit Fug und Recht gegenseitig an den Kopf werfen können. So hatten die Amerikaner mehr als einmal die Unterstützung von Airbus-Exporten durch staatliche Kreditversicherer in Frankreich und Deutschland angeprangert. Die staatliche Versicherung begünstigt den Export, weil Airbus sein Geld vom Staat erhält, falls der Käufer nicht zahlen kann. Allerdings existiert auch in den Vereinigten Staaten ein öffentlicher Kreditversicherer – die in einem früheren Kapitel bereits erwähnte Ex-Im Bank, häufig und nicht grundlos auch „Boeing-Bank" genannt. Die Bank garantierte in den Jahren 1998 bis 2004 amerikanische Exporte im Wert von 53 Milliarden Dollar, von denen fast 28 Milliarden Dollar auf Flugzeugverkäufe von Boeing entfielen.

Die Amerikaner wiederum hatten in ihrer Klage vor der WTO im Oktober 2004 angeführt, Airbus profitiere von staatlich finanzierten Infrastrukturprojekten, darunter der Vergrößerung des Geländes von Airbus in Hamburg-Finkenwerder, über insgesamt mehr als eine Milliarde Euro. Das stimmte schon, bloß erfreut sich auch Boeing ähnlicher Hilfen. So boten die amerikanischen Bundesstaaten Kansas und Oklahoma Boeing finanzielle Unterstützung für den Fall an, daß der Konzern einen Teil seiner Produktion des Dreamliner in ihren Staaten ansiedeln würde. Hinzu kommen nach Angaben der Europäer Investitionen des Bundesstaats Washington für Infrastruktur über 4,2 Milliarden Dollar. Eine Auflistung lokaler oder regionaler Ansiedlungshilfen für Airbus und Boeing ließe sich beinahe nach Belieben verlängern, auch wenn zu berücksichtigen bleibt, daß derartige Subventionen in vielen Branchen verbreitet sind und nicht nur über der Luftfahrtindustrie ausgeschüttet werden.

Ein amerikanisches Nachrichtenmagazin schrieb nach dem Ausbruch des Konflikts pathetisch, es gehe hier nicht so sehr um Flugzeuge, sondern um die Auseinandersetzung zwischen zwei Wirtschaftsmodellen: der amerikanischen freien Marktwirtschaft und dem europäischen Modell mit seinem größeren Staatseinfluß. Nichts könnte falscher sein. Wenn es um die Flugzeugbranche geht, sind Europäer und Amerikaner gleichermaßen willens, den Staat eine bedeutende Rolle spielen zu lassen. Aus einer marktwirtschaftlichen Perspektive sündigen alle Beteiligten.

Drôle de guerre

Als sich nach Ausbruch des Zweiten Weltkrieges deutsche und französische Truppen viele Monate lang gegenüberstanden, ohne zu den Waffen zu greifen, tauften die Franzosen diesen Schwebezustand drôle de guerre, als „komischen Krieg". Das Duell zwischen Airbus und Boeing ist glücklicherweise nicht mit dem Zweiten Weltkrieg vergleichbar, aber das Verhalten der beiden Parteien im Handelskonflikt erinnert schon ein wenig an einen „komischen Krieg".

Nach der Einreichung der beiden Klagen im Oktober 2004 verständigten sich Europäer und Amerikaner im Januar darauf, eine gemeinsame Verhandlungslösung anzustreben. Die Europäische Union erklärte sich, zumindest nach der Schilderung der Amerikaner, bereit, über die Abschaffung von Subventionen zu verhandeln. Später änderte sie, vermutlich auf Druck einzelner nationaler Regierungen, ihre Strategie und wollte nicht mehr über die Abschaffung, sondern nur noch über eine Reduzierung der Subventionen sprechen. Etwa zur gleichen Zeit drohte Airbus mit dem Einholen von Regierungskrediten für sein neues Modell A350.

Das war zu viel für Washington, das Ende Mai 2005 eine weitere Klage gegen die Europäer wegen deren Subventionspraktiken vor der WTO einreichte, der die Europäische Union prompt eine zweite eigene Klage gegen die Subventionierung der amerikanischen Luftfahrtindustrie folgen ließ. „Die Vereinigten Staaten haben fast ein Jahr lang versucht, die Europäische Union von Verhandlungen über das Ende der Subventionierung großer Passagierflugzeuge zu überzeugen. Unglücklicherweise ist die Europäische Union nicht bereit, Staatshilfen für die Entwicklung neuer Flugzeuge abzuschaffen, und hat lediglich die Kürzung, aber nicht die Streichung von Subventionen vorgeschlagen", klagte der amerikanische Handelsdelegierte Rob Portman, der aber gleichzeitig eine Friedensbotschaft nach Brüssel übersandte. „Wir glauben immer noch an die Möglichkeit einer bilateralen Verständigung." Prompt blockierten Amerikaner und Europäer die satzungsmäßigen Anhörungen zu ihren eigenen Klagen bei der WTO.

An diesem Punkt befinden sich die Gespräche noch immer. Keine der beiden Seiten zeigt seit Ausbruch des Konflikts ein ernsthaftes Interesse an einem Schiedsspruch durch die Welthandelsorganisation, und die lockeren bilateralen Verhandlungen haben zu nichts geführt. Die Amerikaner drohen zwar immer mal wieder, die WTO anzurufen, schrecken dann aber vor ihrer eigenen Drohung zurück. Auch die Europäer sehen keinen Anlaß, den latenten Konflikt zu verschärfen.

Es ist verständlich, daß Amerikaner und Europäer ihre Differenzen am liebsten unter sich und mit einem für beide Seiten akzeptablen Kompromiß beseitigen würden. Die Anrufung der WTO als Schiedsstelle riskierte eine Lösung, mit der eventuell Amerikaner und Europäer nicht zufrieden wären. Für solche Schiedssprüche gilt in etwa das gleiche wie für Gerichtsurteile, wie es in einem alten Sprichwort heißt: „Vor Gericht und auf hoher See befindet man sich in Gottes Hand." Auch der WTO wäre es fraglos am liebsten, Washington und Brüssel würden ihre Probleme unter sich klären. Eine offizielle Prozedur vor der WTO dauerte zudem sehr lange: Alleine für die Anhörungen wäre wohl ein Jahr zu veranschlagen, und wenn dann irgendwann einmal eine Entscheidung gefallen sein sollte, besäße jede Partei das Recht, dagegen Einspruch einzulegen. Bis zu einer endgültigen Entscheidung gingen wohl mehrere Jahre ins Land.

Daß es nach den ersten Erregungen mittlerweile ruhiger um den Konflikt geworden ist, mag auch mit dem Erfolg des Dreamliner und den Schwierigkeiten der A350 von Airbus zu tun haben. Die Amerikaner hatten in der Vergangenheit spektakuläre Erfolge von Airbus oder Schwächen ihrer Luftfahrtindustrie zum Anlaß für internationale Verhandlungen mit den Europäern genommen. Nun, wo sich Boeing anscheinend wieder im Aufschwung befindet, pressiert es Washington nicht mehr so sehr, auch wenn die Amerikaner immer wieder einmal versuchen, öffentlichen Druck auszuüben. So teilte der Handelsbeauftragte Rob Portman Ende März 2006 Journalisten mit, ein Deal mit den Europäern scheitere an deren Weigerung, über rückzahlbare Regierungskredite für die Entwicklung neuer Flugzeuge zu verhandeln. Die Amerikaner suggerieren zwar, im Falle einer Entscheidung durch die WTO besäßen sie ausgesprochen gute Karten. Aber selbst manche amerikanischen Beobachter fragen sich, ob sich Boeing im Falle einer Zuspitzung nicht in der Rolle einer Person befände, die im Glashaus sitzend mit Steinen wirft.

Wie in früheren Jahrzehnten steht einem rude ausgefochtenen Streit zwischen den Vereinigten Staaten und der Europäischen Union vermutlich auch der gesunde Menschenverstand entgegen. Das Volumen des gegenseitigen Handels beträgt mindestens 400 Milliarden Euro im Jahr, und nur ein geringer Teil davon entfällt auf Flugzeuge. Die potentiellen Kosten einer Eskalation wären immens. Ob Amerikaner und Europäer eine gemeinsame Lösung für ihren Streit finden oder nicht, eine Prognose erscheint ziemlich risikolos: Auch in Zukunft dürfte der Flugzeugbau diesseits und jenseits des Atlantiks auf die eine oder andere Weise subventioniert werden.

13 Zwei Visionen der Luftfahrt

„Passagiere wollen schnell reisen, ohne Verzögerungen,
mit gutem Service, etwas Platz für sich
und sie wollen respektvoll behandelt werden!"
Der kanadische Luftfahrtexperte David Gillen im Jahre 2005

Drehkreuz oder Direktflug?

Das Duell zwischen Airbus und Boeing wird heute oft anhand ihrer neuesten Modelle betrachtet. Wer wird gewinnen: der Riesenflieger A380 oder der Dreamliner von Boeing? Die Frage wirkt angesichts der erheblichen Größenunterschiede zwischen diesen beiden Flugzeugen befremdlich, scheinbar ähnelt sie einem Vergleich zwischen Äpfeln und Birnen. Niemand käme in der Autoindustrie wohl auf die Idee, die Frage aufzuwerfen: Wer wird gewinnen, die Mercedes-S-Klasse oder der Dreier-BMW? Die beiden Autos bedienen verschiedene Segmente ihres Marktes, und nicht anders ist es bei den beiden Jets.

Und dennoch steht der Vergleich zwischen der A380 und dem Dreamliner nicht gänzlich abwegig im Raum, denn die beiden Flugzeuge stehen für sehr unterschiedliche Vorstellungen über die weitere Entwicklung des Luftverkehrs in der Welt. Und das ist wirklich überraschend. Denn Airbus und Boeing befinden sich seit Jahrzehnten in ein und demselben Markt, sie kommunizieren permanent mit den Fluggesellschaften und sie beschäftigen hochbezahlte und hoffentlich kompetente Berater. Eigentlich dürfte keiner der beiden Flugzeugbauer wertvolle Informationsvorsprünge gegenüber seinem Rivalen besitzen, und daher sollten ihre Vorstellungen von der künftigen Entwicklung ihrer Branche nicht sehr weit auseinandergehen.

Airbus und Boeing sind sich denn auch einig in ihrer Voraussage einer Zunahme des zivilen Luftverkehrs in der Welt in den kommenden zwanzig Jahren, wobei sie das Wachstumszentrum übereinstimmend in Asien verorten. Airbus erwartet bis Mitte der zwanziger Jahre auf dem Weltmarkt eine durchschnittliche Zunahme der Passagierzahlen um 5,3 Prozent im Jahr, Boeing von 4,8 Prozent. Der Unterschied wirkt nicht sehr bedeutsam, zumal Prognosen über zwanzig Jahre ohnehin mit einer hohen Unsicherheit behaftet sind. Auch in der Annahme einer starken Nachfrage nach neuen Flugzeugen unterscheiden sich die Konstrukteure nicht: Airbus sagt bis Mitte der zwanziger Jahre den Markteintritt von gut 16.000 Passagierflugzeugen im Wert von 1.900 Milliarden Dollar (Listenpreise) voraus, während Boeing die Auslieferung von 25.000 neuen Flugzeugen im Wert von 2.100 Milliarden Dollar erwartet.

Boeing prognostiziert damit eine deutlich höhere Nachfrage nach Flugzeugen, allerdings sind die Zahlen nur eingeschränkt vergleichbar, da die Amerikaner im Unterschied zu den Europäern auch Regionalflugzeuge mit höchstens 100 Sitzen in ihre Projektion aufgenommen haben. Nach den Berechnungen von Airbus waren im Jahre 2003 fast 11.000 Jets mit 1,9 Millionen Sitzplätzen unterwegs, im Jahre 2023 sollten es doppelt so viele Flugzeuge mit 4,7 Millionen Sitzplätzen sein.

Der von beiden Herstellern prognostizierte Flugzeugboom erklärt sich jedoch nicht nur mit einem kräftigen Wachstum der Branche. Vielmehr wird auch ein erheblicher Ersatzbedarf entstehen, weil die meisten heute in Dienst befindlichen Maschinen früher oder später ausgemustert werden dürften. Hierfür sorgen alleine die hohen Treibstoffpreise, die bereits in den Ölkrisen der Vergangenheit die Airlines veranlaßten, rascher als geplant in moderne und sparsame Jets zu investieren. Nach den Berechnungen von Airbus befinden sich rund 8.000 der gut 13.000 in Dienst befindlichen Flugzeuge in einem fortgeschrittenen Alter, die Hälfte davon in Nordamerika.

Ein zweiter Blick auf die Prognosen von Airbus und Boeing offenbart einen eklatanten Unterschied. Boeing sagt eine starke Zunahme der Nachfrage besonders nach kleineren und mittelgroßen (Dreamliner) voraus, sieht aber nur einen sehr kleinen Markt für sehr große Jets wie die A380. Umgekehrt prognostiziert Airbus gerade einem Riesen wie der A380 eine brillante Zukunft. Handelt es sich hierbei nur um Marketing der beiden Hersteller für ihre neuesten Modelle, oder lassen sich die Vorhersagen seriös begründen? Oder, anders gefragt: Wem gehört die Zukunft, dem Drehkreuz oder dem Direktflug?

Die Zukunft der Drehkreuze

Haben Sie einmal versucht, mit einer Linienmaschine der Lufthansa direkt von Hannover nach Washington zu fliegen? Von Berlin nach Peking? Oder von Hamburg nach Kapstadt? Die Lufthansa bietet Direktflüge von zweitrangigen deutschen Flughäfen zu Metropolen auf anderen Kontinenten nicht an. Statt dessen bringt die Lufthansa Passagiere aus Hannover, Berlin oder Hamburg zunächst mit einem Zubringerflug zu einem ihrer beiden Drehkreuze Frankfurt oder München, von denen aus sie dann ihre großen Langstreckenjets in die weite Welt schickt. Die Lufthansa hat zwar einige Zeit versucht, eine Direktverbindung zwischen Berlin und den Vereinigten Staaten zu unterhalten, doch lohnte sich das Wagnis nicht.

Drehkreuze, in der Fachsprache meist mit dem englischen Wort hub (Nabe) benannt, bildeten sich nach der Deregulierung des amerikanischen Luftverkehrsmarktes Ende der siebziger Jahre. Von allen Fesselungen befreit, begannen die großen amerikanischen Airlines damals, Strecken nach ihrer Wahl zu bedienen. Allerdings lohnten sich viele Direktverbindungen zwischen Städten wegen des geringen Verkehrsaufkommens nicht. Daher erwies es sich als hilfreich, den Verkehr aus den Regionen mit kleinen Maschinen einem Großflughafen zuzuführen und von diesem Drehkreuz aus Verbindungen in alle Welt anzubieten.

Viele dieser Großflughäfen sind Heimatflughäfen bedeutender Airlines und befinden sich am Rand berühmter Metropolen wie Chicago-O'Hare, London-Heathrow, Tokio-Hanada oder Paris-Charles de Gaulle, aber darin liegt keine Gesetzesmäßigkeit. Der (gemessen am Passagieraufkommen) größte Flughafen der Welt ist das sicher nicht zu den wichtigsten Metropolen der Welt zählende Atlanta in Georgia, wo sich die Heimat von Delta Airlines befindet. Zu den bedeutendsten Drehkreuzen gehören auch die Flughäfen von Frankfurt und Amsterdam, ohne daß die beiden Städte Metropolen von Weltruf wären.

Ein Vorteil der Drehkreuze liegt auf der Hand: Sie können die Zahl der Flugverbindungen reduzieren, wie ein einfaches Rechenbeispiel der Lufthansa belegt: „Will man zehn Städte (mittels Direktflügen) miteinander verbinden, benötigt man neun mal zehn Flüge, also insgesamt neunzig Flüge. Gibt es ein Drehkreuz dazwischen, benötigt man zehn Flüge in das Drehkreuz hinein und zehn wieder hinaus. Das sind nur zwanzig Flüge." Daraus folgt aber auch, daß ein großer Teil der Passagiere Drehkreuze als Umsteigeflughafen benutzt; der Anteil der Transitreisenden beträgt beispielsweise in Frankfurt rund zwei Drittel. Der Sinn solcher Drehkreuze ist offensichtlich, ebenso aber auch der Nachteil: Ihre Benutzung kostet durch den damit verbundenen Umweg und das Umsteigen Zeit – mit einem Direktflug, etwa von Hamburg nach Kapstadt, ginge es schneller, bequemer und eventuell auch billiger.

Der Streit zwischen Airbus und Boeing dreht sich um die Frage, welche Rolle in der Zukunft Drehkreuzen und Direktflügen zukommen wird. Airbus vertritt die Auffassung, die Rolle der Drehkreuze werde noch zunehmen, Boeing meint das Gegenteil. Die Auseinandersetzung ist nicht rein akademisch, sondern von erheblicher Bedeutung für die Flottenpolitik. Denn in einer Welt riesiger Drehkreuze besitzen Großraumflugzeuge wie die A380 offensichtlich eine glänzende Zukunft. In der Vision von Boeing, in der sich zahlreiche internationale Direktverbindungen auch zwischen Flughäfen mit einem kleineren Passagieraufkommen lohnen, dürfte ein kompaktes Langstreckenflugzeug wie der Dreamliner Triumphe feiern, ein Riese wie die A380 dagegen nur ein Schattendasein führen.

Wir wollen uns in diesem Abschnitt die Position von Airbus näher anschauen. Die Strategen aus Toulouse sehen wie ihre Konkurrenten aus Amerika den Luftverkehrsmarkt vor allem in Asien wachsen und hier besonders in China. Während jeder Bürger der Vereinigten Staaten rein rechnerisch 2,2mal im Jahr ein Flugzeug besteigt, betragen die Vergleichszahlen 0,02 in Indien und 0,06 in China. In den großen asiatischen Ländern besteht somit ein gewaltiges Nachholpotential, das mit dem Wachstum der persönlichen Einkommen im Laufe der Zeit wirksam werden könnte. Nach den Angaben von Airbus besitzen heute 250 Millionen Chinesen ein Vermögen zwischen 18.000 und 36.000 Dollar; im Jahre 2024 sollen 600 Millionen Chinesen in diese Kategorie fallen. Daß die Flugzeugbranche von einem wachsenden Wohlstand profitieren dürfte, ist eine Prognose ohne Risiko: Schon seit längerem nimmt die Zahl der Flugpassagiere in China mit einer Jahresrate von 16,5 Prozent zu.

Bis hier dürfte Boeing der Argumentation von Airbus grundsätzlich folgen, aber nun trennen sich die beiden Sichtweisen. Airbus nimmt an, daß sich der Wohlstand in China vor allem in den drei küstennahen urbanen Zonen Peking, Shanghai und Guangzhou entwickeln wird, während andere Teile des Landes vom Aufschwung weniger profitieren werden. Damit aber besäßen Peking, Shanghai und Guangzhou das Potential, riesige Luftdrehkreuze mit internationalen Anschlüssen zu beheimaten, die den Luftverkehr aus dem Rest des Landes durch von Großjets wahrgenommenen Regionalverbindungen an sich ziehen. So sagt Airbus voraus, die Zahl der Flugbewegungen auf dem Airport in Peking werde sich von heute 250.000 auf 700.000 im Jahre 2023 vergrößern. Grundlage der Prognose nicht nur für den Airport in Peking bildet ein starkes Bevölkerungswachstum in den Ballungsgebieten. So zählen heute fünf Städte mehr als 20 Millionen Einwohner; im Jahre 2023 dürfte es 15 solcher Mega-Städte geben, davon zehn in Asien. Die Entwicklung begünstigt nach Ansicht der Planer in Toulouse die Herausbildung von Drehkreuzen und den Einsatz sehr großer Flugzeuge.

Als Modell für den chinesischen Inlandsmarkt betrachtet Airbus das nahe gelegene Japan, wo Maschinen mit über 470 Sitzplätzen – es handelt sich um eng bestuhlte Jumbo-Jets ohne First und Business Class – mehr als 100 Inlandsflüge am Tag absolvieren. Der Schluß liegt nahe: Sollte das ungleich bevölkerungsreiche China seinen Luftverkehr nach dem japanischen Modell organisieren, würde das Reich der Mitte zu einem gewaltigen Absatzmarkt für die A380.

Airbus erkennt auch gute Gründe, warum im internationalen Verkehr der Chinesen Drehkreuze dominieren und Direktverbindungen, etwa zu zweitrangigen Metropolen in Europa und den Vereinigten Staaten, keine erhebliche Rolle spielen sollten. Nach Schätzungen könnten im Jahr 2020 rund 100 Millionen Chinesen ins Ausland reisen, aber schon heute sei erkennbar, daß sie Ziele bevorzugten, an denen sich Großflughäfen befänden. „Chinesische Touristen, die Langstreckenflüge buchen, sind weniger daran interessiert, Manchester, Denver oder Houston zu besichten als Paris, London, Rom, San Francisco oder New York", heißt es im aktuellen Marktausblick aus Toulouse.

Umgekehrt stamme die Mehrzahl der amerikanischen China-Reisenden aus den Großräumen Los Angeles, San Francisco und New York. Die übrigen Reisenden verteilten sich auf fünfzig amerikanische Städte, von denen sich wegen des geringen Verkehrsaufkommens keine direkte Verbindung mit einer chinesischen Stadt lohne. Ähnlich beurteile Airbus die Situation in Europa, wo 80 Prozent aller Verbindungen über 17 große Flughäfen abgewickelt würden, die sich allesamt im Umfeld großer Bevölkerungs- und Geschäftszentren befinden. Daran, so lautet die Prognose, werde sich nicht viel ändern.

Dabei bezweifelt Airbus keineswegs die Notwendigkeit neuer Langstreckenverbindungen im Grundsatz. Im Gegenteil erwarten die Europäer in den kommenden Jahren zusätzlich zu den existierenden 230 Langstreckenrouten die Eröffnungen von etwa sechzig weiteren, vor allem über den Pazifik, aber auch zwischen Europa und Asien. Airbus vermutet jedoch, daß die meisten dieser neuen Strecken zumindest auf einer Seite ein Drehkreuz berühren werden. Als Beleg dient die Erfahrung der vergangenen Jahre: Nach Angaben von Airbus hat sein Modell A340 in den vergangenen zehn Jahren 32 neue Routen eröffnet, zum Beispiel zwischen Hongkong und New York, zwischen Hongkong und Vancouver und zwischen Singapur und New York. Alle genannten Flughäfen sind Drehkreuze.

Nimmt man all diese Überlegungen zusammen, gelangt Airbus zu dem Schluß, daß die Nachfrage nach sehr großen Flugzeugen überdurchschnittlich wachsen dürfte. Denn die Drehkreuze bleiben die Zentren der Luftfahrt, allerdings droht ihnen der Kollaps durch eine zu hohe Kapazitätsauslastung. Der Rhein/Main-Flughafen in Frankfurt hält eine, von Anwohnern heftig bekämpfte, neue Landebahn für notwendig, und der größte europäische Flughafen London-Heathrow baut gerade ein weiteres Terminal. Nicht überall sind Erweiterungen großer Flughäfen möglich, denen Überfüllung droht.

Es existiert heute eine Handvoll Verbindungen zwischen Städten mit sechzig Flügen am Tag, entsprechend einem Flug alle 12,5 Minuten. Daraus leitet Airbus ein gutes Argument für seine A380 ab, mit deren Hilfe sich die Zahl der Flüge reduzieren und die damit einen Beitrag gegen die Verstopfung der Drehkreuze leisten ließe. Ein anderes, gerne zitiertes Beispiel bildet die von dem Geschäftsmann Richard Branson geführte Airline Virgin, die zwar der zweitgrößte Anbieter von Langstreckenflügen in London-Heathrow ist, angesichts der ausgelasteten Kapazitäten des Airports aber keine zusätzlichen Start- und Landerechte kaufen kann. Die naheliegende Antwort auf einen derartigen Engpaß – unter dem nicht nur Virgin leidet – besteht nach Empfehlung von Airbus im Bau großer Flugzeuge. Daher prognostizieren die Europäer für die kommenden zwanzig Jahre eine Zunahme der durchschnittlichen Zahl der Sitze eines Passagierflugzeugs von derzeit 181 auf 215.

An dieser Stelle setzt die Kritik von Boeing ein. Die Amerikaner halten die Annahme eines erheblichen Wachstums der Durchschnittsgröße von Flugzeugen für höchst problematisch – denn sie ist in den vergangenen Jahren nach den Statistiken zurückgegangen, und zwar auch dort, wo Langstreckenflugzeuge dominieren, zum Beispiel über dem Nordatlantik oder dem Nordpazifik. Boeing führt als Beleg den Niedergang seines eigenen Jumbo-Jets an, dessen Anteil an Interkontinentalflügen deutlich eingebrochen sei, seitdem zweistrahlige Maschinen wie die B777 oder die A330 oder die vierstrahlige A340 auf den Markt gekommen sind. Falls die Airbus-These stimme, daß die drohende Überlastung der Drehkreuze den Kauf sehr großer Maschinen begünstigt, hätten die Airlines in den vergangenen Jahren viel eher den riesigen Jumbo-Jet gekauft als die kleineren Modelle von Airbus oder aus dem eigenen Haus, suggeriert Boeing. (Daran mag etwas sein, aber dennoch hängt dieser Gedanke ein wenig in der Luft, weil sich argumentieren ließe, viele Airlines hätten den veralteten Jumbo nicht mehr gekauft, weil sie auf die viel modernere A380 warteten.)

Wer von den beiden alten Rivalen die Zukunft besser einschätzt, wird sich erst in vielen Jahren zeigen. Doch welche Folgen diese gegensätzlichen Analysen auf den Marktausblick für die kommenden zwanzig Jahre besitzen, zeigen die folgenden Zahlen: Airbus sagt bis Mitte der zwanziger Jahre eine Nachfrage von insgesamt 1.250 Großflugzeugen mit mehr als 400 Sitzen voraus, wovon zwei Drittel (also rund 800) auf die gewaltige A380 und ein Drittel auf Flugzeuge mit rund 450 Sitzen (also den neuen Jumbo-Jet oder auch eine verkleinerte Version der A380) entfallen würden. 62 Prozent dieser Großraumflugzeuge werden nach der Voraussage von Airbus ihren Heimatflughafen in Asien finden, 20 Prozent in Europa. Und eine letzte Zahl: 75 Prozent der Großraumflugzeuge werden zwischen den großen Drehkreuzen wie London, Tokio, Hongkong, Singapur, Peking, Dubai oder Frankfurt verkehren; ein kleinerer Teil dürfte seinen Einsatz im regionalen Verkehr finden. Dagegen sieht Boeing in seiner Prognose lediglich ein Potential für 300 Exemplare der A380 voraus.

Direktflüge sind im Kommen

Boeing hält im Unterschied zu Airbus nichts von der Annahme, die Zukunft liege in größeren Flugzeugen, die Passagiere zwischen immer geräumigeren Drehkreuzen transportieren werden. Statt dessen führe der wachsende Wettbewerb um Fluggäste zu einer größeren Zahl von Direktverbindungen, weil Passagiere nun einmal so schnell und bequem reisen wollten wie möglich. Auf diese Forderung ihrer Kunden müßten die Airlines eingehen, und glücklicherweise könnten sie dies auch, weil mit Flugzeugen wie dem Dreamliner kleinere und günstig zu betreibende Langstreckenflugzeuge zur Verfügung stünden.

Selbstverständlich hält Boeing Beispiele parat, die eine deutliche Zunahme der Direktflüge, etwa zwischen Japan und China, belegen. Auch zeigen die Amerikaner in ihrem Marktausblick einige Strecken, die heute nonstop geflogen werden, während sie früher eines Zwischenstopps aus dem Drehkreuz London-Heathrow bedurften. So fliegt Air Canada heute Toronto–Delhi direkt, American Airlines Chicago–Manchester und Continental die Route zwischen New York und Genf. Begünstigt wird dieser Trend durch die größeren Reichweiten moderner Langstreckenflugzeuge. So ist es mit einer auf extreme Entfernungen ausgelegten Version einer B777 heute möglich, die Verbindung zwischen London und Sydney nonstop zu fliegen. Bislang bedurfte es einer Zwischenlandung auf einem Drehkreuz zwischen Dubai und Bangkok.

Die Zunahme von Direktverbindungen läßt sich nicht leugnen, allerdings betont Airbus die Risiken solcher Strecken. Denn Routen werden nicht nur neu entwickelt, sondern gegebenenfalls mangels Kunden auch wieder eingestellt. So führt Airbus an, von den 39 Verbindungen, die amerikanische Airlines seit dem Jahre 1990 zwischen Nordamerika und Asien eröffnet hätten, seien 29 von Drehkreuzen gestartet. Von kleineren Flughäfen starteten zehn Strecken, von denen aber nur eine überlebt habe. Die hohe Versagensrate von Direktverbindungen zwischen weniger bedeutenden Airports verdeutlicht Airbus noch am Beispiel der Routen zwischen Europa und Asien. Von den 75 Routen, die in den vergangenen zwanzig Jahren zwischen Drehkreuzen eröffnet wurden, sind heute noch 90 Prozent intakt. Von den 47 Direktverbindungen zwischen kleineren Flughäfen wurden 60 Prozent wieder eingestellt.

Außerdem gibt Airbus zu bedenken, daß eine Direktverbindung, die vielleicht nur zwei oder dreimal in der Wochen angeboten werden kann, keine wirkliche Alternative zu Drehkreuzen mit ihrer Vielzahl von Flügen darstellt. Ein Manager beispielsweise könne einen Geschäftstermin nicht um drei Tage verschieben, nur weil der Direktflieger gerade nicht starte, geben die Airbus-Leute zu bedenken. „Die relative Größe vieler Bevölkerungszentren spricht gegen regelmäßige Direktflüge", meint der frühere Airbus-Verkäufer Bernard Lawler. „Die Strecke von Toronto nach Lissabon wäre eigentlich ein Kandidat, aber sie rechnet sich nicht. Sogar Dallas und Guangzhou, beides Zentren mit vier Millionen Einwohnern, beherbergen nicht genügend Potential für eine wöchentliche Verbindung."

Am Ende des Tages stimmen Airbus und Boeing überein: Die Kosten werden über die Art und Weise entscheiden werden, wie man in Zukunft fliegen wird. Denn Umfragen belegen: Die meisten Kunden interessieren sich in erster Linie für den Preis eines Flugtickets und nicht so sehr dafür, ob sie nonstop oder über ein Drehkreuz fliegen. Und da lautet das Argument von Airbus, daß der Flug über ein Drehkreuz in vielen Fällen billiger sei, da die Verwendung von Fliegern wie der A380 den Airlines besonders niedrige Betriebskosten garantiere.

Natürlich widerspricht Boeing. Die Nutzung eines Drehkreuzes durch zusätzliche Start- und Landegebühren bedeutet aber einen Aufschlag von 30 bis 40 Dollar, von zusätzlichem Ärger wie dem denkbaren Verpassen eines Anschlußfluges oder des Verlusts eines Koffers während des Umsteigens ganz abgesehen, geben die Amerikaner zu bedenken. Aber auch ohne diese Zusatzkosten lassen sich nach Ansicht von Boeing dank neuer Flugzeuge wie des Dreamliner künftig auch viele Strecken direkt billiger betreiben, die bisher häufig noch unter Einschaltung eines Drehkreuzes geflogen werden: So führt Boeing an, die Strecke New York–München lasse sich mit einem Dreamliner direkt günstiger fliegen als über einen Zwischenstopp in London, selbst wenn eine A380 für die Verbindung zwischen Chicago und London eingesetzt wird (und eine kleine A320 für die Route London–München). Wobei Boeings Marketingchef Randy Baseler nicht zu erwähnen vergißt, um wie viel umweltfreundlicher Direktflüge seien.

Boom der Billigflieger

Ein recht überzeugendes Argument für die wachsende Bedeutung der Direktverbindungen bildet der Boom der Billigflieger, an dessen Beginn die vor rund 35 Jahren gegründete amerikanische Fluggesellschaft Southwest steht. Die in Texas beheimatete Gesellschaft reduziert den Service auf ein vertretbares Minimum und vermeidet die großen Flug-

häfen mit ihren oft horrenden Landegebühren und langen Anfahrts-
wegen. Kurz nach ihrer Gründung wechselte Southwest vom großen
Intercontinental Airport in Houston zum kleineren, aber näher an der
Stadt gelegenen Houston Hobby Airport. „Warum sollen unsere Kunden
45 Minuten zum Airport fahren, um einen vierzigminütigen Flug zu
besteigen", fragte Herb Kelleher, Mitgründer von Southwest. Heute ist
die Gesellschaft dank 70 Millionen Passagieren im Jahr die bedeutendste Inlandslinie in den Vereinigten Staaten mit 2.900 Flügen am Tag und
einer Flotte von mehr als 400 Maschinen, die ausschließlich von Boeing
stammen. Southwest fliegt zwar keinen der drei großen New Yorker
Flughäfen an, aber dafür jede Menge regionaler Airports wie Las Vegas,
Phoenix oder Reno in Nevada. Die großen amerikanischen Drehkreuze
vermeidet Southwest: „Direktflüge sind einfach viel billiger", sagt der
Vorstandsvorsitzende Gary Kelly. Das Geschäftsmodell funktioniert seit
langem hervorragend.

Die Billigflieger haben in den vergangenen Jahren auch in Europa für
Furore gesorgt, wo besonders die Mitte der achtziger Jahre gegründete
Gesellschaft Ryanair Schlagzeilen machte. Ryanair vermeidet wie
andere Billigflieger Drehkreuze und bevorzugt statt Frankfurt/Rhein-
Main den im Hunsrück gelegenen Flughafen Hahn oder statt des Düs-
seldorfer Flughafens den siebzig Kilometer entfernt liegenden kleinen
Airport Weeze. Dafür bietet Ryanair von Hahn Flüge zu europäischen
Regionalstädten wie Santander, Danzig, Tampere, Bari, Shannon oder
Triest für rund 15 Euro an. Ryan transportiert jährlich um die 35 Millionen Passagiere im auf 333 Routen innerhalb Europas und betreibt
eine Flotte von 100 Boeing-Jets, die in den kommenden Jahren erheblich
wachsen soll, damit Ryanair im Jahre 2012 rund 70 Millionen Passagiere
transportieren kann.

Als zweite große Billiglinie hat sich in Europa die britische Gesellschaft
Easyjet etabliert, die mit einer Flotte von gut 100 Flugzeugen rund 25
Millionen Passagiere im Jahr transportiert und mit seltenen Routen in
Großbritannien begann. Heute bedient sie auch Strecken wie Dort-
mund—Alicante oder Berlin—Pisa. Zu diesen beiden Marktführern sind
eine Vielzahl kleinerer Unternehmen getreten, die ebenfalls vom Boom
der Billigflieger profitieren wollen, in Deutschland zum Beispiel Air Berlin oder Germanwings. Auch wenn das Wachstum dieses Marktsegments die These vom der zunehmenden Bedeutung von Direktflügen
unter Vermeidung von Drehkreuzen stützt, bleibt eine gewisse Vorsicht
geboten. Denn es existieren mehr als deutliche Anzeichen für erhebliche Überkapazitäten bei den Billigfliegern. Doch damit wollen wir uns
im Schlußkapitel ausführlicher befassen.

Airbus oder Boeing? Airbus und Boeing!

Die Frage, ob die Zukunft Drehkreuzen oder Direktflügen gehört, beschäftigt seit Jahren die Branche. Nicht wenige Fachleute haben ihre Stimme erhoben, von denen wohl die meisten eher mit der Position von Boeing sympathisieren als mit der Prognose von Airbus. „Warum zählt Southwest Airlines jedes Jahr zu den ertragsstärksten Airlines, obgleich die Erträge in der Branche zurückgehen?", fragt Troy J. Tollen, ein ehemaliger Verkaufsdirektor von Airbus, der heute in der Leasingindustrie arbeitet. „Die Antwort liegt in Direktflügen. Ich verstehe, warum Singapore Airlines und andere die A380 gekauft haben, und ich sehe ein, daß dieser Flieger sich für ausgewählte Märkte eignet. Zumal ein Ersatz für die B747 überfällig ist: Boeing hat diese Kuh lange genug gemolken und sie verdienen Schande dafür, diesen Markt nicht zu verteidigen." Tollen sieht einen Markt für nur knapp 400 Exemplare der A380.

Dennoch sollte dieser Konflikt nicht überschätzt werden, denn die prononcierten Äußerungen von Airbus und Boeing dienen der Rechtfertigung der eigenen Produktpolitik und sind daher nicht frei von Übertreibungen. Natürlich sieht Airbus einen prächtigen Markt für einen Flieger wie die A380, in deren Entwicklung immerhin rund 12 Milliarden Euro gepumpt wurden, und ebenso natürlich kann Boeing für diesen Flieger keine güldene Zukunft erkennen – schließlich haben die Amerikaner darauf verzichtet, ein adäquates Konkurrenzmodell zu entwickeln.

Beide Seiten tendieren dazu, Statistiken für die eigenen Interessen auszuwerten, indem sie ihnen zusagende Daten hervorheben und ihnen nicht zusagende Daten verschweigen oder ihre Bedeutung herunterreden. Es verhält sich so wie bei früheren Gutachten über die Subventionierung: Nicht wissenschaftliche Erkenntnis steht im Vordergrund, sondern die Beschaffung von Material für die eigene Marketingabteilung.

Philosophisch angehauchte Ökonomen diskutieren seit langem, ob das der Marktwirtschaft eigene Wettbewerbsprinzip die menschliche Tugend fördert oder beschädigt. Überzeugte Marktwirtschaftler meinen, der Wettbewerb fördere die Tugend, weil untugendhafte Marktteilnehmer irgendwann keine Geschäftspartner mehr finden. Kritiker dieser idyllischen Vorstellung meinen, der Wettbewerb fördere nicht die Tugend, sondern wecke die Wolfsnatur im Menschen. Ob die Flugzeugindustrie mit ihrem unerbittlichen Wettkampf zwischen Airbus und Boeing ein Beleg für die These der Marktwirtschaftler darstellt, Konkurrenz sei der Tugend förderlich, erscheint zumindest fraglich.

Läßt man die Propaganda von Airbus und Boeing beiseite, liegen die Ansichten der beiden Kontrahenten gar nicht so weit auseinander. Airbus betont zwar eine bedeutende Rolle der Drehkreuze auch in Zukunft, sieht aber natürlich auch Potential für Direktverbindungen. Umgekehrt prognostiziert Boeing eine ungeheure Zunahme von Direktverbindungen, spricht aber auch den Drehkreuzen ihre Bedeutung in der Zukunft nicht ab. Daher unterscheiden sich auch die Prognosen der beiden Hersteller über die voraussichtliche Nachfrage nach Mittel- und Langstreckenflugzeugen mit 200 bis 400 Sitzen nicht dramatisch. Airbus sagt ein Potential von knapp 4.500 dieser Flieger im Wert von mindestens 800 Milliarden Dollar voraus – ein gigantischer Markt, den die Europäer kaum Boeing mit seinen beiden Modellen B777 und B787 (Dreamliner) überlassen werden. Der größte Teil der Nachfrage nach den Maschinen mit 200 bis 400 Sitze dürfte von Airlines aus Asien und Europa kommen, ein nur geringer aus Amerika.

Unter der Annahme, daß die Welt im großen und ganzen friedlich bleibt, die Weltwirtschaft gedeiht und damit auch das Volumen des Luftverkehrs zunimmt, behalten möglicherweise Airbus und Boeing recht. Ein nachhaltiges Wachstum der Passagierzahlen könnte Drehkreuzen und Direktverbindungen zugute kommen. Das Duell der Zukunftsvisionen wird eventuell gar keinen Sieger kennen – oder gleich zwei.

14   Getriebene der Globalisierung

„Prognosen sind schwierig,
vor allem wenn sie die Zukunft betreffen."
Altes Bonmot, Quelle unbekannt

Die Politik spielt weiter mit

Mit dem Phänomen der Globalisierung verbinden viele Menschen die Ausbreitung der Marktwirtschaft durch Liberalisierungen, Deregulierungen und Privatisierungen, verbunden mit einem Rückzug des Staates. Als allgemeine Beschreibung mag dies stimmen, aber für die Flugzeugindustrie gelten etwas andere Gesetze. Fraglos wurde der Luftverkehr in den vergangenen Jahrzehnten vor allem im Westen von vielen Hemmnissen befreit, ebenso entließen Regierungen ehemals staatliche Airlines in eine privatwirtschaftliche Zukunft. Dennoch spielt der Staat für die Branche immer noch eine wesentliche Rolle, und dies nicht nur als die Interessen von Airbus und Boeing wahrnehmender Kläger vor der Welthandelsorganisation oder als Aktionär der EADS und damit mittelbar auch von Airbus.

Denn besonders in den asiatischen Wachstumsmärkten hat sich keineswegs eine reine Marktwirtschaft etabliert; die Regierungen pochen hier nach wie vor auf bedeutende Mitspracherechte, und sei es als Eigentümer staatlicher Airlines. So kauft die chinesische Regierung zentral ein und verteilt die Maschinen anschließend auf die von ihr kontrollierten Fluggesellschaften. Spürbar bleibt der Einfluß der Staaten auch im Nahen und Mittleren Osten, in Indien und Pakistan, in einigen südostasiatischen Ländern, in den Nachfolgerepubliken der Sowjetunion und wohl auch in Japan. Und so gehört ein Abstecher in die „Airbus-Hauptstadt" Toulouse nach wie vor zum Programm bei Besuchen wichtiger Staats- und Regierungschefs in Frankreich.

Prinzipiell vorteilhaft ist diese Politisierung zunächst einmal für keinen der beiden Hersteller. In China lag Boeing lange deutlich vorn, doch holt dort Airbus auf, weil die Regierung in Peking eine dominante Marktstellung eines Herstellers nicht wünscht. „Das Geschäft in China ist ein rein politisches", sagt ein Luftfahrtmanager, allerdings sind die Chinesen auch als unerbittliche Verhandlungspartner gefürchtet, die um jedes Detail hartnäckig ringen. Nachdem die staatliche indische Gesellschaft Indian Airlines Anfang 2005 einen außerordentlich hart umkämpften Auftrag über 68 Maschinen an Boeing vergab, beklagte Airbus lauthals unfaire Wettbewerbsbedingungen, lenkte dann aber ein. Später im Jahr bestellte Indian Airlines 43 Maschinen bei Airbus. Auch in Neu-Delhi will man es sich weder mit den Amerikanern noch mit den Europäern verderben. Japan dürfte auf längere Sicht eine Hochburg von Boeing bleiben, während Airbus umgekehrt im Mittleren Osten wohlgelitten ist, denn die pro-israelische Politik Washingtons kommt bei vielen Mächtigen der Region immer noch nicht gut an.

Die Globalisierung der Produktion

Mit der Globalisierung geht für die Vereinigten Staaten wie für Europa ein Verlust an Macht einher, und wie in einem Kleinformat läßt sich diese Entwicklung auch bei Airbus und Boeing beobachten. Der Verkauf von Flugzeugen findet heute keineswegs nur über den Preis statt, sondern auch über innovative Finanzierungen, spezielle Vereinbarungen über die Kosten der späteren Wartung und über die Vergabe von Aufträgen an die Industrie des Käuferlandes. Das Flugzeuggeschäft wird globaler. Obgleich es dies eigentlich von früh an war.

Die Wahrnehmung des Duells zwischen Airbus und Boeing als Ausprägung eines Wettstreits zwischen Europa und Amerika war schon immer eher etwas für schlagzeilenhungrige Politiker und Journalisten als für die Industriellen. Airbus hat von Beginn an um amerikanische Hersteller von Triebwerken geworben und dafür das europäische Unternehmen Rolls-Royce brüskiert. Airbus und Boeing sind längst weltweit vernetzte Konzerne mit Zulieferern aus aller Herren Länder – von Airbus hängen Tausende Arbeitsplätze in Amerika ab, während Boeing durch seine Einkäufe Tausende Arbeitsplätze in Europa sichert. Die beiden Rivalen haben zum Teil identische Zulieferer, und wie wir gesehen haben, unterhält sogar die Airbus-Muttergesellschaft EADS Geschäftsverbindungen zu Boeing.

Airbus besaß schon früh einen Anreiz, einen möglichst großen Teil seiner Produktion in den Dollarraum zu verlegen. Denn überall in der Welt werden Flugzeugkäufe in Dollar abgerechnet und gezahlt; ein Resultat der jahrzehntelangen Dominanz der amerikanischen Flugzeugindustrie und der Rolle des Dollar als Weltwährung Nummer eins. Auch die Einführung des Euro hat daran bislang nichts geändert. Als europäischer Hersteller war Airbus von Beginn an Währungsrisiken ausgesetzt, da Airbus in seiner Heimat Löhne und Vorprodukte in europäischen Währungen zahlte, aber den Erlös aus den Verkäufen seiner Jets in Dollar erhielt. Dies war vor allem dann problematisch, wenn der Dollar gegenüber den europäischen Währungen deutlich an Wert verlor: Dann mußte Airbus weiter seine Kosten in den teuren europäischen Währungen zahlen, erhielt seine Erlöse aber nur in abgewerteten Dollar. Eine

Abwertung der amerikanischen Währung setzte damit die Ertragsrechnung von Airbus zusätzlich unter Druck – und, von zwischenzeitlichen Aufschwüngen abgesehen, hat der Dollar per Saldo seit dem Airbus-Gründungsjahr 1970 an Wert verloren. Im jahrzehntelangen Wettstreit zwischen Airbus und Boeing hat die Entwicklung der Währungen eher die Amerikaner bevorteilt.

Prinzipiell existieren für ein Unternehmen zwei Möglichkeiten, sich gegen unerwünschte Wechselkursänderungen zu versichern. Die eine besteht in der langfristigen Festschreibung von Wechselkursen durch Termingeschäfte mit Banken. Diese Termingeschäfte waren jedoch zumindest in den Anfangsjahren von Airbus über sehr große Beträge, wie sie beim Verkauf von Flugzeugen nun einmal anfallen, nicht immer leicht möglich, und außerdem kosten Termingeschäfte Geld. Als in den achtziger Jahren der Kurs des Dollar innerhalb kurzer Zeit gegenüber der D-Mark erheblich an Wert verlor, sah sich die deutsche Luftfahrtindustrie daher veranlaßt, die Bundesregierung in Bonn um milliardenschwere Garantien gegen Wechselkursverluste zu bitten, die auch gewährt wurden.

Die zweite Art der Versicherung gegen Wechselkursrisiken bestand für Airbus darin, einen Teil seiner Produktion in den Dollarraum zu verlagern. Verlor nun der Dollar an Wert, belastete dies aus europäischer Sicht zwar nach wie vor die Erlöse aus Flugzeugverkäufen. Aber gleichzeitig verbilligte sich auch die Produktion im Dollarraum. Airbus ging in seinem Bemühen, Wechselkursrisiken zu minimieren, so weit, sogar von europäischen Zulieferern auf Dollar lautende Abrechnungen zu verlangen. Womit das Wechselkursrisiko nun beim Zulieferer lag.

Airbus und Boeing haben früher Rücksichten auf das wirtschaftliche Umfeld und auf Wünsche von Kunden genommen, aber dennoch müssen die beiden Hersteller mehr Konzessionen machen als früher. Boeing hat sicherlich nicht gerne mehr als die Hälfte der Produktion seines Dreamliner ins Ausland vergeben, davon alleine 35 Prozent an japanische Industriekonzerne. Weil sich die Frage stellt, ob diese Ausgliederung nicht auch einen Technologietransfer erfordert, der einen eventuellen künftigen Rivalen aufrüstet. Es steht zu vermuten, daß Boeing Großzügigkeit gegenüber der japanischen Industrie an den Tag legen mußte, um im Gegenzug die großen Fluggesellschaften Nippons dauerhaft an sich zu binden. Insofern mag sich der Deal auf lange Frist für Boeing sogar lohnen, aber er geht doch mit einem gehörigen Stück Machtverlust einher. Die stolzen Flugzeugbauer werden zu Getriebenen der Globalisierung.

Davon kann auch Airbus ein Lied singen. Die Europäer haben in China gegenüber Boeing aufgeholt, aber um welchen Preis? Die Chinesen fordern im Gegenzug den Bau einer Endmontage für das erfolgreiche Kurz-streckenflugzeug A320, und wenn Airbus bislang noch keine verbindliche Entscheidung getroffen hat, inspizieren Manager des Konzerns aus Toulouse bereits potentielle Standorte im Reich der Mitte. Das Projekt stößt manchen übel auf. Christian Harbulot, Direktor an der Pariser „Schule für den Wirtschaftskrieg", beklagt, Airbus habe sich „über den Tisch ziehen" lassen. Er verweist auf das ausdrückliche Verbot der amerikanischen Regierung gegenüber Boeing, wegen der Gefahr eines Technologietransfers eine Endmontage in China zu errichten. (Boeing arbeitet aber schon seit vielen Jahren mit Zulieferern aus China zusammen.) Der Franzose garniert seine Kritik mit der in Paris verbreiteten Position, naive Europäer träten auch dort für ökonomischen Liberalismus ein, wo die viel schlaueren Amerikaner aus wohlerwogenen strategischen Erwägungen längst eine Mauer des Protektionismus hochgezogen hätten.

Bei Airbus und der Mutter EADS wehrt man sich gegen den Vorwurf der Blindheit. „Wir müssen sicherstellen, daß wir die Herren über die neueste Technologie bleiben", warnt Airbus-Vorstandschef Gustav Humbert. „Wir gehen nicht unerfahren oder naiv an die Sache. Das Projekt kommt nur in Frage, wenn wir die Mehrheit daran halten", versichert Thomas Enders, Co-Vorstandschef der EADS. Ein Technologietransfer wäre wohl nicht sehr bedeutend, weil die Endmontage nur rund 6 Prozent der Wertschöpfung eines Flugzeugs ausmacht und es sich bei der A320 um ein aus den achtziger Jahren stammendes Modell handelt, das den größten Teil seines Produktlebenszyklus hinter sich hat. Überdies fertigt die chinesische Industrie ohnehin schon die Flügel für dieses Modell, da die eigentlich dafür zuständigen Briten den Auftrag aus Kostengründen ausgelagert haben. Enders' französischer Kollege Noël Forgeard warnt auf die ihm eigene überhebliche Art vor Panikmache: „Nur weil die Chinesen wissen, wie man Lego-Steine zusammensteckt, verfügen sie noch lange nicht über die Technik, ein Flugzeug zu bauen."

Abseits aller coolen Sprüche räumen die Strategen von Airbus und der EADS ein, daß sich die Rahmenbedingungen für ihr Geschäft ändern. Es sei für Airbus nicht länger möglich, seine Flugzeuge ausschließlich in Europa zu produzieren und dann weltweit auszuliefern, sagt Enders: „China ist sich seines Wertes als großer Markt bewußt. Deswegen ändert sich das Spiel." Dem chinesischen Markt fernzubleiben, kann keine Alternative sein, da er die Chinesen dazu bewegen könnte, selbst als Hersteller in den Wettbewerb einzutreten. „Es ist nicht auszuschließen, daß wir einmal wieder mehr als zwei Anbieter haben", meint Enders.

Neue Konkurrenz in Sicht?

Wie realistisch ist der Auftritt eines neuen Wettbewerbers für Airbus und Boeing? Der Bau von Flugzeugen ist keine Geheimwissenschaft, und Länder wie Rußland, Brasilien, Kanada und eingeschränkt China besitzen Flugzeugindustrien. Die Eigenarten der Branche, in der Größe zählt und in der etablierte Marktteilnehmer über ungeheure Vorteile verfügen, legt die Vermutung nahe, daß ein Neuankömmling wie seinerzeit Airbus nur dank einer hohen Subventionierung Chancen besäße, sich im Markt zu halten. Ansonsten sollte die Zweisamkeit zwischen Airbus und Boeing noch lange Bestand haben.

Die Initiative hat im Frühjahr 2006 der russische Präsident Wladimir Putin ergriffen, indem er per Erlaß den Zusammenschluß fast aller russischen Flugzeugbetriebe in einer United Aviation Corporation genannten Staatsholding anordnete, die, auch das wird vorgegeben, einen Jahresumsatz von rund acht Milliarden Dollar erzielen soll. Unter einem Dach werden sich nicht nur die zivilen Flugzeugbauer Iljuschin und Tupolev treffen, sondern auch die Kampfflugzeugbauer MiG, Suchoi und Irkut. Die Rede ist von der gemeinsamen Entwicklung eines Kurz- und Mittelstreckenjets bis zum Jahre 2012, der in Konkurrenz zur A320 von Airbus und der B737 von Boeing treten könnte. Ob die Russen im Alleingang den Markt aufrollen könnten, bleibt zweifelhaft, weil Moskau Milliardenbeträge an Subventionen mobilisieren müßte und das Ergebnis auch dann nicht vorhersehbar wäre. Doch als Partner sind sie von Interesse.

Jedenfalls hat sich die EADS bereits im Moskau vorgestellt, um eine 21 Milliarden Euro umfassende, langfristig angelegte Kooperation anzubieten, die unter anderem den Umbau der kleinen A320 von Airbus in einen Frachter vorsieht. Angesichts ihrer reichen Tradition in der Luftfahrt erscheint es nachvollziehbar, wenn eine zwar ehemalige, aber immer noch sehr stolze und auf ihre Unabhängigkeit pochende Supermacht wie Rußland die Reste ihrer Industrie möglichst gewinnbringend nutzen möchte, anstatt sich von Airbus und Boeing abhängig zu machen.

Bleibt die Frage, ob China, das nicht zu Unrecht als Land des gnadenlosen Kopierens gilt, die Herausforderung mit Boeing und Airbus suchen wird. In der europäischen Luftfahrtindustrie gilt eine industrielle Kooperation bis hin zu einer Endmontage des Kurzstreckenjets A320 im Reich der Mitte als ein Versuch, die Chinesen möglichst lange hinzuhalten. „Am Ende kopieren die Chinesen unsere Flieger auf jeden Fall", heißt es. „Da können wir vorher erst noch ein paar Jahre mit ihnen Geld verdienen." Ganz ohne Ambitionen sind die Chinesen jedenfalls nicht:

Zunächst wollen sie mit einem Regionaljet Erfolge feiern. Zumindest auf absehbare Zeit dürften Airbus und Boeing jedoch unter sich bleiben – und sich mit Hingabe ihrem Duell widmen.

Dennoch könnte die Vermutung, ein neuer Teilnehmer erwäge einen notwendigerweise hochsubventionierten Markteintritt, Europäer und Amerikaner dazu verleiten, ihren Subventionsstreit zu lösen. Denn wenn sich die beiden Parteien nicht darüber einigen können, welche Subventionen zulässig sind und welche nicht, mit welchem Recht wollen sie dann Chinesen oder Russen verbieten wollen, ihre eigene Luftfahrtindustrie zu subventionieren?

Europas Dilemma im Militärgeschäft

Zu den europäischen Klagen über Boeing gehört die erhebliche Rolle des Militärgeschäfts der Amerikaner, das indirekt auch dem Bau von Passagierflugzeugen zugute komme. Daran ändern läßt sich nichts – auch nicht durch eine Klage vor der Welthandelsorganisation. Schließlich steht es jedem Land frei, seine Militärindustrie nach eigenen Vorstellungen zu organisieren. Daher haben die Europäer beschlossen, ihr eigenes Militärgeschäft auszubauen. Dazu gehört die Entwicklung des Militärtransporters A400M bei Airbus, der in Sevilla montiert werden soll, aber seine Konstrukteure vor größere Probleme stellt als gedacht. Als Wachstumsmarkt gilt auch das Geschäft mit militärischen Tankflugzeugen, deren Zweck darin besteht, in der Luft Kampfjets und Bomber aufzutanken. Tankflugzeuge sind eine alte Domäne von Boeing, aber dem Airbus-Mehrheitseigentümer EADS gelang es im Jahre 2005, zusammen mit Partnern einen äußerst hartumkämpften Auftrag für die Lieferung von zwanzig Tankflugzeugen für die britische Royal Air Force zu erhalten.

Im Frühjahr 2006 erhielt die EADS zudem die Genehmigung, sich mit ihrem amerikanischen Partner Northrop Grumman gegen Boeing um einen Großauftrag der US Air Force zu bewerben. Dieser Auftrag war vor Jahren schon einmal an Boeing gegangen, wurde aber storniert, als sich herausstellte, daß Boeing enge Beziehungen zu einer Person unterhalten hatte, die in die Auftragsvergabe eingebunden war. Die Zulassung der EADS zu dieser Ausschreibung ist bemerkenswert, weil die Amerikaner gleichzeitig vor der WTO gegen die Subventionierung von Airbus klagen. Und doch handelt es sich bei den von der EADS angebotenen Tankflugzeugen um umgebaute Versionen von Airbus-Passagierjets.

Das Militärgeschäft der EADS beschränkt sich nicht auf von Airbus hergestellte Militärtransporter und Tankflugzeuge. Sie baut den europäischen Kampfjet Eurofighter und hält eine Beteiligung an der französischen Firma Dassault, die mit mäßigem Erfolg den Eurofighter-Rivalen Rafale anbietet. Die EADS stellt auch Raketen her und tummelt sich im wachstumsstarken Geschäft mit der Militärelektronik. Über der Frage, wie die EADS im Militärgeschäft expandieren solle, kam es im Jahr 2005 zu einem heftigen deutsch-französischen Streit, in dem es letztlich wieder um die Macht bei der EADS ging – und damit auch um die Macht bei Airbus. Wieder einmal hatte der umtriebige Noël Forgeard seine Finger im Spiel.

Spätestens seitdem Forgeard mit seinem Versuch gescheitert war, den alleinigen Vorstandsvorsitz der EADS zu erhalten, bastelte der Franzose an einem neuen Plan, um den Konzern unter französische Kontrolle zu bekommen. Forgeards Idee bestand in einer Übernahme des Pariser Spezialisten für Militärelektronik, Thales, durch die EADS. Für den deutsch-französischen Konzern bedeutete diese Übernahme einen Quantensprung: Thales wies einen Umsatz von 10 Milliarden Euro aus, rund doppelt so viel wie die Militärsparte der EADS. Der Vorstand von Thales wehrte sich zwar gegen Übernahme durch die EADS, aber da der französische Staat Forgeards Plan gut hieß, schien alles in Butter. Denn der Staat war mit einem Anteil von 30 Prozent größter Aktionär von Thales.

Doch Forgeard hatte seine Rechnung ohne die Deutschen gemacht, obgleich deutsche EADS-Manager wie Tom Enders die Übernahme von Thales befürworteten. Doch Daimler-Chrysler als Großaktionär leistete Widerstand, unter anderem mit der industriellen Begründung, für die EADS eigne sich nur ein kleiner Teil des Geschäfts von Thales. Die EADS könne durchaus die schon vorhandene Kooperation mit Thales ausbauen, eine Übernahme komme nicht in Frage. Die Ablehnung aus industriellen Gründen war aber nur ein Teil der Wahrheit. Vielmehr fürchtete Daimler-Chrysler, eine Übernahme von Thales würde den französischen Anteil des EADS-Umsatzes sehr stark in die Höhe treiben und damit die deutsch-französische Führung des Konzerns unterminieren. Denn was nützte eine auf der Parität der Großaktionäre beruhende binationale Leitung, wenn sich ein dominierender Teil des Geschäfts in Frankreich befinden würde? Damit war das Projekt fürs erste gestorben.

Doch es lebte wieder auf, nachdem Jürgen Schrempp im Laufe des Jahres 2005 Daimler-Chrysler verlassen hatte und Dieter Zetsche an seine Stelle getreten war. Auf eine solche Veränderung hatten die Franzosen seit langem im Stillen gehofft. Schrempp hatte als alter Flugzeugmann die Interessen von Daimler-Chrysler bei der EADS stets energisch vertreten, aber war ein vergleichbares Engagement von dem der Flugzeug- und Militärindustrie fernstehenden Automann Zetsche zu erwarten? Falls Zetsche Gleichgültigkeit gegenüber der EADS an den Tag legen würde, wäre vielleicht auch der deutsche Co-Chef des EADS-Board, Manfred Bischoff, geschwächt. Und so versuchten die Franzosen, noch einmal eine Übernahme von Thales durch die EADS zu erzwingen, begleitet von ermutigenden Artikeln in der Pariser Presse, die den Widerstand der Deutschen nur noch als vorläufig bezeichneten. „Ich kann nur wiederholen, daß eine Verbindung der beiden Unternehmen aus meiner Sicht Sinn hat", sagte Forgeard auf einer Pressekonferenz der EADS.

In den ersten Monaten des Jahres 2006 muß es in der Führung der EADS offenbar zu einem schweren deutsch-französischen Zerwürfnis wegen Thales gekommen sein. Nach Informationen des Autors, die allerdings keine offizielle Bestätigung fanden, soll Paris versucht haben, eine Übernahme von Thales mit einer Änderung der EADS-Statuten zu verbinden, die eine Kontrolle des Konzerns durch französische Manager zur Folge gehabt hätten. Schließlich unterhielten sich sogar Staatspräsident Jacques Chirac und Bundeskanzlerin Angela Merkel über das Dossier. Eine Übernahme von Thales durch die EADS fand dennoch nicht statt. Statt dessen schlug der deutsch-französische Konzern als kleine Lösung vor, sein Satellitengeschäft in Thales einzubringen und im Gegenzug 20 Prozent an dem Pariser Unternehmen zu übernehmen. Aber auch dieses Geschäft kam – vorerst – nicht zustande.

Auch wenn Airbus in dieser Auseinandersetzung keine direkte Rolle spielte, dürfte der Vorstand des Flugzeugbauers wenig erfreut gewesen sein. Denn die Fragilität des deutsch-französischen Gleichgewichts in der EADS kann jederzeit auf die wichtigste Tochtergesellschaft Airbus durchschlagen. Zumal zwei Kernaktionäre genau zu dieser Zeit begannen, ihre Beteiligungen an der EADS abzubauen.

Als Daimler-Chrysler und Lagardère im Jahre 1999 beschlossen, in die EADS einzutreten, dachten sie nicht daran, lange in dem Konzern zu bleiben. Denn in der Unternehmenswelt hat sich die Mode geändert: Waren in den achtziger Jahren noch breit aufgestellte, in verschiedenen Branchen tätige Mischkonzern angesagt, dominiert seit den neunziger Jahren die zuerst von angelsächsischen Finanzanalysten und Großanlegern vertretene Idee der Konzentration eines Unternehmens auf ein Kerngeschäft. Ein Vorstand maximiert nach dieser Lehre dann den Wert des Unternehmensvermögens, wenn er sich auf das Stammgeschäft konzentriert. Nebenaktivitäten sollten als strategisch unwichtig angesehen und verkauft werden.

Nun war offensichtlich der Fahrzeugbau das Stammgeschäft von Daimler-Chrysler und die Beteiligung an der EADS im Vergleich nicht sehr bedeutend, auch wenn sie dem Stuttgarter Konzern einen jährlichen Geldzufluß von gut einer halben Milliarde Euro gewährleistete. Bei Lagardère sah es ähnlich aus. Der Konzern war einerseits im Rüstungs- und

Luftfahrtgeschäft tätig, hatte sich aber auch als einer der führenden französischen und europäischen Medienkonzerne etabliert. Auf bohrende Fragen von Aktionären nach dem Sinn einer derart ungewöhnlichen Kombination von Branchen pflegte der alte Jean-Luc Lagardère einzuräumen: „Es existieren nicht viele Synergien zwischen einer Zeitschrift und einer Rakete." Von seinem Sohn und Nachfolger Arnaud war bekannt, daß seine Priorität dem Mediengeschäft gilt. Allerdings machten steuerliche Regelungen einen Verkauf der Anteile für Daimler-Chrysler wie für Lagardère erst ab dem Jahr 2007 interessant.

Um die Jahreswende 2005/06 kamen auf beiden Seiten des Rheins Spekulationen über eine baldige Reduzierung der Beteiligungen auf. In Paris orakelte Arnaud Lagardère vor Managern seines Konzern, man werde vielleicht nicht bis 2007 mit Aktienverkäufen warten, während in Deutschland vor allem Finanzanalysten vermuteten, Zetsche werde nicht zögern, die EADS-Beteiligung zumindest zum Teil zu versilbern.

Im März 2006 gaben Daimler-Chrysler und Lagardère bekannt, sie wollten ihre EADS-Anteile um jeweils 7,5 Prozent verringern. Die Verkäufe werden aus steuerlichen Gründen erst ab dem Jahr 2007 wirksam; um sofort Geld in die Kassen zu bekommen, verliehen die beiden Konzerne ihre Aktien bis dahin an Großanleger. Das Geschäft ging von Lagardère aus, da die Franzosen schnell Geld sehen wollten. Die Parität der Kernaktionäre wurde gewahrt.

Dieser Rückzug auf Raten hatte Spekulationen über das weitere Vorgehen von Daimler-Chrysler zur Folge, bis Vorstandschef Zetsche auf der Hauptversammlung des Konzerns versicherte, er plane weitere Verkäufe, wolle sich aber nicht ganz aus der EADS zurückziehen. „Sollten wir uns letztlich zu einer Reduzierung auf 15 Prozent entschließen, streben wir an, die Balance zwischen französischen und deutschen Anteilseignern weiterhin aufrechtzuerhalten", sagte Zetsche. Dieses Bekenntnis von Zetsche ist bemerkenswert, weil Daimler-Chrysler ursprünglich ein anderes Vorgehen erwogen hatte. Danach wollte der Konzern seine Beteiligung an der EADS durch Verkäufe über die Börse in einem ersten Schritt auf 15 Prozent reduzieren, um diesen Restanteil dann an einen deutschen Konzern weiterzureichen, der die strategische Rolle eines die deutschen Interessen bei der EADS und Airbus wahrnehmenden Kernaktionärs übernähme. Ein solcher Verkauf könnte zwar irgendwann in der Zukunft eine Option für Zetsche werden, aber zumindest vorübergehend wird Daimler-Chrysler der EADS erhalten bleiben.

Ob sich die deutsch-französische Parität auf Dauer wahren läßt, ist schwer vorhersehbar. Der französische Staat läßt bislang keinerlei Bereitschaft erkennen, seine Beteiligung an der EADS zu reduzieren. Im Gegenteil: Die Staatsbank Caisse des Dépôts, die im Auftrag der Regierung kleinere Aktienpakete an strategisch wichtigen Unternehmen hält, hat angekündigt, sie wolle einen Teil der zum Verkauf stehenden Anteile von Lagardère übernehmen. Kurz darauf hat Bundeswirtschaftsminister Michael Glos die deutsche Wirtschaft ermutigt, bei der EADS einzusteigen. „Sollte sich das bisher gegebene Gleichgewicht zwischen französischen und deutschen Anteilseignern zugunsten Frankreichs verschieben, muß auch auf unserer Seite überlegt werden, ob deutsche Industrieunternehmen oder Banken diese Anteile übernehmen könnten", sagte Glos. Vor einem allerdings müssen die EADS und Airbus keine Angst haben: Eine feindliche Übernahme, etwa durch angelsächsische Finanzinvestoren, ist keine realistische Option. Da die EADS Rüstungsgeschäfte betreibt, können sich die Regierungen in Paris und Berlin einer feindlichen Übernahme widersetzen. Das dürfte den Fondsgesellschaften auch bewußt sein. „So verrückt kann niemand sein, daß er versuchte, einen Rüstungskonzern feindlich zu übernehmen", meint auch Philippe Camus.

Neue Kurzstreckenjets

Während Airbus und Boeing derzeit mit der Modernisierung ihrer großen Langstreckenflugzeuge beschäftigt sind, wartet bereits die nächste Herausforderung auf die beiden Hersteller: Auch ihre sehr erfolgreichen Kurz- und Mittelstreckenflugzeuge mit 100 bis 200 Sitzen bedürfen auf mittlere Sicht neu konzipierter Nachfolger. Airbus und Boeing kommen diese Forderungen nicht gelegen, denn sie würden ihre Kurzstreckenjets noch einige Jahre unverändert weiterverkaufen, um Entwicklungskosten zu sparen. Doch der Druck der Airlines dürfte in den kommenden Jahren übermächtig werden.

Zu den Fluggesellschaften, die auf neue Modelle drängen, gehört vor allem der größte und wohl auch erfolgreichste Billigflieger der Welt, die texanische Southwest. Die in einem sehr harten Wettbewerb stehenden Billigflieger wollen ihre Tarife niedrig halten, um ihre Kunden nicht zu verlieren, sehen sich aber mit spürbar höheren Kosten für Treibstoff konfrontiert. Daher wünschen sie sich verbrauchsärmere Flugzeuge. Die Präsidenten der Airlines beobachten, wie Boeing und Airbus dank des Einsatzes moderner Kunststoffe anstatt Aluminium und völlig neuer Triebwerke ihre großen Langstreckenflugzeuge sehr viel leichter und spritsparender bauen als früher. Warum nutzen die Hersteller ihre neuen Erkenntnisse nicht, um auch ihre in die Jahre kommenden Kurzstreckenjets zum Nutzen ihrer Kunden zu verbessern? Zwar läßt sich schon heute der Kerosinverbrauch um 15 Prozent senken, wenn eine Airline eine ältere Version des Boeing-Kurzstreckenjets B737 durch eine zeitgenössische ersetzt. Doch mit einer völligen Neukonstruktion ließen sich die Betriebskosten eventuell noch einmal deutlich reduzieren. „Wir halten nach allem Ausschau, was gut für unsere Finanzen ist, ohne die Preise auf dem Rücken unserer Kunden erhöhen zu müssen", sagt Gary Kelly, Präsident von Southwest Airlines. „Daher wäre ein Flugzeug, das mehr Treibstoff spart, aus unserer Sicht natürlich sehr willkommen."

Es handelt sich um einen riesigen Markt mit im Vergleich zu den Langstreckenflugzeugen weitaus größeren Volumina. Nach den Berechnungen von Airbus wird in den kommenden zwanzig Jahren eine Nachfrage nach knapp 11.000 Kurzstreckenflugzeugen im Wert von rund 800 Milliarden Dollar entstehen, wobei sich die wichtigsten Käufer in Amerika und Europa befinden werden, im Unterschied zu den Langstreckenflugzeugen aber weniger in Asien. Boeing sieht sogar einen Markt für 15.000 Kurzstreckenflugzeuge. Nach den Berechnungen von Airbus werden von den zehn am häufigsten von Kurzstreckenjets frequentierten Flughäfen neun in den Vereinigten Staaten liegen, darunter Atlanta, Chicago, Dallas, Los Angeles und Phoenix. Außerhalb Amerikas wird sich nur Paris-Charles de Gaulle in der Rangliste der ersten zehn Airports befinden.

Die Kurzstreckenjets bilden die Basis des Geschäfts von Airbus und Boeing und tragen den Löwenanteil zum Umsatz bei. Im vergangenen Jahr entfielen von den gut 1.000 bei Airbus bestellten Maschinen fast 900 auf das Segment der Kurzstreckenjets. Das Geschäft ist brutal, weil die Gewinnmargen im Unterschied zu den Langstreckenjets sehr niedrig sind. Beide Hersteller haben sich in den vergangenen Jahrzehnten häufiger vorgeworfen, gerade bei Kurzstreckenjets auch unrentable Geschäfte in die Bücher zu nehmen, um dem Konkurrenten Aufträge wegzuschnappen und die eigenen Fabriken zu beschäftigen.

Boeing ist in diesem Markt seit vierzig Jahren mit seiner in verschiedenen Versionen angebotenen B737 vertreten, dem mit weitem Abstand meistverkauften Verkehrsflugzeug der Welt. Die Boeing wurde bereits Mitte der sechziger Jahre in Dienst gestellt, wobei ihr schmaler Rumpf sogar auf einen aus den fünfziger Jahren stammenden Vorgänger zurückgeht. Bis heute wurden von der B737 mehr als 5.000 Exemplare produziert, und für mehr als 1.000 weitere Maschinen besitzt Boeing noch Aufträge. Airbus stellte der B737 erst in der zweiten Hälfte der achtziger Jahre seine A320 entgegen, die mit der damals umstrittenen, heute längst verbreiteten fly by wire-Technik an den Markt kam. Die mit einem breiteren Rumpf als die Boeing ausgestattete und damit für die Passagiere bequemere A320 besteht heute aus einer vier Modelle umfassenden Flugzeugfamilie (A318, A319, A320 und A321), von denen drei in Hamburg montiert werden. Die A320-Familie hat sich in den vergange-

Heute besitzt Airbus vier Modelle für Kurz- und Mittelstrecken: A321, A319, A320 und A318 (von links).

nen Jahren prächtig entwickelt. Bis Ende 2005 wurden von ihr 2.631 Exemplare ausgeliefert und es liegen noch Aufträge über 1.650 weitere Maschinen vor. Die Produktion bei Airbus ist auf Jahre ausgelastet.

Natürlich würden Airbus und Boeing derart gut laufende Flugzeuge, die ihre Entwicklungskosten längst hereingeflogen haben, am liebsten noch viele Jahre unverändert weiterbauen. Unter Zugzwang dürfte sich jedoch vor allem Boeing fühlen, denn die Amerikaner sehen sich nicht nur mit Forderungen von Kunden nach einem neuen Modell konfrontiert. Zudem geraten sie im Duell zwischen ihrer B737 und der A320 von Airbus allmählich ins Hintertreffen. Das Einholen und Überholen der Amerikaner seit Ende der neunziger Jahre verdanken die Europäer wesentlich ihrer A320-Familie, die an der lange dominierenden B737 vorbeigeflogen ist. Boeing hat seinen Bestseller zwar etwas auf Vordermann gebracht und vermarktet ihn nun als B737NG (New Generation), aber trotz aller zwischenzeitlichen Verbesserungen bleibt es letztlich ein Flieger aus den sechziger Jahren. „Eines Tages werden die B737 und A320 ersetzt", sagt Boeings Marketingchef Randy Baseler. „Aber bislang haben wir noch keinen überzeugenden Ersatz gefunden."

Der Erfolg von Airbus erklärt sich sehr stark mit dem Vordringen der Europäer in den boomenden Markt für Billigflieger, der lange eine Domäne von Boeing war. Die ältesten, größten und profitabelsten Anbieter von Billigflügen, Southwest, Ryanair oder Virgin Blue, fliegen seit jeher und ausschließlich Boeing. Für Billigflieger war es lange üblich, aus Kostengründen nur Modelle eines Herstellers zu betreiben, denn eine aus Jets zweier Hersteller befindliche Flotte bedeutete höhere Ausgaben für die Wartung der Flugzeuge und für die Schulung der Piloten und Techniker. Insofern war die Entscheidung des zweitgrößten europäischen Betreibers von Billigflügen, Easyjet, bemerkenswert, seine ehemals nur aus Boeing bestehende Flotte um eine etwa gleichgroße Zahl von Airbus-Jets zu erweitern. Offenbar läßt sich der Airbus kostengünstiger betreiben als die Boeing, auch wenn die Amerikaner das Gegenteil behaupten.

Zu Airbus-Kunden gehören auch Billigflieger aus Schwellenländern wie die im indischen Bangalore ansässige, erst 2003 gegründete Air Deccan, die sechzig Exemplare der A320 in Toulouse bestellte, sowie die ebenfalls in Indien beheimatete und mit Air Deccan in Konkurrenz befindliche, 2004 gegründete Firma IndiGo, die gleich 100 Flieger zum Listenpreis von sechs Milliarden Dollar orderte. Der Verkauf von Maschinen an junge asiatische Gesellschaften, über deren dauerhaften Geschäftserfolg sich beim besten Willen noch wenig sagen läßt, erinnert ein wenig an das Unternehmen „Seidenstraße" aus den späten siebziger Jahren. Boeing kokettiert damit, die gut verdienenden, sprich „seriösen" Fluglinien zu beliefern, während Airbus Deals mit unkalkulierbaren Partnern abschließe, auf diese Weise das Abenteuer suche und sich damit möglicherweise noch großen Ärger einhandeln werde. Allerdings hat auch Boeing im vergangenen Jahr Aufträge für Maschinen von Fluggesellschaften aus Afghanistan, Libyen und Angola akzeptiert. Wenn auch nur über eine bescheidene Zahl von Maschinen.

Auch wenn viele Experten Billigfliegern weltweit noch Wachstum vorhersagen, halten sie ein böses Erwachen zumindest in Europa für wahrscheinlich. In Deutschland betrug der Marktanteil der Billigflieger im Jahre 2005 rund 15 Prozent, das waren 1,5 Prozentpunkte mehr als im Jahr zu vor. Die Zuwachsraten in diesem Geschäft flachen erheblich ab, dennoch haben nicht wenige Unternehmen neue Flugzeuge bestellt, um ihren Flotten zu vergrößern. Hier ist ein Konsolidierungsprozeß wahrscheinlich, als dessen Folge einige kleinere Anbieter von Billigflügen nicht überleben dürften. Auch die Entscheidung von Ryanair, Ziele außerhalb Europas anzufliegen, läßt sich als Ausdruck des brutalen Wettbewerbs auf dem europäischen Heimatmarkt deuten. Ob alle von europäischen Billigfliegern bestellten Maschinen in einigen Jahren wirklich noch Abnehmer finden werden, muß sich erst noch zeigen.

Eine stattliche Nachfrage ist dagegen in einigen Jahren von den großen traditionellen Airlines aus den Vereinigten Staaten und Europa zu erwarten. Alleine der Markführer American Airlines fliegt neben einer beachtlichen B737-Flotte noch rund 360 (Stand: April 2006) alte Kurzstreckenjets von McDonnell Douglas, die nach heutigen Kriterien kaum mehr als wettbewerbsfähig betrachtet werden können. Die großen Amerikaner befinden sich, von Billigfliegern und Leassingunternehmen abgesehen, seit Jahren in wirtschaftlichen Schwierigkeiten, die sich nach den Anschlägen vom September 2001 noch erheblich verschlimmerten, und fallen daher seit längerem als Käufer bedeutender Flotten aus. Einige haben in ihrer Not Flugzeuge geliehen, so besteht die Flotte von United mittlerweile zur Hälfte aus Leihmaschinen. Mit der sich gerade abzeichnenden Gesundung dieser Airlines dürften sie in den kommenden Jahren auch wieder als Käufer auftreten, und hier wird sich Boeing fraglos eines Heimvorteils erfreuen können.

Wann Airbus und Boeing in ein hoch bedeutsames Duell mit neuen Kurzstreckenjets eintreten werden, ist noch offen. Airbus muß zunächst seine riesige A380 auf den Markt bringen, den Militärflieger A400M fertig konstruieren und sehen, wie eine aufgemöbelte A350 dem Dreamliner Paroli bieten kann. Boeing wird in den kommenden Jahren mit dem Dreamliner und der Auffrischung seines Jumbo-Jets beschäftigt sein. Airbus erwartet derzeit den Markteintritt seines Nachfolgers der A320 für die Jahre 2011 bis 2015, hält aber auch einen früheren Termin für denkbar, falls Boeing mit der Ankündigung eines Nachfolgemodells für die B737 vorpreschen sollte.

Bis heute tun sich die Entwickler in Toulouse und Seattle schwer, ein Kurzstreckenflugzeug zu konzipieren, dessen Betriebskosten sich deutlich senken lassen, auch wenn leichtere Kunststoffe an vielen Stellen Metalle ersetzen werden. Was fehlt, sind für Kurzstrecken geeignete Triebwerke, die den Verbrauch erheblich senken. „Wir haben kein Problem, einen neuen Flieger zu konstruieren, der die alten McDonnell Douglas ersetzt", heißt es in Seattle. „Aber der Vorsprung gegenüber den modernsten Versionen der B737 und der A320 ist noch nicht groß genug, um ein solches Projekt den Airlines verkaufen zu können."

Wie auch immer: Die Auseinandersetzung um die Marktführerschaft im Segment der Kurzstreckenjets wird früher oder später kommen. Das Duell zwischen Airbus und Boeing steht vor seiner nächsten Runde – es wird nicht die letzte sein.

Die große Airbus-Krise

Alle Prognosen bleiben in dieser unruhigen Branche auf Sand gebaut. Am Abend des 13. Juni 2006 teilte Airbus für die Öffentlichkeit völlig überraschend mit, der Produktionsplan der A380 sei nicht einzuhalten. Zwar werde Singapore Airlines das erste Exemplar wie vorgesehen Ende des Jahres erhalten, doch müsse die Produktion in den darauffolgenden Jahren gegenüber der Planung gedrosselt werden. Bislang wollte Airbus bis Ende 2009 rund 125 Maschinen ausliefern – nun werden es wohl nur noch 80 sein. Vor allem Probleme mit der Elektrik haben Airbus gezwungen, die Notbremse zu ziehen. „Das elektrische Netzwerk des Flugzeugs entspricht dem einer Kleinstadt mit 5.000 Einwohnern", erläutert ein Ingenieur. Die Anforderungen an die Elektrik sind unter anderem wegen der Wünsche von Airlines nach einer hochmodernen Kabinenausstattung gestiegen; außerdem stellte sich als Ergebnis der Testflüge ein Änderungsbedarf ein. Airbus versuchte einige Zeit, den Zeitplan trotz der ungeplanten Zusatzlasten einzuhalten; am Ende mußte der Hersteller doch vor der Herausforderung kapitulieren.

Am nächsten Tag brach der Aktienkurs der EADS um gut 25 Prozent ein. Der deutsch-französische Konzern beziffert die aus der Drosselung der Produktion bei Airbus entstehende Gewinneinbuße für die Geschäftsjahre 2007 bis 2010 auf zusammen zwei Milliarden Euro. In diesem Betrag enthalten sind Strafzahlungen an Airlines, die auf ihre Maschinen warten müssen. Finanzanalysten und Anleger reagierten entsetzt. In ersten Kommentaren von Analysten hieß es, möglicherweise werde nun Boeing mit seiner neuen B747 Kunden an sich binden, die bislang erwogen hatten, die A380 zu kaufen. Der französische Aktionär und Co-Chef des Board, Arnaud Lagardère, sprach öffentlich von einer „schweren Krise" der EADS.

Wie angesichts der fragilen deutsch-französischen Führungskonstruktion des Konzerns zu erwarten, begann unverzüglich eine interne Keilerei. Spekulationen über die Entlassung von Airbus-Chef Gustav Humbert und des französischen Co-Vorstandsvorsitzenden der EADS, Noël Forgeard, begannen zu kursieren. Schließlich kamen die großen Aktionäre Daimler, Lagardère und der französische Staat zu dem Schluß, daß die Krise der geeignete Anlaß sei, um die ganze Konstruktion der EADS und die Zusammenarbeit mit Airbus grundsätzlich zu überdenken. „Man muß die Gelegenheit nutzen, um weit zu springen", ermunterte der Co-Vorstandsvorsitzende Tom Enders.

Daneben erhielt die Krise eine juristische Dimension. Airbus hatte die Öffentlichkeit am 13. Juni 2006 von den erheblichen Problemen bei der A380 informiert, aber seit wann wußten die Spitzen der EADS davon? Gerüchte über Schwierigkeiten bei der Elektrik der A380 kursierten schon einige Zeit vor der offiziellen Mitteilung durch Airbus, doch wurde seinerzeit suggeriert, man bekäme alle Probleme in den Griff. Ins Gerede kamen auch Einzelpersonen. Im März 2006 hatte Noël Forgeard (wie auch andere französische Manager) für mehrere Millionen Euro Optionen auf Aktien der EADS verkauft, die damals weitaus höher notierten als nach der Bekanntgabe der Verzogerungen bei der A380, und einen stattlichen Gewinn erzielt. Konnte Forgeard das Fiasko von Airbus absehen, und hat er damit verbotenes Insiderwissen genutzt, um ein gutes Geschäft zu machen? Forgeard bestreitet diese Vorwürfe entschieden; dennoch hat die französische Finanzmarktaufsicht eine Untersuchung eingeleitet. Mit Interesse wurde in den Medien die Antwort von Forgeards deutschem Kollegen Tom Enders auf die Frage nach eigenen Aktienoptionen wahrgenommen: Er habe ihre Ausübung im März 2006 nicht für opportun gehalten, sagte der Deutsche leicht geheimnisvoll. Hielt Enders die Ausübung der Optionen deshalb nicht für opportun, weil er vielleicht zumindest ahnte, daß es Probleme mit Airbus geben könnte? Eine Untersuchung haben Aufsichtsbehörden auch gegen die EADS eingeleitet, deren Pariser Zentrale durchsucht wurde. Denn falls ihre Führung schon früh über die Lage von Airbus informiert war, hätte sie dies im Interesse der Kapitalanleger sofort kommunizieren müssen.

Die Deutschen traten mit zwei Forderungen in die Verhandlungen mit ihren französischen Partnern ein: Sie wollten die Doppelspitzen im Board und im Vorstand abschaffen und auf jeden Fall die Trennung von

Forgeard erzwingen, der sie in den vergangenen Jahren zu häufig geärgert hatte. Forgeard war im Vorstand der EADS für Airbus zuständig und trug die Verantwortung für die fehlkonstruierte A350. Nach Presseberichten forderte sogar Bundeskanzlerin Angela Merkel gegenüber dem Elysée-Palast die Entlassung Forgeards. Die französische Regierung leistete wenig Widerstand, und Lagardère war als dritter Kernaktionär zu schwach, um den Manager zu halten. Im Gegenzug stimmten die Deutschen einer Trennung von Airbus-Chef Gustav Humbert zu. Der Grund war nicht nur politisch (wenn ein Franzose geht, muß ein Deutscher gehen), sondern auch industriell. Humbert trug die Verantwortung für die Probleme von Airbus, die Milliarden kosten würden.

Mit der Abschaffung der Doppelspitzen hatten die Deutschen allerdings kein Glück. Sie wollten Tom Enders als alleinigen Vorstandschef etablieren und den Franzosen Louis Gallois als alleinigen Vorsitzenden des Board akzeptieren. Gallois ist Präsident der französischen Bahn, arbeitete aber zuvor lange in der Luftfahrt- und Militärindustrie und gehört dem Board der EADS seit Jahren als einfaches Mitglied an. Während die französische Regierung eine solche Lösung akzeptiert hätte, stimmte Lagardère nicht zu. Die Doppelspitzen bleiben.

Am 2. Juli 2006 gab die EADS Personalveränderungen bekannt. Noël Forgeard und Gustav Humbert verlassen das Haus. Nachfolger Forgeards als Co-Vorstandsvorsitzender wird Louis Gallois, der unter anderem die Verantwortung für das Militärgeschäft und den Hubschrauberbau übernimmt. Dafür erhält Enders die Aufsicht über Airbus. An der menschlichen wie fachlichen Kompetenz von Gallois bestehen keinerlei Zweifel, doch ist der Franzose mit seinen 62 Jahren kaum mehr als eine Übergangslösung. Überraschend kam die Berufung des 51 Jahre alten Franzosen Christian Streiff zum Vorstandsvorsitzenden von Airbus. Streiff war Nummer zwei des Pariser Industriekonzerns Saint-Gobain, hatte das Unternehmen aber im Streit verlassen und nach einer neuen Herausforderung gesucht. Obgleich Streiff einen guten Ruf als Manager besitzt, ist ihm die Luftfahrtindustrie bisher fern gewesen. Die Personalie erweckt den Eindruck eines französischen Schnellschusses, dem die Deutschen mangels eines attraktiven Alternativkandidaten nichts entgegensetzen konnten. Die Reaktion der Börse auf die Änderungen im Hauses EADS/Airbus fiel denn auch verhalten aus.

In jedem Falle wird Airbus jene Autonomie verlieren, die der Flugzeugbauer seit seiner Gründung besaß. Künftig wird die EADS Airbus an der kurzen Leine führen, um weitere unerfreuliche Überraschungen zu verhindern. Dies wird um so leichter gehen, als Anfang Juli 2006 eine Einigung mit BAE Systems über den Preis für den 20-Prozent-Anteil der Briten an Airbus erreicht wurde. Die EADS zahlt 2,75 Milliarden Euro –

deutlich weniger als noch vor wenigen Monaten gedacht. Die Schwäche von Airbus hatte für die EADS wenigstens ein Gutes.

Was bedeutet die große Airbus-Krise für das Duell mit Boeing? In gewisser Weise erinnert die aktuelle Situation unter umgekehrten Vorzeichen an das Jahr 1996, als Boeing den europäischen Rivalen durch eine gewaltige Offensive „beerdigen" wollte. Damals übernahm sich Boeing, und die anschließende Krise der Amerikaner erleichterte es Airbus, zumindest vorübergehend die Marktführung zu erreichen. Heute hat sich Airbus bei dem Versuch, seine Spitzenstellung zu konservieren, übernommen und wird in den kommenden Jahren für diese Überdehnung seiner Kräfte wohl zahlen müssen. Boeing besitzt jedenfalls gute Aussichten, für absehbare Zeit wieder die Nummer eins zu werden.

Die Zukunft der A380 sieht etwas trüber aus als zuvor. Zwar haben bislang keine Kunden ihre Aufträge storniert, aber da Airbus wegen des langsameren Produktionsanlaufs auf Jahre ausgelastet ist, dürften in naher Zukunft nur wenige Airlines Bestellungen für den Riesen erteilen. Ob allerdings wegen der Probleme der A380 die Nachfrage für den neuen Jumbo-Jet von Boeing zunehmen wird, ist nicht sicher. Bis zum Redaktionsschluß dieses Buches hatte Boeing immer noch keine Kunden für die Passagierversion, die nach Gerüchten ein wenig verlängert werden könnte, um die Zahl der Sitze auf rund 470 zu steigern.

Im Segment der kleineren Langstreckenjets ist Airbus dabei, für klare Verhältnisse zu sorgen. Die gegenüber dem Dreamliner von Boeing unterlegene und heftig kritisierte A350 soll weitgehend neu konstruiert (und eventuell in A370 umbenannt) werden. Das kostet zwar deutlich mehr Geld als geplant und ermöglicht eine Indienststellung erst im Jahre 2012 (anstatt wie bisher 2010), aber Airbus und die EADS ziehen ein Ende mit Schrecken einem Schrecken ohne Ende vor. So überlassen sie dem Dreamliner für ein paar Jahre den Markt, kommen dann aber mit einem Produkt, das der neuen Boeing deutlich überlegen sein soll. Gleichzeitig ist an den Bau einer Großversion der neuen A350 mit rund 350 Sitzen gedacht, die der B777 von Boeing Konkurrenz machen soll. Den Plan, die bisher gegen die B777 aufgestellte viermotorige A340 zu modernisieren, haben Airbus und die EADS aufgegeben. De facto wird damit das Ende der A340 eingeleitet.

Alles in allem dürfte Boeing mit dem Dreamliner und der B777 in den kommenden Jahren auf den Langstrecken dominieren. Wenn es gut geht, kann Airbus mit einer neuen A350 ab dem Jahr 2012 wieder versuchen, die Amerikaner einzuholen. Die Europäer haben zwar einen schweren Rückschlag erlitten, aber wenn sie aus ihrer Krise die richtigen Konsequenzen ziehen, sollten sie auf mittlere Sicht wieder in der Lage sein, das Duell mit Boeing zumindest ausgeglichen zu gestalten.

Literatur

Airbus S.A.S.: The Airbus Global Market Forecast (2004). http://www.airbus.com/en/myairbus/global_market_forcast.html

Aris, Stephen: Close to the Sun. How Airbus Challenged America's Domination of the Skies. Chicago 2004 (Agate)

Arnold & Porter: U.S. Government Support of the U.S. Commercial Aircraft Industry. Washington 1991 (Bericht für die Europäische Kommission). http://aei.pitt.edu/5529/01/001611_1.pdf

Austin, Barrie: The Boeing–Airbus Saga. Seattle 2005. depts.washington.edu/gttl/Global%20Aviation%2006/The%20Boeing-Airbus%20Saga.pps

Baseler, Randy: Five Card Draw. Boeing Blog 2005. http://www.boeing.com/randy/archives/2005/04/five_card_draw.html

Baseler, Randy: Interview. Airline Fleet & Network Management. Januar 2006

Bletschacher, Georg/Klodt, Henning: Strategische Handels- und Industriepolitik. Kieler Studien 244. Tübingen 1992 (Mohr)

Boeing Commercial Airplanes: Current Market Outlook 2005. http://www.boeing.com

Boeing Historical Services: A Brief History of the Boeing Company. Seattle 1998

Braunberger, Gerald: Ein Pottwal mit Flügeln. Frankfurter Allgemeine Sonntagszeitung vom 7. Dezember 2004

Braunberger, Gerald: Kaufen und kopieren. Wie China mit Airbus spielt. Frankfurter Allgemeine Sonntagzeitung vom 12. Dezember 2005

Burgner, Norbert: The Airbus Story. Stuttgart 2000 (Flug-Revue)

Carney, Timothy P.: Boeing vs. Airbus. Clash of the Corporate Welfare Titans. Competetive Enterprise Institute Washington (2005)

De Melo, Jaime: Notes on the Boeing–Airbus Rivalry. Insead (2002)

Dryden, Steven J: The Failed Crusade Against Airbus. APF Reporter Vol. 14. (1991). http://www.aliciapatterson.org

Esty, Benjamin/Ghemawat, Pankaj: Airbus vs. Boeing in Super Jumbos: A Case of Failed Preemption. Harvard Business School Strategy Working Paper Series (2002). http://ssrn.com/abstract_id=302452

Flight Group Special Report: A380. June 2005

Fontaine, Gilles: Ces vendeurs d'élite qui font gagner Airbus. L'Expansion vom 1. März 2004.

Gellman, Aaron J. & al.: A Shadow Critical Project Appraisal: The A380 Program (2004). www.speednews.com/A380-CPA.pdf

Gellman Research Associates: An Economic and Financial Review of Airbus Industrie. Washington 1990 (Studie für das US-Handelsministerium)

Gillen, David: Boeing versus Airbus: Who has the Correct View of Future Aviation Markets? (2005) www.sauder.ubc.ca/cts/docs/ Boeing-vs-Airbus-Presentation-Dec5-05.pdf

Hamilton, Scott: Redesigning the A350: Airbus' tough choice. (2006). http://www.leeham.net

Hayward, Keith: Trade Disputes in the Commercial Aircraft Industry: A Background Note. Royal Aeronautic Society (2005)

Hardee, Jeffrey Everette: Airbus and Boeing: A Comparison. Discussion Paper. Arizona State University (2004)

Holmes, Stanley: Finally, a Boeing–Airbus Showdown, Business Week online vom 7. Oktober 2004

Irwin, Douglas A./ Pavcnik, Nina: Airbus versus Boeing Revisited: International Competition in the Aircraft Market. Journal of International Economics (2004)

Lawler, Anthony: Point-to-Point, Hub-to-Hub (2006). http://www.leeham.net

Lawrence, Philip K./Braddon, Derek: Aerospace Strategic Trade. How the U.S. subsidizes the Large Commercial Aircraft Industry. Aldershot 2001 (Ashgate)

Lawrence, Philip K./Thornton, David W.: Deep Stall. The Turbulent Story of Boeing Commercial Airplanes. Aldershot 2005 (Ashgate)

Leahy, John: Interview. Airline Fleet & Network Management. November 2005

Lynn, Matthew: Birds of Prey. Boeing vs. Airbus. A Battle for the Skies. New York 1998 (Four Walls Eight Windows)

McKinsey & Company: Low cost-carriers in Europe – a booming industry at the crossroads. Präsentation in Frankfurt (2005)

Metzler, Rudolf: Easterns erste Airbus-Bilanz. Flug-Revue (1978)

Morgenstern, Karl/Plath, Dietmar: Airbus. Geschichte – Erfolge – Flugzeugtypen. Stuttgart 2005 (Motorbuch Verlag)

Neven, Damien/Seabright, Paul: European Industrial Policy. The Airbus Case. Economic Policy (1995)

Norris, Guy et al.: Boeing 787 Dreamliner – Flying redefined. Perth 2005 (Aerospace Technical Publications International)

o.V.: A Giant Step in Jetliner Propulsion (1996). http://www.sti.nasa.gov/tto/spinoff1996/30.html

o.V.: Aircraft and bribery: Airbus' secret past. The Economist vom 12. Juni 2003. http://www.economist.com/printedition/displayStory.cfm?Story_ID=1842124

Pritchard, David/MacPherson, Alan: Industrial Subsidies and the Politics of World Trade: The Case of the Boeing 7E7. The Industrial Geographer (2004)

Rocher, Alexis: Les 50 ans de Caravelle. Une formule révolutionnaire. Planet AeroSpace (2005)

Spaeth, Andreas: Luftschloß mit zwei Etagen. Frankfurter Allgemeine Zeitung vom 11. September 2005.

Tatge, Mark: Boeing is soaring on orders for its new 787. Forbes Magazine vom 17. April 2006

Tollen, Troj J.: A380 Forecast.(2006) http://www.leeham.net

Tyson, Laura D'Andrea: Who's bashing Whom? Trade Conflict in High-Technology Industries. Washington DC 1992 (Institute for International Economics)

Van Scherpenberg, Jens/Hausséguy, Nicolas: The Airbus–Boeing Dispute. Not for the WTO to Solve. SWP Comments (2005)

Ville, Georges: Interview. www.industrie.weka.fr (2003)

Ville, Georges: Les histoires d'AIRBUS. La lettre AAAF (2005)

Vogt, Dieter: Bald reisen wir nur noch in Plastikflugzeugen. Frankfurter Allgemeine Zeitung vom 11. April 2006

Yenne, Bill: The Story of the Boeing Company. San Francisco 2003 (AGS BookWorks)

Abbildungen

Seite 15:   A318/A340/A380

Seite 41:   B707

Seite 77:   A320

Seite 84:   B777

Seite 94:   B747-400

Seite 133: A380

Seite 158: B787

Seite 163: A350

Seite 210: A320-Familie

Alle Fotos mit freundlicher Genehmigung von Airbus und Boeing.

Der Autor

Gerald Braunberger trat nach einer Lehre als Bankkaufmann und einem Studium der Volkswirtschaftslehre im Jahre 1988 in die Wirtschaftsredaktion der Frankfurter Allgemeinen Zeitung ein.

Von 1995 bis 2004 war er Wirtschaftskorrespondent der F.A.Z. in Frankreich, wo er mit Airbus in näheren Kontakt kam und viel über die Eigenarten des deutsch-französischen Verhältnisses sowie die Rivalität zwischen Frankreich und Amerika lernte.

Das Duell zwischen Airbus und Boeing fasziniert Braunberger auch nach seiner Rückkehr nach Frankfurt, wo er derzeit vor allem für die Frankfurter Allgemeine Sonntagszeitung schreibt.

Geschenke

Hans Flick, Frank Hannes,
Christian von Oertzen

Prominente Testamente

Was haben die Schönen und Reichen
falsch gemacht? Aus misslungenen
Erbfolgeregelungen lernen

2005. 192 Seiten.
Hardcover mit Schutzumschlag.
17,50 € (D)*, 31,20 CHF
ISBN 3-89981-050-3

Hanno Beck

Der Alltagsökonom

Warum Warteschlangen effizient sind.
Und wie man das Beste aus seinem
Leben macht

2005. 3. Aufl. 256 Seiten.
Hardcover mit Schutzumschlag.
17,50 € (D)*, 31,20 CHF
ISBN 3-89981-032-5

Dagmar Gaßdorf

Das Märchenbuch
für Managerinnen

2005. 208 Seiten.
Hardcover mit Schutzumschlag.
17,90 € (D)*, 31,70 CHF
ISBN 3-89981-078-3

Jörg Hahn, Christian Eichler Hg.

Flach spielen, Hoch gewinnen
Fußballtypen

2005. 192 Seiten.
Hardcover mit Schutzumschlag.
17,90 € (D)*, 31,70 CHF
ISBN 3-89981-079-1

* zzgl. ca. 3,- € Versandkosten bei Einzelversand im Inland

Frankfurter Allgemeine Buch

Wissen & Gesellschaft

Fareed Zakaria

Das Ende der Freiheit?

Wieviel Demokratie verträgt der
Mensch?

2005. 264 Seiten.
Hardcover mit Schutzumschlag.
24,90 € (D), 44,00 CHF*
ISBN 3-89981-044-9

Stefan Aust, Frank Schirrmacher,
Michael Kloft, Hg.

Als sei die Welt erwacht

Zeitzeugen erinnern sich
zum 8. Mai 1945

2005. 224 Seiten.
Hardcover mit Schutzumschlag.
24,90 € (D), 44,00 CHF*

Gero von Randow Hg.

Jetzt kommt die Wissenschaft

Von Wahrheiten, Irrtümern und
kuriosen Erfindungen

2003. 256 Seiten. Hardcover mit
Schutzumschlag. 34,00 € (D), 59,00 CHF*
ISBN 3-89981-011-2

Jan Klage

Wetter macht Geschichte

Der Einfluß des Wetters auf den Lauf
der Geschichte

2004. 4. Aufl. 240 Seiten.
Hardcover mit Schutzumschlag.
17,50 € (D), 31,20 CHF*
ISBN 3-89843-097-9

* zzgl. ca. 3,- € Versandkosten bei Einzelversand im Inland

Frankfurter Allgemeine Buch